누구도 알려 주지 않는
회사의 이사·사외이사·비등기임원의
권한과 책임

누구도 알려 주지 않는
회사의 이사·사외이사·비등기임원의 권한과 책임

법률과경영실무연구회 著

도서
출판 **한아름**

누구도 알려 주지 않는 회사의
이사·사외이사·비등기임원의 권한과 책임

초판 1쇄 인쇄 2022년 4월 1일
　　1쇄 발행 2022년 4월 5일

지은이 | 법률과경영실무연구회

펴낸곳 | 도서출판 한아름
대　표 | 김천수
펴낸이 | 나옥주
디자인 | 김재창
마케팅 | 박원섭

등　록 | 제 2005-000122호
주　소 | 서울시 중구 서애로3길 16 2층
전　화 | 02-2268-8188
팩　스 | 02-2268-8088
이메일 | hanpr8188@naver.com

ⓒ 2022, 법률과경영실무연구회

ISBN 979-11-978454-1-3 03320

잘못된 책은 구입처에서 바꾸어 드립니다.
값은 표지 뒤에 있습니다.

처음에

디지털 경제의 도래로 경쟁이 더 치열해지고 속도는 더 빨라졌다. 이와 함께 기업은 국내외의 불안정한 경제상황과 무역갈등 속에서도 수많은 난관과 갈등을 극복해 경쟁우위를 확보하고 생존해야 한다.

이러한 시대에 기업을 이끌고 있는 경영자인 임원들은 예상할 수도 없는 어려움 속에서 시대의 흐름을 파악하여 새로운 발상과 폭넓은 시야를 확보하여 미래를 대비하고 경쟁력을 유지해야 한다.

또한 기업에 대한 규제가 강화되는 추세 속에서 기업지배구조에 대한 개선뿐만 아니라 법령과 기업윤리 등 기업의 사회적 책임 대한 요구에도 대응해야 한다.

실질적으로 회사를 이끌어 가는 임원인 이사나 감사는 법상 고용관계에 있는 직원과는 법적지위 및 위상을 완전히 달리하며, 임원으로서 담당업무에 대한 전문지식과 비전, 경영자로서 그 직무수행을 대한 경쟁력을 가져야 한다.

이러한 흐름 속에 임원의 책임을 묻는 현상이 갈수록 더 강화되고, 특히 회사의 이사나 감사가 자신의 책임과 권한을 알지 못하거나 적절한 업무수행을 하지 못하면 무거운 민·형사상의 책임을 부담해야 한다.

누구나 기업의 이사나 감사가 될 수 있는 것은 아니지만 경영자로서 자질이 부족할 경우에는 회사가 어려움에 빠지는 것을 물론 사회적으로 지탄을 받게 된다. 특히 잇달아 터져 나오는 기업 및 그 경영자들과 관련된 부정행위는 사회적 논란을 일으켜 궁극적으로는 기업에 대한 인식과 경쟁력을 약화시키기 된다.

이에 이사나 감사가 경영자로서 인식해야 할 법적권한과 책임 등에 대하여 참고할 마땅한 자료가 없어, 기업실무상 도움이 되고자 임원과 관련 내용을 정리하였다.

본서는 법학을 전공하지 않는 이사나 감사의 이해를 돕기 위해 발간한 것이며, 정리한 내용은 법률전문서적으로서의 자료가 아닌 통상적으로 받아들여지고 있는 실무상, 학설상 통설과 판례를 중심으로 간단히 요약하여 설명하였다.

또한 본서의 내용이 법률적 효력을 가지는 것은 아니며, 구체적인 것은 회사와 이사 또는 감사가 처한 상황과 내용에 따라 달리 적용될 수 있으므로, 보다 자세한 구체적인 것은 반드시 법률 전문가의 검토를 거쳐 판단해야 한다.

차례

제1장 상법상 회사의 종류

제1절 회사의 종류 　　　　　　　　　　　　　　　023
제2절 기타 회사의 분류 　　　　　　　　　　　　027
제3절 주식회사의 기관 　　　　　　　　　　　　033
제4절 회사의 임원 　　　　　　　　　　　　　　042
제5절 주식회사의 주요 특징 　　　　　　　　　　046

제2장 주식회사의 기관과 이사

제1절 주식회사의 기관 　　　　　　　　　　　　061
제2절 이사의 종류 　　　　　　　　　　　　　　062
제3절 이사의 자격, 선임, 종임 　　　　　　　　　065
제4절 이사의 보수, 상여 　　　　　　　　　　　　112
제5절 대표이사, 공동대표이사, 표현대표이사 　　125
제6절 사외이사 　　　　　　　　　　　　　　　　155
제7절 집행임원 　　　　　　　　　　　　　　　　167
제8절 비등기임원 　　　　　　　　　　　　　　　178

누구도 알려 주지 않는 회사의 이사·사외이사·비등기임원의 권한과 책임

제3장 이사의 의무와 책임

제1절 이사 및 사외이사의 의무 187
제2절 이사의 회사에 대한 책임과 제3자에 대한 책임 219
제3절 사외이사의 의무 및 책임과 권한 243

제4장 이사 및 감사의 형사책임과 행정벌

제1절 형사책임 259
제2절 이사의 책임 261
제3절 행정벌 279

제5 장 이사회

제1절 이사회 287
제2절 이사회 결의사항과 보고사항 309

Question

주식회사의 기관

Q. 이사로서 법상 요구되는 이사회의 역할에 충실하기 위해 필요한 것은 무엇인가? / 38

Q. 소수주주의 대표소송은 이사의 회사에 대한 책임뿐만 아니라 이사의 제3자에 대한 책임추궁을 위하여도 인정되는지? / 39

Q. 각종 법률상 '회사는 정관으로 정하는 바에 따라'로 규정한 것의 의미는? / 40

Q. 이사,감사 등의 임원이 그 법적인 권리의무에 대하여 반드시 인식해야 하는 이유가 있다면? / 40

회사의 임원

Q. '그저 형식적으로 이름만' 빌려달라며, 이사(감사)의 취임 요청을 받았다. 어떻게 하는 것이 좋은가? / 45

주식회사의 주요 특징

Q. 주주는 출자의무 이외의 책임을 지지 않는다는 것은 무슨 의미인가? / 54

Q. 대주주인 대표이사(또는 감사)가 이사(감사) 재선임 후보자일 경우 그는 주주총회의 이사 선임의안에 대한 결의에 참여할 수 있는가? / 54

Q. 회사가 이사 선임시 집중투표제를 채택하고 싶지 않다. 어떻게 해야 하나? / 55

Q. 회사에 집중투표로 이사로 선임하는 것을 청구하고 하고 싶다. 어떻게 해야 하는가? / 56

주식회사의 기관

Q. 회사의 이사는 누구인가? / 89

Q. 사외이사를 기타비상무이사로 선임할 수 있는가? / 90

Q. 사외이사로 선임되었다. 부담해야 하는 법적책임 등이 다른 이사와 특별히 차이나는 것이 있는지? / 90

Q. 이사가 모회사나 자회사의 이사를 겸직해도 되는가? / 91

Q. 이사는 퇴임 후에도 경업피지(경업금지)의무를 지는가? / 92

Q. 이사에게 퇴임 후에도 경쟁사에 취업하는 것을 막고 싶다. 어떻게 해야 하는가? / 93

Q. 이사·감사와 직원/종업원의 지위와 관련하여 이사·감사는 '위임관계', 직원(종업원)은 '고용관계'에 있다고 하는데 법적으로 어떻게 다른가? / 95

Q. 등기이사로 승진하게 되면, 직원의 신분은 잃게 되는가? 또한 회사내의 다른 업무에 겸직은 가능한가? / 96

Q. 직원에서 승진하여 등기이사로 선임된 경우에, 직원으로서의 퇴직금을 정산하지 않고 계속 근무하게 되면 퇴직금의 계산방법은? / 97

Q. 회사의 담당업무를 처리하는 직원이 업무상 문제로 경찰에 체포되었다. 업무담당 이사도 책임이 있는가? / 97

Q. 사업주는 피용자의 선임 및 그 사무감독을 어느 정도까지 해야 사용자 책임을 면할 수 있게 되는가? / 98

Q. 사내이사를 기타비상무이사로 변경하여 선임할 수 있는가? / 99

Q. 주주총회에서 이사선임 의안이 부결된 경우 임시주주총회를 열어 이사를 선임해야 하는지? / 99

Q. 이사의 임기를 1년으로 할 수도 있는가? / 100

Q. 이사(또는 감사)가 교통사고 등 범법행위로 검찰에 의해 기소되었다. 이 경우에 회사는 어떻게 해야 하는가? / 101

Q. 이사(또는 감사)가 상법 위반으로 검찰에 기소되면 사임해야 하나? / 101

Q. 사외이사(또는 감사)의 가족 중 1명이 대형 형사사건으로 기소되어 언론을 통해 보도되었다. 그만두어야 하는가? / 102

Q. 이사(감사)가 개인사정으로 그만두려면 어떻게 해야 하나? / 103

Q. 이사(감사)를 사임했는데도 계속 사임등기를 해주지 않는다. 어떻게 해야 하나? / 103

Q. 회사가 예측하지 못한 상황임을 알지만 이사(감사)로서 개인적 사정으로 사임하면 책임문제가 발생할 수 있는가? / 104

Q. 대주주나 대표이사가 임기 중에 있는 이사(감사)를 해임할 수 있는가? / 105

Q. 회사가 이사를 해임할 수 있는 사유는 무엇인가? / 106

Q. 상법상 이사 해임이 가능한 정당한 사유는 어떤 경우인가? / 107

Q. 회사가 이사를 해임하기 보다는 다른 방법을 통해 이사직을 정리하도록 하고 싶다. 어떻게 하는 것이 좋은가? / 108

Q. 주주총회에서 특별결의가 필요한 의결사항에 대한 결의요건을 가중할 경우에 그 가중정도는? / 109

Q. 사외이사가 사임하여 이사회 정원(定員)을 미달하게 된 경우, 퇴임이사의 법리를 적용할 수 있는가? / 110

Q. 이사는 회사의 다른 직원처럼 근무시간대에 반드시 근무해야 하는가? / 111

이사의 보수, 상여

Q. 이사(감사)의 보수결정 방법과 배분방법이 정해져 있는가? / 118

Q. 이사(감사)로 선임되고 보수를 한푼도 받지 않는데도, 이사(감사)로서의 책임을 지게 되는가? / 118

Q. 이사(감사)의 보수나 퇴직금을 주주총회 승인없이 정할 수도 있는가? / 119

Q. 개별 이사의 보수에 대해서는 이사회나 대표이사가 결정해도 되는가? / 120

Q. 1인회사 또는 100% 자회사인 완전자회사에서 이사의 보수 등을 결정하는 방법에는 차이가 있는가? 그리고 반드시 주주총회를 개최해 결정해야 하는가? / 121

Q. 이사가 퇴임하면 회사에 퇴직위로금을 청구할 수 있는가? / 122

Q. 회사가 어려워 이사(감사)의 보수를 삭감하는 것으로 언론을 통해 발표하였다. 이사(감사)로서 이에 응해야 하는가? / 122

Q. 대표이사가 이사(감사)의 보수 중 상여금에 해당하는 부분을 전액 감액하는 것으로 결정하였다. 이에 보수의 감액에 동의하지 않는 이사(감사)가 있는데, 이사(감사) 보수를 감액할 수 있는 방법이 있는가? / 123

Q. 이사((감사)의 퇴직금/퇴직위로금이 보수에 포함되는지, 그리고 그 결정방법이 정해져 있는가? / 124

대표이사, 공동대표이사, 표현대표이사

Q. 사외이사는 대표이사가 될 수 있는가? / 137

Q. 사내이사 1인과 사외이사만으로 구성된 이사회의 유일한 사내이사인 대표이사가 사임했다. 다른 사외이사가 대표이사가 될 수 있는가? / 138

Q. 현재의 대표이사(사장)에게 대표권을 갖지 않는 것으로 하고 싶다. 어떻게 하면 되는가? / 138

Q. 대표이사의 권한은 다른 이사에게 위임할 수 있는가? / 139

Q. 이사회가 대표이사에게 업무집행을 모두 위임할 수 있는지 아니면 위임할 수 없는 것도 있는지? / 140

Q. 대표이사가 자신을 위해 대표권을 남용한 경우에는 어떻게 되는가? / 142

Q. 대표이사는 어느 정도까지 다른 이사나 직원에게 업무집행권한을 위임할 수 있는가? / 143

Q. 이사회가 대표이사에게 위임할 수 있는 업무집행이란 무엇인가? / 144

Q. 최대주주인 대표이사는 비협조적인 이사(감사)를 해임(해고)할 수 있는가? / 145

Q. 법상으로 대표이사를 감독하는 것은 '다른 이사'인가? 아니면 '이사회'인가? / 146

Q. 이사는 대표이사의 보고내용을 확인·점검하는 것만으로도 면책될 수 있는가? / 147

Q. 대표이사의 행위가 법령을 위반한 것으로 보이는데, 이사로는 회사를 위해 어떻게 대응해야 하는가? / 148

Q. 임원으로서 회사의 대표권이 있는 것으로 인정되는 명칭을 사용한다는 것은 무슨 의미인가? / 149

Q. 회사는 회장·사장 등의 명칭을 사용한 표현대표이사의 행위에 대하여 도대체 어떠한 경우에 책임(회사의 책임)을 지는가? / 150

Q. 최대주주인 대표이사의 아들이 등기된 이사가 아닌 사장(미등기임원)인 경우에, 등기되지도 않았는데도 그 행위에 대한 책임을 회사는 지게 되는가? / 151

Q. 대표권이 없는 전무(상무)가 외부의 거래처와 계약을 체결하고 거래를 하였다. 유효한가? / 152

Q. 회사가 공동대표이사를 채택함에 있어 반드시 정관에 공동대표이사 규정이 필요한지? / 153

Q. 공동대표이사 중 1인에게 다른 공동대표이사가 공동대표권을 위임할 수 있는가? / 154

사외이사

Q. 사외이사로서 이사회에 참석하고 업무집행 행위는 하지 않았다. 그래도 책임을 져야 하는 것이 있는가? / 165

Q. 상장회사(A社)의 사외이사가 퇴임한 후 새로운 상장회사(B社)의 사외이사로 취임하기로 되어 있었으나, A社가 사외이사를 선임하지 못함에 따라 퇴임이사 규정이 적용되어, 해당 사외이사는 사외이사로서 권리와 의무를 유지하게 되면, 그 다른 상장회사(A社)의 사외이사는 2개사 겸직제한에서 회사로 계산해야 하는지? / 166

집행임원

Q. 회사가 상법상의 집행임원제도를 채택하려면 어떠한 절차를 거쳐야 하는지? / 177
Q. 상법상의 집행임원제도를 채택한 회사에서 집행임원 사임시 퇴임이사 규정을 적용할 수 있는지? / 177

비등기임원

Q. 등기이사와 비등기이사의 차이점 등은 무엇인가? / 181
Q. 회사의 비등기이사이다. 등기임원(이사)도 아닌데 임원에 대한 책임을 져야 하는가? / 182

이사 및 사외이사의 의무

Q. 다른 이사가 회사에서 심하게 공사(公私)구분을 못하고 있는데도, 대표이사가 이를 묵인하고 있는 경우에 대처방법은? / 205
Q. 이사로서 대표이사의 업무집행에 대하여 관여하거나 간섭할 수 있는가? 또한 다른 이사와도 의견이 다를 경우 어떻게 해야 하나? / 206
Q. 회사가 탈세를 하고 있는 것으로 보인다. 이사로서 어떻게 해야 하는가? / 207
Q. 이사가 개인적인 사적모임에서 회사의 기밀을 발설한 경우 그 책임은 어떻게 되는가? / 207
Q. 이사의 경업거래가 제한하고 있는데, 경업거래란 무엇인가? / 209
Q. 경업거래를 하려면 구체적으로는 어떠한 절차가 필요한가? / 209
Q. 경업(競業)하는 업종은 어떻게 판단하는 것인가? / 210
Q. 이사가 자회사의 대표이사가 되는 경우에 동종업종으로 보아 이사회 승인을 받아야 하나? / 211
Q. 이사회의 승인을 필요로 하는 '이익상반거래(이해상충거래)'란 무엇인가? / 211
Q. 총회를 앞두고 주주에게 금전을 제공하여 이익공여를 해 버리면 이사나 감사는 어떤 책임을 지게 되는지? / 212

Q. 모든 이사가 주주총회 의사록에 서명 또는 날인을 하지 않아도 되는가? / 214

Q. 주주총회 진행에 협조하겠다는 주주(총회꾼 등)가 금품을 요구하고 있다. 금전을 제공해도 되는가? / 214

Q. 주주총회 개최장소로 소집통지 한 후 어쩔 수 없이 변경해야 할 경우에 어떻게 해야 하나? / 216

Q. 주주총회는 반드시 개최해야 하는지? 개최하지 않을 경우 책임이 있는가? / 217

Q. 주주총회에 이사, 감사, 사외이사, 새로 선임될 이사·감사의 후보자 등이 반드시 참석해야 하는가? / 218

이사의 회사에 대한 책임과 제3자에 대한 책임

Q. 이사의 위반행위로 인한 제3자에 대한 책임에서, 이사의 제3자에 대한 책임이란? / 226

Q. 이사는 어떠한 경우에 제3자에 대한 책임을 지는가? / 226

Q. 이사가 책임을 부담해야 할 손해의 범위는 어떻게 되는가? / 227

Q. 주식회사의 업무담당이사로서 담당업무로 인해 회사에 중대한 손해를 끼쳤다. 어떻게 책임을 져야 하는지? / 227

Q. 아무래도 추후 문제가 될 수 있는 의안이 이사회에 상정될 예정인데, 이사로서 이사회에 불참하면 책임이 면제되는지? 또한 이사회에서 의안을 가결할 때 반대하였지만, 그래도 책임져야 하는 경우가 있는지? / 229

Q. 다른 이사가 자신의 이익을 위해 회사의 일처리를 하는 배임행위를 알게 되었다. 어떻게 대처해야 하는가? / 230

Q. 회사 경영자가 적대적 M&A로부터 경영권을 유지하기 위해 직원들의 (회사)주식매입에 회사자금을 지원하였다. 배임죄가 성립하는가? / 231

Q. 계열회사가 채무변제능력을 상실함에 따라, 회사의 이사가 담보제공 없이 회사자금을 대여하면 업무상배임죄가 성립하는가? / 232

Q. 모회사(제조업)의 대표이사로부터 파산 직전에 있는 자회사에 계속 자금지원을 하라는 지시를 받았다. 담당 이사로서 어떻게 해야 하는가? / 233

Q. 이사로서 법령을 몰라 상법을 위반하여 회사에 손해가 발생한 경우에 그 책임은 어떻게 되는가? / 234

Q. 대주주인 이사가 회사에 보증을 요구하고 돈을 빌리고 싶어한다. 어떻게 대응해야 하는가? / 235

Q. 이사가 회사의 업무를 집행하면서 회사의 자금으로 뇌물을 공여한 것이 '법령에 위반한 행위(상법 399조)'에 해당하는가? / 238

Q. 이사로서 회사를 그만두지 않은 상태인데, 다른 회사를 만들어 창업을 해보고 싶다. 문제는 되는가? / 238

Q. 이사가 자기거래 또는 이익상반거래를 하였을 때에는, 어떤 책임을 지는지? / 239

Q. 주식회사의 이사로서 대표이사나 다른 업무담당이사의 업무집행이 위법하다고 의심할 만한 사유가 있는데도 이를 방치한 이사가 제3자에 대하여 손해배상책임을 지는지? / 240

Q. 이사 등 임원의 책임을 경감(일부 면제)시키고 싶다. 회사에 대한 책임은 어디까지 경감시킬 수 있는가? / 241

이사의 책임
Q. 계열회사에 자금을 지원하는 결정은 배임죄에 해당하는지? / 278

행정벌
Q. 회사의 대표이사가 개인적으로 지원하는 후보자에게 회사자금으로 정치자금을 기부하였다. 횡령죄가 성립하는가? / 282

Q. 대표이사가 회사 소유의 재산을 제3자의 자금조달을 위한 담보로 제공하였다. 횡령죄가 성립하는가? / 283

이사회

Q. 정관상 이사회 소집권자인 대표이사가 대표권 박탈을 위한 이사회 개최를 거부할 경우, 이사회 개최방법은? / 300

Q. 이사가 특정한 이사회 결의사항에 개인적으로 특별히 이해관계가 있는 경우와 특별 이해관계가 없는 경우란? / 301

Q. 이사는 이사회의 결의에 있어 어떻게 권한을 행사해야 하는가? / 301

Q. 이사회에는 참여할 수 있는 자에 제한이 있는가? 외부전문가도 참여할 수 있는지? / 302

Q. 이사회를 긴급하게 개최해야 하는데, 정관상 소집통지 기간에 관한 규정이 있음에도 이사회 소집절차를 생략하는 것이 가능한가? / 303

Q. 비협조적인 이사가 해외출장 중인데, 국내에 있는 이사들로 이사회를 개최할 수 있는가? / 304

Q. 이사회는 누가 소집할 수 있는가? / 304

Q. 이사회의 소집통지에는 의제 또는 의안을 명시해야 하는가? / 305

Q. 이사회 회의 도중에 회사 경영상 긴급하게 결정해야 할 사안이 발생한 경우에, 급히 새로운 안건을 상정할 수 있는가? / 306

Q. 이사회의 소집통지가 일부의 이사와 감사에게 전달되지 않았다면 이사회의 결의의 효력에 영향을 미치는가? / 307

Q. 감사에게 이사회 소집통지를 못했다. 이 경우 이사회 결의내용의 효력에 영향을 미치는지? / 308

이사회 결의사항과 보고사항

Q. 회사의 긴급사항에 대해 이사회 의사록만을 작성해 '회람'하는 방식으로 서면결의를 해도 되는지? / 314

Q. 동영상·화상회의 시스템이나 전화회의 시스템을 활용하여 이사회를 열어도 되는가? / 314

Q. 이사회에서 의안 결의시 그 결과가 가부동수일 때에는 의장의 권한으로 결정할 수 있

는가? / 315

Q. 감사는 이사회에 출석할 권리·의무가 있는지? 출석하지 않아도 되는지? / 315

Q. 이사회 도중에 일부의 이사가 회의장을 떠났을 때의 나머지 이사들이 한 결의는 유효한가? / 316

Q. 이사회에 참석할 수 없는 이사는 대리인을 참석시키거나 다른 이사에게 의결권을 위임할 수 있는지? / 317

Q. 실무적으로 이사회 의안에 대하여 찬성이 많은 이유가 있는지? / 317

Q. 이사가 이사회에서 특정한 의안에 반대하는 경우에 어떻게 해야 하는지? / 318

Q. 이사가 이사회 의사록에 서명하지 않으면 결의된 해당 의안에 대하여 책임을 지지 않게 될 수 있는가? / 319

Q. 주주가 이사회의사록을 보여 달라고 요구하고 있다. 보여주기 싫은데 꼭 보여주어야 하나? / 320

Q. 이사회에 보고할 경우, 그 보고내용을 기업비밀인 미묘한 문제까지 보고해야 하는가? / 322

참고문헌

이철송　회사법강의(제27판), 박영사(2019)

임재연　회사법 Ⅰ,Ⅱ(개정 7판), 박영사(2020)

최준선　주식회사의 경영과 법률(제6판), 탑북스(2019)

최준선　회사법(15판), 삼영사(2020)

北河陸之 取締役これだけは知っておきたい法律知識, 日本實業出版社(2006)

東京弁護士会会社法部(編集) 新・取締役会ガイドライン(第2版), 商事法務(2016)

中村/直人 取締役・執行役ハンドブック(第2版), 商事法務(2015)

제1장

상법상 회사의 종류

제1절
회사의 종류

상법상 회사의 종류는 사원(주주 등)이 부담하는 책임의 정도 등에 따라 합명회사, 합자회사, 유한책임회사, 주식회사, 유한회사의 5종류로 나눈다(상법 170조).

또한 회사의 종류는 각 법률의 입법목적과 규제의 목적 등에 따라 인적회사·물적회사(자본회사), 모회사·자회사, 지배회사·종속회사, 상장회사·비상장회사, 공개회사·폐쇄회사, 내자회사(內資會社)·외자회사(外資會社)·합작회사(合作會社) 등으로 구분하기도 한다

(1) 주식회사

회사채권자에 대해 직접적으로 아무런 책임도 지지 않으면서, 다만 회사에 대해 (인수한) 주식금액만을 한도로 출자의무를 지는 사원(출자자)인 주주만으로 구성된 회사가 주식회사이며(상법 331조), 주주들이 출자한 주식금액은 자본금이 된다. 주주는 이렇게 회사에 대해 출자의무밖에 지지 않는 것을 '주주의 유한책임'이라고 한다.

주주는 주주총회에서 의결권을 행사함으로써 회사의 기본적 사항의 결정에는

참가할 수 있지만 회사의 업무집행에는 참여하지 않으며, 업무집행은 이사회와 대표이사가 한다. 이처럼 회사의 소유자인 주주는 그 경영에는 관여하지 않고, 이를 다른 자(대표이사, 이사 등)에게 맡기는 것을 '소유와 경영의 분리'라고 한다.

주주는 주주총회에서 감사를 선임하거나 이사회에서 일반 감사위원회 위원(특례 감사위원회 위원은 자산 2조원 이상의 상장회사가 주주총회에서 선임)의 선임한 후, 감사 또는 감사위원회를 통하여 감독하고(상법 409조), 동시에 주주총회를 통하지 않고 유지청구권(留止請求權)이나 주주대표소송 등을 통하여 스스로 감독시정권을 행사할 수 있다(상법 402조, 403조, 467조 등).

회사가 발행한 세분화된 균등한 비율적 단위의 주식은, (정관으로 그 양도를 제한하지 않는 경우) 타인에게 자유롭게 양도할 수 있다(상법 335조 1항).

(2) 유한회사

유한회사는 회사채권자에 대하여 직접 아무런 책임을 지지 않으면서, 다만 회사에 대해 일정한 출자의무만을 지는 유한책임사원(책임의 한도는 출자액으로만 제한되는 사원)으로 구성된 회사이다(상법 553조). 사원(지분출자자 등)의 책임에 있어서 유한회사와 주식회사는 기본적으로 동일하다.

그러나 유한회사의 사원(출자자)은 현물출자 등 특별한 경우에는 예외적으로 자본의 전보책임(상법 550조, 593조)을 지는 점에서 주주보다 무거운 책임을 부담하며, 그 개성을 존중하기 위하여 사원의 지분양도는 제한되어 있다(상법 556조).

또한 이사회(이사)와 대표이사가 분화되어 있지 않으며(상법 562조, 564조), 감사는 정관으로 정하여 둘 수 있는 임의기관으로(상법 568조), 회사의 조직이 간소화되어 있고, 회사의 설립절차도 간편하다. 이처럼 유한회사는 사원에게 주주와 동일한 책임을 향유시키면서 주식회사의 복잡한 조직을 간소화하였으므로 규모가 작은 중소기업에 적합한 회사형태라고 할 수 있다.

(3) 합명회사

합명회사는 회사채권자에 대하여 직접·연대하여 무한책임(사원은 채권자에 대하여 책임이 제한되지 않는다)을 지는 무한책임사원만으로 구성된 회사이다(상법 212조). 합명회사의 사원은 회사채권자에 대하여 무거운 책임을 지는 대신에, 원칙적으로 회사의 업무집행권과 대표권을 가진다(상법 200조, 207조).

회사 운영에 관한 기본적 사항의 결정에는 총사원의 동의가 필요하고(상법 204조, 227조 2항, 230조 등), 노무출자·신용출자의 인정, 소유와 경영이 분리되지 아니하여 모든 사원은 원칙적으로 회사의 업무집행에 대한 관여, 두수주의(頭數主義)에 의한 의사결정 등이 특징이다. 또한 그 지위(지분)는 다른 사원의 동의가 있어야 양도할 수 있지만, 대신에 퇴사제도(존속중인 회사의 사원 또는 출자자의 지위가 상실되는 것)가 인정된다(상법 197조, 217조, 218조). 따라서 합명회사는 서로 깊은 신뢰관계를 가진 소수의 인원이 공동사업을 경영하는데 적합한 회사형태라고 할 수 있다.

(4) 합자회사

합자회사는 무한책임사원(채권자에 대하여 책임이 제한되지 않는 사원)과 회사채권자에 대하여 직접·연대책임을 지지만 출자액을 한도로 하는 유한책임사원으로 구성되는 회사이다(상법 268조, 279조).

회사를 경영하는 무한책임사원은 정관으로 달리 정하지 않으면 출자와 함께 업무집행권과 대표권을 갖지만(상법 273조, 279조), 유한책임사원은 신용·노무를 출자의 목적으로 하지 못하고, 오직 자본을 제공(투자)하고 사업으로 생기는 이익을 분배받을 뿐이며, 업무집행에는 참가하지 못하고 감시권만을 가진다(상법 277조). 다만 기본적 사항(정관의 변경, 해산, 합병 등)의 결정에는 총사원의 동의가 필요하다(상법 269조, 204조, 227조, 230조).

유한책임사원의 지분양도에는 무한책임사원 전원의 동의가 필요하나, 다른 유한책임사원의 동의가 필요하지 않으며(상법 276조), 무한책임사원의 지분양도에는 총사원의 동의가 필요하다(상법 269조, 197조).

상법은 합자회사에 대하여 특별한 규정이 없을 때에는 합명회사에 대한 규정을 준용하도록 하고 있다(상법 269조).

(5) 유한책임회사

유한책임회사는 회사채권자에 대하여 직접책임(회사의 채권자에게 직접 변제책임을 지는 것)을 지지 않고, 다만 회사에 일정한 출자의무를 지는 유한책임사원(책임이 본인의 출자액만으로 제한되는 사원)만으로 구성되며(상법 287조의7), 법인격을 가지는 점에서 유한회사와 비슷하다. 유한책임회사의 내부관계에 관하여는 정관 또는 상법에 다른 규정이 없으면 합명회사에 관한 규정을 준용한다(상법 287조의18).

그러나 이사 등 기관을 두지 않고 사원이 스스로 업무집행을 할 수 있는 점(상법 287조의12)에서 내부적으로 조합의 실질을 갖추어 유한회사와 다르다. 이처럼 구성원이 내부적으로 자유로이 업무집행을 하면서도 대외적으로 유한책임밖에 지지 않는 이점(利點)이 결합된 기업형태이며, 법무법인·의료법인·회계법인 등 전문직의 공동기업형태에 적합한 회사라고 할 수 있다.

[사원(社員)] 회사나 단체 등의 지분을 가진 자를 의미한다. 사단(社團), 특히 사단법인의 구성원으로, 주식회사의 구성원인 주주, 지분회사의 구성원(사원) 등이 이에 해당한다. 이는 일반 회사생활이나 사회생활에서 말하는 회사에 근무하는 직원, 회사원을 뜻하는 것이 아니며, 사회일반에서 말하는 의미의 사원은 법률상으로는 피용자에 속한다.

제2절
기타 회사의 분류

(1) 인적회사·물적회사

    회사를 인적회사와 물적회사로 구분하기도 하는데, 인적회사는 각각의 사원(지분을 가진 출자자)의 개성과 인적신뢰 관계에 기초를 둔 회사(합명회사, 합자회사)이다. 사원의 개성을 중시하므로 대내적으로 사원의 수가 적고 지분은 자유로이 양도할 수 없으며 사원은 원칙적으로 업무집행에 관여한다(자기기관).

    또한 대외적으로 사원이 회사채권자에 대하여 개인적으로 책임을 지고 사원의 인적신용이 회사신용의 기초로 되어 있다. 이에 반해 물적회사(자본회사)라 함은 사원의 개성이 아니라 사원이 출자한 회사의 자본에 기초를 둔 회사(주식회사, 유한회사)를 말한다.

    유한책임회사는 이사회·업무집행자 등 조직구성에서 구성권 간에 사적자치가 보장되고, 이익배당·의결권분배·퇴사 및 지분양도에서의 자율이 인정되므로, 사원의 유한책임을 제외하고는 대체로 기존의 인적회사에 가까운 형태이다.

(2) 일반회사·특수회사

법상 회사는 상법의 일반규정만의 적용을 받는 회사를 가리키는 것이 일반적이며, 이를 상법상의 회사 또는 일반회사라고도 부르기도 한다.

이에 반하여 특별법상의 회사란 상법 이외의 특별법의 규정도 적용받는 회사를 가리킨다. 특별법상의 회사는 다시 그 특정회사만을 위하여 제정된 특정특별법에 따르는 특수회사와 특정한 종류의 영업을 목적으로 하는 회사를 위하여 제정된 일반특별법에 따른 회사로 나누어진다.

이를 구분해 보면 중소기업은행(중소기업은행법), 한국수출입은행(한국수출입은행법)이 특정특별법인이고, 은행(은행법), 보험회사(보험업법), 증권회사·신탁회사 등(자본시장과 금융투자업에 관한 법률. 이하 자본시장법)이 일반특별법에 따른 회사이다.

(3) 내국회사·외국회사

회사는 설립준거법에 따라 내국회사와 외국회사로 분류하기도 한다. 구별기준에 관하여도 여러 가지 학설이 있으나, 이에 따르면 대한민국법에 준거하여 설립된 회사가 내국회사(內國會社)이고 외국법에 준거하여 설립된 회사가 외국회사(外國會社)이다.

외국회사가 우리나라에서 영업을 하고자 할 때에는 대한민국 내에 영업소를 설치하거나 대표자 중 1명 이상이 대한민국에 주소를 두어야 한다. 이 경우에는 외국회사는 그 영업소의 설치에 관하여 대한민국에서 설립되는 동종의 회사 또는 가장 유사한 회사의 지점과 동일한 등기를 한다(상법 614조).

또한 외국에서 설립된 회사라도 대한민국에 그 본점을 설치하거나 대한민국에서 영업할 것을 주된 목적으로 하는 때에는 대한민국에서 설립된 회사와 같은 규정을 따라야 한다(유사외국회사. 상법 617조).

(4) 모회사·자회사

일반적으로 어느 회사가 다른 회사를 자본참가(지분 또는 주식의 보유)·계약·임원 겸임(임원의 파견) 등을 통해 지배하고 있는 경우에 모회사와 자회사로 구분한다.

상법은 지분율을 기준으로 하여, ①다른 회사의 발행주식총수의 50%를 초과하는 주식을 가진 회사를 모회사(A社), 그 다른 회사(B社)를 자회사라 하고(상법 342조의2 1항), ②모회사(A社)와 자회사(B社)가 합하여 다른 회사(C社)의 발행주식총수의 50%를 초과하는 주식을 가진 때에는 그 다른 회사를 모회사(A社)의 자회사(C社)로 보며(상법 342조의2 3항), ③자회사(B社)가 단독으로 다른 회사(C社)의 발행주식총수의 50%를 초과하는 주식을 가진 경우에도 그 다른 회사(C社)를 모회사(A社)의 자회사로 본다(상법 342조의2 3항). 자회사는 모회사의 주식을 취득한 날로부터 6월 이내에 이를 처분해야 한다(상법 342조의2 2항).

상법상 자회사는 원칙적 모회사 주식의 취득금지, 주식의 포괄적 교환·이전, 사외이사 결격요건, 모회사 감사의 자회사 조사권, 삼각합병 등을 규제받고, 공정거래법상 지주회사 행위제한, 채무보증제한기업집단의 지주회사 설립제한 등의 규제를 두고 있다.

(5) 지배회사 및 종속회사

'지배·종속의 관계'는 회사가 경제활동에서 효용과 이익을 얻기 위하여 다른 회사(조합 등 법인격이 없는 것을 포함)의 재무정책과 영업정책을 결정할 수 있는 능력을 가지는 경우 그 주식회사를 지배회사, 그 다른 회사를 종속회사라고 하며, 지배·종속관계는 기업회계기준에 따라 판단하고(주식회사 등의 외부감사에 관한 법률 시행령 3조(이하 법령 명칭은 외감법 시행령 또는 외부감사법 시행령이라 한다)), 한국채택국제회계기준 적용법인은 K-IFRS 기업회계기준서 제1027호, 미적용 법인은

K-GAAP 기업회계기준서(한국채택국제회계기준) 제25호에 따라 판단한다(외감법 시행령 제1조의3).

(6) 상장법인·비상장법인·주권상장법인·주권비상장법인

상장법인이라 함은 증권시장(유가증권시장과 코스닥시장, 코넥스시장)에 상장된 증권의 발행인(상장회사)을 말하고, 비상장법인이라 함은 상장법인을 제외한 법인을 말한다(자본시장과 금융투자업에 관한 법률 9조 15호. 이하 자본시장법이라 한다).

상장이란 어느 증권이 일정한 요건과 절차를 갖추어 증권시장에서의 거래의 대상으로 되는 것(흔히 증권거래소를 말한다)을 말한다. 증권 가운데 증권시장에 상장된 주권 등을 발행한 법인을 주권상장법인이라 하고, 주권상장법인을 제외한 법인을 주권비상장법인이라고 한다(자본시장법 9조 15호).

(7) 내자회사(內資會社)·외자회사(外資會社)·합작회사(合作會社)·다국적회사

회사의 투자된 자본이 내국자본인가 외국자본인가에 따라 분류할 경우에, 내자회사(內資會社)는 회사의 구성자본이 내국자본인 회사이고, 외자회사(外資會社)는 회사의 구성자본이 외국자본인 경우이다. 내국자본과 외국자본이 합쳐진 회사를 합작회사·합작투자회사 또는 합판회사(合辦會社)라고도 한다(joint venture corporation).

다국적회사(multinational or transnational corporation)는 자본이 많은 나라에서 동종영업 등을 위하여 별개의 회사를 설립하고, 그 회사들이 서로 관련되어 있는 경우를 가리킨다. 이는 어느 하나의 나라에 모회사를 두고 타국이나 개발도상국 등에 자회사를 두어, 전 세계적으로 통일된 계획과 지시 아래 경영한다.

(8) 기업집단·계열회사·지주회사

기업집단은 동일인이 일정한 기준에 의해 사실상 그 사업내용을 지배하는 회사의 집단을 말한다. 독점규제 및 공정거래에 관한 법률(이하 공정거래법이라 한다)에서 기업결합을 제한하기 위해 사용하는 개념인 기업집단(Group)은 동일인(개인일 경우 기업총수라고 하기도 한다)이 단독으로 또는 그와 특수한 관계에 있는 친족 또는 법인 등 동일인 관련자와 합하여, 당해 회사의 주식(지분 포함)의 소유나 임원의 임면 등을 통하여 사실상 그 사업내용을 지배하는 회사의 집단을 가리킨다(공정거래법 2조 2항, 동법 시행령 3조).

이와 함께 둘 이상의 회사가 동일한 기업집단에 속하는 경우에 이들 각 회사는 서로 상대방의 계열회사라고 한다(공정거래법 2조).

지주회사는 주식(지분을 포함한다)의 소유를 통하여 국내 회사의 사업내용을 지배하는 것을 주된 사업으로 하는 회사로서 일정한 자산총액(대통령령으로 정하는 금액 이상인 회사. 개정 전 시행령상 5,000억원) 이상인 회사를 말하고, 지주회사로부터 대통령령으로 정하는 기준에 따라 그 사업내용을 지배받는 국내 회사를 자회사라고 한다(공정거래법 2조).

지주회사에는 어떠한 사업활동을 하지 않고 다른 회사의 주식 소유를 통하여 그 회사를 지배하는 것을 유일한 목적으로 하는 순수지주회사(pure holding company)와 직접 어떠한 사업활동을 함과 동시에 다른 회사를 지배하기 위하여 주식을 소유하는 사업지주회사(operating holding company)로 구분한다.

순수지주회사에는 금융업 또는 보험업을 하는 자회사의 주식을 소유하는 금융지주회사(金融持株會社)와 금융지주회사 이외의 지주회사인 일반지주회사(一般持株會社)가 있으며(공정거래법 18조 2항), 벤처기업을 자회사로 하는 벤처지주회사가 있다(공정거래법 18조 1항).

(9) 상사회사·민사회사

회사의 목적을 기준으로 하여 상행위를 목적으로 하여 설립된 회사를 상사회사, 상행위 이외의 영리를 목적으로 하는 회사를 민사회사라고 한다. 상법은 민사회사를 의제상인으로 하고 있으므로(상법 5조 2항), 법률적용에 있어서는 둘은 아무런 차이가 없다.

(10) 1인회사

통상적으로 회사의 사원이나 주주가 1인 밖에 없는 회사를 1인회사라고 한다. 법상 재단(財團)이 재산의 집합체인 반면, 사단(社團)은 공동목적을 위한 사람의 단체이다. 주식회사 등의 물적회사는 재단에 가까운 성질을 가지고 있고, 그 전형적인 사례를 1인회사로 설명한다.

좁은 의미의 1인회사는 사원(주주)이 1인이고, 회사의 지분 전부를 그 1인[자연인 뿐만 아니라 회사나 단체가 지분(주식)을 모두 가진 경우 포함한다]이 가지고 있는 회사(형식적 의미의 1인회사)를 말한다. 넓은 의미의 1인회사(실질적 1인회사)는 형식적으로는 수인(數人)의 사원(주주)이 있지만, 명의신탁 등에 의하여 실질적으로는 1인이 회사의 지분 전부를 소유하는 회사를 말한다.

합명회사·합자회사에 대한 회사의 성립요건인 동시에 존속요건으로 2인 이상의 사원이 필요하고(상법 178조, 269조), 1인의 사원은 해산사유이므로(상법 227조 3호, 269조), 이러한 1인회사는 합명회사·합자회사에서는 인정되지 않고, 주식회사·유한회사·유한책임회사는 인정된다.

주식회사는 발기인수(2001년 이전에는 설립시 3인 이상의 발기인이 필요하고, 주주가 1인으로 되는 것은 해산사유가 아니었다)에 대한 제한규정을 삭제해(상법 288조), 회사의 설립단계에서도 1인회사가 인정된다.

제3절
주식회사의 기관

회사 자체는 살아있는 몸(육체)을 갖지는 않기 때문에 회사의 의사를 결정하고 회사의 경영활동 등 필요한 행위를 하기 위한 조직이 필요하다. 따라서 회사의 기관을 정하고, 그 기관의 의사결정이나 활동은 회사가 행위를 한 것으로 본다. 이와 같이 주식회사는 기관을 통해 현실의 영리활동을 하며, 일반적으로 주식회사의 기관으로 ①주주총회, ②이사회(이사), ③대표이사, ④감사를 두고 있다.

(1) 주주총회

회사의 실질적 소유자인 주주가 정기적으로 또는 필요한 경우(임시주주총회)에 모여 회사의 기본적 중요사항(이사 및 감사를 선임, 정관변경, 합병, 사업양도, 자본감소, 잉여금의 배당 등 법률이나 정관으로 정한 주요사항)에 대해 결의하는 기관이 주주총회이다. 이러한 의미에서 주주로 구성된 주주총회는 회사의 최고기관이라고 설명한다.

그러나 수많은 주주가 항상 모여 회사의 업무집행에 관련된 의사결정을 내릴 수가 없다. 따라서 주주총회에서 이사를 선임하고, 그 이사로 하여금 이사회를 구성해 일상적 업무의 결정을 하도록 하면서, 매 결산기 마다 주주총회를 개최하고, 법에서 정한 사항을 주주에게 보고하거나 또는 승인을 받도록 하고 있다.

정기주주총회는 매 결산기 1회 정기적으로 소집·개최되고(상법 365조 1항), 임시주주총회는 필요에 따라 소집·개최되며(상법 365조 3항), 통상은 이사회가 일시·의안·장소를 정하여 소집·개최되지만(상법 362조), 소수주주(상법 366조), 감사(상법 412조의3), 법원(상법 467조)에 의해 소집되는 경우도 있다.

주주총회는 결의방법에 따라 보통결의(출석한 주주의 의결권 과반수 & 발행주식총수의 4분의 1 찬성)와 특별결의(출석한 주주의 의결권 3분의2 & 발행주식총수의 3분의 1 찬성), 특수결의사항(총주주의 동의 또는 다른 특수한 요건의 결의)으로 구분된다.

주주의 의결권은 1주당 1개가 원칙이지만, 감사 또는 감사위원 선임시 의결권 3%로 제한(상법 409조 등), 회사간 상호보유주식(발행주식총수의 10분의 1)이상 소유한 경우 그 의결권의 제한(상법 369조 3항), 특별이해관계자의 의결권 제한(상법 368조 3항) 등이 있다.

주주는 본인이 직접 총회에 출석하여 의결권을 행사하기도 하지만, 대리인으로 하여금 의결권을 행사할 수 있도록 위임할 수 있으며(상법 368조 3항), 정관으로 정하면 서면투표도 할 수 있고(상법 368조의3), 정관의 정함이 없더라도 전자투표를 통해 의결권을 행사할 수 있다(상법 368조의4).

자본금 10억원 미만 주식회사는 주주총회의 소집통지 기간이 10일 전에 통지할 수 있는 것으로 단축되고, 주주 전원이 동의하면 소집절차를 생략하고 개최할 수 있으며, 서면결의(서면투표와는 다르다)도 허용된다(상법 363조 4항).

자본금 10억원 미만의 회사가 이사회를 두지 않는 경우에 이사회 결정권한 사항에 대하여 주주총회가 해당 회사에 관한 대부분의 사항(주식의 양도, 사채의 모집, 이사와 회사 간 거래의 승인, 회사 기획 및 자산유용의 승인 등)을 결정하게 된다.

(2) 이사회

주주는 회사의 실질적 소유자로서 주주총회에서 이사를 선임하고, 그 이사들로 구성된 이사회에 회사경영을 위임하고 있다. 이사회는 (등기)이사가 모여 회사의 구체적인 경영방침을 결정하거나 대표이사의 업무집행을 감시하는 역할이 주어진 회의체로서 주주의 이익이 최대화 될 수 있도록 노력할 것이 요구된다.

업무집행의 결정은 궁극적으로 이사회의 권한이며, 대표이사가 그 결정사항을 집행하고, 이사회는 대표이사와 이사의 직무집행을 '감독'하게 된다(상법 393조 2항).

업무집행의 결정사항으로 중요한 자산의 처분·양도, 대규모 자산의 차입, 지배인의 선임·해임, 지점의 설치·이전·폐지(상법 393조 1항), 주주총회의 소집(상법 362조), 주주제안 내용의 법령 또는 정관 위반 여부 결정(상법 363조의2), 이사회 소집권자(상법 390조), 이사의 경업 승인과 개입권 행사(상법 397조), 회사기회 및 자산유용의 승인(상법 397조의2), 이사의 자기거래 승인(상법 398조), 집행임원의 선임·해임(상법 408조의2 3항), 사채발행(상법 469조), 재무제표 승인(상법 447조), 영업보고서 승인(상법 447조의2)이 있으며, 이사회 권한이지만 정관으로 정하여 주주총회 결정사항으로 할 수 있는 것으로 대표이사의 선정(상법 389조 1항), 신주의 발행(상법 416조), 준비금의 자본전입(상법 461조 1항), 전환사채 및 신주인권부사채의 발행(상법 513조 2항, 516조의2 2항)이 있다.

회의체로서의 특성을 살리려면 최소한 3인 이상이 필요하기 때문에 이사회를 두는 경우, (등기)이사는 3인(사내이사, 사외이사, 기타비상무이사를 불문한다) 이상 필요하다.

정관(회사의 근본규칙)으로 정하여 법 규정상의 최소인원(3인) 보다 더 많은 수의 이사를 둘 수도 있다. 이사의 인원수에 대한 최대 상한에 관하여는 법률 규정은 없기 때문에 정관에서 이사의 인원수의 최대 상한을 정하고 있는 회사가 많이 있다. 이러한 상한을 두면 적대적 M&A로 정해진 이사 수를 초과하여 추가 선임하거나 반대파의 주주제안에 따라 이사를 추가로 선임해야 하는 불안정을 줄일 수 있다.

(3) 대표이사

주식회사의 대표이사는 대외적으로 회사를 대표하고, 회사내의 업무집행에 대한 이사회의 결정사항(의사결정)을 실제 실행하는 기관이다. 대표이사가 회사를 위해서 하는 행위는 회사가 하는 행위로 간주되며, 회사에 직접 법률효과가 발생한다.

대표이사는 회사의 위임전결 규정 등에 따라 회사를 운영하기도 하지만, 이사회가 결정한 범위 내에서 스스로 의사결정 해야 할 때도 있다.

또한 대표이사의 대표권은 회사 내부적으로 제한할 수는 있지만 그 제한됨을 알지 못하는(선의) 제3자에게 대항(주장)할 수 없다. 회사에는 대표이사가 반드시 필요하며, 회사 사정에 따라 대표이사가 수인(數人)이 있는 경우도 있지만 일반적으로 대표이사는 1인 또는 2인을 둔다.

대표이사는 원칙적으로 등기된 이사 중에서 이사회의 결의로 선정하지만(정관으로 주주총회에서 대표이사를 정하는 것으로 규정하지 아니한 경우), 정관으로 정하여 주주총회에서 직접 선정할 수도 있다(상법 389조 1항). 또한 대표이사는 상무에 종사하는 것을 전제로 해야 하므로 사외이사는 대표이사가 될 수 없다.

실무에서 대표이사는 통상적으로 회장, 사장 등의 직위를 가진다.

(4) 감사 및 감사위원회

감사(監事)는 이사의 업무집행을 감사(監査)하는 주식회사의 기관이며, 주주총회에서 의결권 3% 제한규정을 적용하여 선임된다(상법 409조 2항 등).

감사의 임기는 3년이 아니라, 3년 내의 최종의 결산기에 관한 정기총회 종결시까지이며(상법 410조), 감사의 수는 제한이 없으나 정관으로 정하면 그 인원수로 제한되고, 당해 회사 또는 자회사의 이사·지배인 기타 사용인의 직무를 겸직하지 못한다(상법 411조).

감사의 역할은 회사의 경영이 적정하게 이루어지고 있는지 여부를 확인하는 것이다. 따라서 법률상으로는 감사가 이사의 업무집행에 대해 감독·시정해야 하는 경우도 있으며, 감사의 책임은 상근여부에 관계없이 비상근감사도 상근감사와 동일한 책임을 부담한다(대법원 2007. 12. 13. 2007다60080).

감사의 대상이 되는 이사가 하는 회사의 업무집행이란 회사의 영업에 관한 제반사항을 처리하는 것이며, 그것은 계약의 체결과 같은 법률행위 뿐만 아니라, 장부의 기입·사용인의 지휘 등 사실행위를 포함한다.

주식회사는 감사 대신 감사위원회를 설치할 수 있으며, 둘 중 어느 하나를 설치해야 한다. 상장회사는 회사 일정한 규모에 따라 반드시 의무적으로 감사위원회를 설치해야 하는 경우(최근 자산규모 2조원 이상)도 있다.

[정관] 회사의 조직과 활동에 관한 근본규칙을 기재한 서면을 말한다. 정관상 반드시 기재해야 할 사항(절대적 기재사항)의 하나로 회사의 활동범위는 회사의 목적으로 하는 사업에 한정하고 있다. 판례와 해석은 목적사업에 속하는 행위뿐만 아니라 그것을 수행하거나 달성하는데 필요한 행위까지 매우 넓게 해석하고 있으나, 정관에 기재되지 않는 사업을 하고자 하는 경우에는 원칙적으로 주주총회의 특별결의로 새롭게 하려는 사업을 회사의 목적으로 정관에 추가해야 한다.

Q 이사로서 법상 요구되는 이사회의 역할에 충실하기 위해 필요한 것은 무엇인가?

A 주식회사의 이사 또는 감사 등 임원 중에서도 특히 중요하고 핵심적 역할을 하는 것은 회사 경영의 중추를 담당하는 이사(또는 대표이사)이다.

이사는 주주총회에서 선임되며(상법 382조 1항), (상장회사)사외이사의 경우에는 자격요건 및 선임절차도 달리하나, 각 이사(사내이사, 사외이사, 기타비상무이사)는 이사의 종류에 상관없이 그 법적책임에 있어서는 차이가 없다.

상법상 대표이사만이 업무집행기관이지만, 통상적으로 실무에서는 대표이사 이외의 다른 사내이사(업무담당이사로서 사내이사 또는 상근이사 등)에게도 대내적으로 업무집행권을 부여하는 경우가 많이 있다.

이러한 이사는 법적으로 무거운 책임을 지고 있기 때문에, 특히 이사회 회의에 상정되는 의안뿐만 아니라 회사경영에 관한 내용을 파악하기 위해 나름의 철저한 확인이 필요하다.

이사는 경영상의 문제에 대하여 제대로 위험분석하고, 이사 개인의 정확한 판단으로 결정해야 한다. 특히 법적으로 이사가 이사회에 출석하는 것만으로 이사의 책임을 다하는 것이 아니다. 이사회에서 논의하고 결정하는 사항은 어디까지나 회사의 이익을 위해 냉정하게, 합리적으로 해야 한다. 제대로 논의하고 확인하지 않을 경우에 나중에는 개인적인 책임의 문제가 발생할 수 있다.

[이사회의 권한과 역할] 이사회는 막중한 권한과 책임이 있고, 법령으로 주주총회 등의 권한으로 정한 일부의 사항을 제외하고 회사의 중요한 사항을 결정할 수 있다.
사실 법률적으로는 주주총회의 결의사항으로 되어 있어도, 실질적으로는 주주총회의 의안과 일시, 장소 등은 이사회에서 정하기 때문에 회사 경영사항(특히 총회 상정의안)의 거의 모든 사항이 이사회에서 정해진다고 해도 과언이 아니다.
이 때문에 주식회사에서 경영권 분쟁, 적대적 M&A 등의 경우에는 이사회 내에서 어느 편의 이사 수가 많고 적은지에 따라 경영권의 향방이 결정되기 때문에, 전체 이사(주주총회에서 선임되고 등기된 이사) 수의 과반수를 확보하는 것이 중요하다. 이사회의 과반수를 차지하는 측이 회사 전체를 통제할 수 있게 되기 때문이다.

이사회 의안의 결정사항에 대한 각 이사의 찬성과 반대는 이사 개인의 책임 문제가 될 수 있으므로, 회사나 사무국에서 제시하는 관련 자료(정보)가 불충분할 경우에는 관련 분야의 전문가의 의견을 참고하여 결정해야 추후 책임의 문제가 발생할 경우에 경영판단의 원칙 등으로 보호 받을 수 있다.

Q 소수주주의 대표소송은 이사의 회사에 대한 책임뿐만 아니라 이사의 제3자에 대한 책임추궁을 위하여도 인정되는지?

A 소수주주의 대표소송은 회사가 이사의 책임을 추궁하지 않을 때 (소수)주주가 회사를 위하여 회사를 대표하여 소송을 제기하여 이사의 책임을 엄중히 묻기 위한 것으로, 이사의 회사에 대한 책임(상법 399조, 428조) 추궁에만 인정되고, 이사의 제3자에 대한 책임 추궁을 위해서는 인정되지 않는다(상법 403조).

구체적으로 상법상의 대표소송은 발행주식총수의 1% 이상에 해당하는 주식을 가진 주주가 회사를 위하여 이사의 책임을 추궁하기 위해 제기하는 소송이다(상법 403조 1항). 상장회사는 6월 전부터 계속하여 발행주식총수의 1만분의 1 이상에 해당하는 주식을 보유하고 있는 자도 소제기가 가능하다(상법 542조의6 6항).

회사에 대하여 책임을 부담해야 할 자는 이사(상법 401조의2의 업무집행지시자 포함) 외에도 이사이었던 자, 감사, 감사위원회 위원, 발기인, 집행임원, 불공정한 가액으로 주식을 인수한 자, 이익공여를 받은 자, 청산인의 책임추궁에도 대표소송이 인정된다(상법 415조, 324조, 408조의9, 415조의2 7항, 424조의2, 467조의2 2항, 542조 2항).

제소청구는 그 이유를 기재한 서면으로 해야 한다(상법 403조 2항).

Q 각종 법률상 '회사는 정관으로 정하는 바에 따라'로 규정한 것의 의미는?

A 법에서 규정한 내용 중에는 회사의 정관에 그 내용을 규정하면 해당 내용을 적용할 수 있는 경우가 있다. 이는 각 법률 규정상 '정관이 정하는 바에 따라…', '정관으로 ○○를 정할 수… 또는 정관에 다른 정함이 없으면 …' 등과 같이 규정하고 있는 사항들이 이에 해당하고, 이를 정관의 '상대적 기재사항'이라 한다.

이러한 사항은 정관에 기재하지 않아도 정관 자체의 효력에는 영향이 없지만, 해당 내용을 회사에 적용하거나 채택하기 위해서는 반드시 정관에 기재해야 하며, 회사 내부의 다른 규정이나 규칙에 기재하여 반영하면 그 효력이 인정되지 않는 사항이다(정관의 상대적 기재사항이라 한다).

이러한 사항에는 종류주식을 발행 관련사항(상법 344조 2항, 344조의2, 344조의3, 345조, 346조), 재무제표의 승인권한의 이사회 부여(상법 449조의2), 현물배당(상법 462조의4), 중간배당(상법 462조의3) 또는 분기배당(자본시장법 165조의12), 주식의 전자등록(상법 356조의2), 전자주주명부 작성(상법 352조의2), 법정결의사항 이외의 주주총회 결의사항(상법 361조), 본점소재지 또는 인접지 이외의 주주총회의 소집지(상법 364조), 서면투표제도의 채택(상법 368조의3 1항), 집중투표제도의 배제(상법 382조의2 1항), 사채발행결정의 대표이사에게 위임(상법 469조 4항) 등이 있다.

Q 이사, 감사 등의 임원이 그 법적인 권리의무에 대하여 반드시 인식해야 하는 이유가 있다면?

A 회사의 이사, 감사 등 임원에 대한 법적책임이 문제되는 것은 이사, 감사 등의 임원은 회사내부에서 광범위한 권한을 가지며, 다양한 의무를 부담하고 있기 때문이다. 특히 창업자나 대주주 경영자의 경우에는 많은 지분을 가지고 있기 때문에 자신이 회사를 자유롭게 좌지우지 할 수 있는 것처럼 착각하기 쉽다.

그러나 법인인 회사와 개인인 창업자나 대주주는 분명히 구분해야 한다. 그리고 회사의 지분을 타인이 조금이라도 가지고 있으면 그 주주의 이익 또한 무시해서는 안 된다. 통상 주식회사에서 이사는 회사 경영에 대한 무거운 책임과 권한을 가지고 있다. 이는 원칙적으로 대표이사이건 사내이사이건 사외이사이건 차이는 없다.

이사, 감사 등의 임원은 어떠한 상황에서도 공사(公私)를 구분해야 하고, 회사의 이익을 우선하여 판단하고 행동해야 하며, 자기 개인의 이익을 위해서 행동할 경우 법적 문제가 발생한다. 선량한 관리자의 주의의무(상법 382조 2항)와 충실의무(상법 382조의3)를 부담하기 때문에 이사 자신의 개인적 이익을 위해 회사의 이익을 침해해서는 안 되며, 항상 회사에 최대 이익이 되도록 해야 한다.

따라서 이사 개인의 이익과 회사의 이익이 상충되는 경우에 회사의 이익을 우선시해야 하고, 이사가 회사의 이익보다 자기의 이익을 우선시하면 엄격한 법적 책임을 져야 하는 경우가 있다. 또한 법령이나 정관, 주주총회의 결의한 내용을 준수하는 등 회사를 위해 충실히 그 직무를 수행해야 한다.

등기된 이사(사외이사 포함)로서 부담하는 의무에는 선관주의의무(상법 393조 2항, 3항 ; 민법 681조)·충실의무(상법 382조의3)·비밀유지의무(상법 382조의4)·감시의무, 보고의무(상법 393조 4항), 회사와의 자기거래의 제한(상법 398조), 경업금지의무(상법 397조), 회사의 기회 및 자산의 유용금지(상법 제397조의2) 등이 있다.

제4절
회사의 임원

(1) 상법상의 임원

일반적으로 통용되는 임원에 관한 통일된 법률상 용어정의는 없으며, 각 법률의 규정에 따라 차이가 있고, 개별 법규에서는 그 입법목적에 따라 별도로 규정하여 사용하고 있다.

주식회사에서 흔히 회사의 업무를 집행하는 자를 통칭하여 '임원'이라 하고, 실무적으로는 회장, 사장, 전무, 상무, 본부장, 이사 등으로 직급, 직책 등을 구분하여 다양하게 임원을 칭하고 있으나 상법상 임원의 개념과 정확하게 일치하는 것이 아니다.

상법에서는 임원의 정의에 관한 규정은 두지 않지만, 법문상 여러 조문의 표제에서 임원이라는 용어를 사용하고 있다(발기설립의 경우의 임원선임(296조), 임원의 선임(312조), 발기인·임원의 연대책임(323조), 발기인·이사 기타의 임원등의 특별배임죄(622조), 발기인·이사 기타의 임원의 독직죄(630조)).

상법상 임원으로 이사와 감사는 주주총회에서 선임되어 등기된 자를 말하며(상법 312조), 법적으로 회사와의 관계는 민법상의 위임계약관계를 준용한다(상법 382조). 또한 상법상의 집행임원(흔히 말하는 비등기임원이 아니라, 이사회에서 집행임원으로 선임하고 등기된 자. 이 집행임원제도를 회사가 선택하면 대표이사가 아닌 대표집행임원을 두게 된다)이 있다.

(2) 기타 다른 법률 규정상의 임원

금융회사지배구조법상 임원은 이사, 감사, 집행임원(상법에 따른 집행임원을 둔 경우) 및 업무집행책임자를 말한다(금융회사지배구조법 2조 2호). 이 경우 '이사'는 사내이사, 사외이사 및 그 밖에 상시적인 업무에 종사하지 아니하는 이사(비상임이사)를 말한다.

'사외이사'는 상시적인 업무에 종사하지 아니하는 이사로서 임원후보추천위원회의 추천 등(금융회사지배구조법 17조)에 따라 선임되는 자를, '업무집행책임자'는 이사가 아니면서 명예회장·회장·부회장·사장·부사장·행장·부행장·부행장보·전무·상무·이사 등 업무를 집행할 권한이 있는 것으로 인정될 만한 명칭을 사용하여 금융회사의 업무를 집행하는 자를 말한다(금융회사지배구조법 2항 2호, 3호, 4호, 5호).

공정거래법상 임원은 이사·대표이사·업무집행을 하는 무한책임사원·감사나 이에 준하는 자 또는 지배인등 본점이나 지점의 영업전반을 총괄적으로 처리할 수 있는 상업사용인을 말한다(공정거래법 2항).

여기서 '이에 준하는 자'란 법률상 또는 정관상의 임원으로서 인정되는 것은 아니나 그 사업자의 업무집행에 있어서는 이들 임원과 동등하거나 유사한 영향력을 갖고 있는 자를 말한다.

또한, 법인세법 시행령에서는 접대비의 범위와 관련하여 임원은 법인의 회장·사장·부사장·이사장·대표이사·전무이사 및 상무이사 등 이사회의 구성원 전원과 청산인, 그리고 합명회사, 합자회사 및 유한회사의 업무집행사원 또는 이사, 유한책임회사의 업무집행자, 감사, 그 밖에 이에 준하는 직무에 종사하는 자로 명시하여 임원을 매우 광범위하게 규정하고 있다(법인세법 시행령 40조 1항).

(3) 실무상의 이사와 임원

상법상 임원은 등기이사나 감사만을 지칭하지만 실무에서 임원이라는 호칭은 등기이사 뿐만 아니라 비등기임원도 포함하는 경우가 많다.

예를 들면 임원의 범위는 각 회사별로 내부규정으로 정하기도 하는데 직위에 따라 전무·상무·상무보 등의 명칭을 사용하며, 담당 업무에 따라 재무관리본부장, 경영관리본부장 등의 명칭을 사용하기도 한다. 그리고 실무상 일반적으로 직원이 임원(등기이사)으로 승진하게 되면 직원으로서의 근속기간에 대한 퇴직금을 수령함으로써 (직원으로서)회사와의 고용관계를 종료하고 (등기임원으로서)위임관계로 전환된다.

상법상의 집행임원(이사회에서 집행임원으로 선임하고 등기된 자)제도를 도입하기 이전에는 등기된 이사가는 아니지만 업무집행을 하는 임원으로서 비등기 집행임원(흔히 비등기임원)에 대하여 정관에 규정한 회사도 있었으나, 이러한 비등기임원은 상법상 이사가 아니라 고용계약에 의한 근로자라는 것이 판례의 입장이다(대법원 2003. 9. 26. 2002다64681).

상법상의 집행임원(집행임원 채택회사는 대표이사 대신 대표집행임원을 둔다)은 이사와 구분되는 지위에서 일정한 권한 내의 업무를 집행하는 회사의 독립된 업무집행기관으로, 이사회에서 집행임원(이사 중에서 선임하기도 한다)으로 선임되어 집행임원으로서 등기된 자를 말한다.

[대법원 2003. 9. 26. 2002다64681] 상법상 이사와 감사는 주주총회의 선임결의를 거쳐 임명하고 그 등기를 해야 하며, 그 법정권한은 적법하게 선임된 이사와 감사만이 행사할 수 있을 뿐이고 그러한 선임절차를 거치지 아니한 채 다만 회사로부터 이사라는 직함을 형식적·명목적으로 부여받은 것에 불과한 자는 상법상 이사로서의 직무권한을 행사할 수 없다.

Q '그저 형식적으로 이름만' 빌려달라며, 이사(감사)의 취임 요청을 받았다. 어떻게 하는 것이 좋은가?

A '이사(감사)로 선임하는 것은 단순히 형식적일 뿐이다. 진짜 피해가 가거나 책임질 일은 없다'고 말하며, 이사(감사)로 취임해 줄 것을 권유받은 경우에, 이는 단순한 문제가 아니므로 신중하게 판단해야 한다.

만약 이사(감사)취임을 요청받아, 이를 받아들여 주주총회에서 이사(감사)로 선임될 경우, 법률상의 막중한 이사(감사) 책임을 부담해야 하기 때문에 '단순히 형식적이다' 또는 '명목상의 이름뿐인 이사(감사)다'라고 말해도 쉽게 생각할 일이 아니다.

'명목상의 이사(감사)'란 이름만을 빌려 준다는 것이지만, 정말로 아무것도 회사에 관여하지 않는 이사(감사)라고 한다면 더더욱 조심해야 한다. 즉, 아무것도 역할도 하지 않고, 임원 보수도 받지 않으며, 그리고 회사의 이사회에도 참석하지 않는 이사(감사)라고 할 수 있다.

그러나 법률적으로는 이러한 이사(감사)에게도 책임이 없는 것으로 인정해 주지 않는다. 즉 이사(감사)로서 이름만 빌려준 등기이사(감사)는 상법상의 의무와 책임을 모두 지게 된다.

회사의 잘못으로 피해를 입은 제3자가 회사와 이사(감사)에게 책임을 묻게 될 경우 명목상 이사(감사)·대표이사가 임에도 회사에 대한 책임과 '채권자에 대한 책임(제3자 책임)'을 지게 될 수도 있다.

상법과 법원은 이른바 '비상근이사(감사)'로서 취임한 명목이사(감사)에게도 제3자에 대한 손해배상책임을 인정하고 있고, 책임 또한 상근이사(감사)와 구분하지 않으며 그 책임은 의외로 상당히 무겁다. 따라서 이사(감사)가 되는 이상, 그 법적 책임이 질 수도 있음을 인식해야 한다.

제5절

주식회사의 주요 특징

(1) 소유와 경영의 분리

회사의 출자자인 주주는 회사의 경영에 직접 참여하지 않고 회사의 경영을 다른 자(또는 업무집행기관)에게 맡기는 것을 '소유와 경영의 분리'라고 한다.

주식회사의 경영은 회사의 소유자인 주주가 해야 하겠지만, 수많은 주주가 모여 회사의 경영에 대해 매번 주주총회를 열고 검토·결의해 나가는 것은 실제로는 불가능하다.

또한 주식회사의 많은 주주 중에는 회사경영보다 이익배당이나 주가의 변동에 따른 차익의 획득을 목적으로 하는 경우도 있다(투자나 투기만을 목적으로 하는 주주도 있을 것이다). 따라서 주주는 회사를 전문경영인이나 전문가(이사 등)에 맡겨 최대의 경영성과를 달성할 필요성이 생긴다. 이러한 이유에서 소유와 경영은 분리되어 회사는 운영된다.

[주주의 유한책임] 주주는 회사에 대해서는 주식의 인수가액을 한도로 출자의무만 부담할 뿐이므로(상법 331조), 그 이상 회사에 출연할 책임을 부담하지 않는다(납입을 이행하여 주주가 된 자는 더 이상 다른 책임을 지지 않는다). 즉 회사가 부실화되어 채무초과상태가 되거나 도산을 하더라도 주주는 회사의 채권자에게 변제할 책임을 지지 않는다.

그런데 대표이사인 전문경영인 등이 경영권을 남용함으로써 회사와 주주의 이익을 해칠 우려가 있으므로 주주총회·업무집행기관과 감독·감사기관 간의 권한을 분배하는 구조를 택한 것이다.

(2) 주주평등의 원칙

주주는 주주평등원칙에 따라 회사와의 관계에서 그가 가진 주식의 수에 따라서 평등한 취급을 받는 것이다. 이는 '주주평등원칙 또는 주주차별금지의 원칙'으로 주주라면 무조건 동일하게 대우를 받는 것이 아니라 그 소유하는 주식의 수에 비례하여 취급받는다는 것을 의미한다.

또한 이러한 비례적 평등은 동일한 종류의 주식 상호간에는 적용되고(보통주와 보통주, 우선주와 우선주), 종류가 다른 주식(보통주와 우선주) 사이에는 적용되지 않는다.

상법상 주주평등의 원칙에 관한 명문의 규정을 두고 있지는 않지만, 이 원칙은 일반적으로 강행규범으로 보며, 따라서 이 원칙에 위반하는 정관의 규정이나 의결권 행사(주주총회 결의)를 비롯하여, 이익배당(차등배당 등), 신주인수권의 행사 등은 회사의 선의[善意; 특정한 사실을 알고 있는 것(知)]·악의[惡意; 특정한 사실을 모르는 것(不知)]를 불문하고 인정되지 않는다.

이러한 주주평등의 원칙은 주주권의 행사나 주주의 의무이행과 같이 주주의 자격에 따른 법률관계에 적용되므로 주주의 자격에 따르지 않은 법률관계, 예를 들어 주주가 회사와 하는 거래 등의 경우에는 적용되지 않는다.

(3) 1주 1의결권 원칙

상법상 '1주 1의결권 원칙'에 따라 의결권은 1주(株)마다 1개로 한다(상법 369조 1항). 이 규정은 주주의 이해관계와 의결권 사이의 비례를 유지하기 위한 것으로서 강행규정이므로 정관에 이와 달리 정할 수 없다.

주주의 권리가 주주의 수(頭數)가 아니라 주주가 가진 주식수(持株數)에 따라 의결권 수(數)를 가지는 것은 주식회사가 자본단체이기 때문이며, 이는 인적회사(합명회사, 합자회사)의 의결권이 각 사원의 출자액이 다름에도 불구하고 1인(人) 1의결권인 것과 구별된다(상법 195조, 269조 1항).

1주 1의결권의 원칙은 주주평등의 원칙에 따른 것이므로, 1주에 관하여 2개 이상의 의결권을 인정하는 복수의결권주제도는 허용되지 않는다.

이사 선임시의 집중투표제도(상법 382조의2. 상장회사 특례는 542조의7)도 모든 주식에 대하여 선임할 이사의 수와 동일한 수의 의결권을 인정하므로 1주 1의결권 원칙에 대한 예외가 아니고, 단지 의결권 행사방법이 통상의 경우와 다른 것일 뿐이다(회사는 정관에 집중투표제를 배제하는 규정을 두면 채택하지 않을 수 있다).

이 '1주 1의결권 원칙'에 대한 예외로서 인정되는 것은 상법상 의결권이 배제 또는 제한 종류주식(상법 344조의3), 회사가 가진 자기주식(상법 369조 2항), 상호보유하고 있는 주식(상법 369조 3항), 특별이해관계인의 소유주식(상법 368조 4항), 감사 선임시의 주주가 가진 3% 초과 주식(상법 369조 2항) 등의 경우에 의결권의 행사가 제한되기도 한다.

상장회사에는 '1주 1의결권 원칙'에 대한 예외로 감사 또는 감사위원회 위원 선임시 주주가 가진 3% 초과 주식(상법 542조의12 3항, 4항), 집중투표 배제를 위한 정관변경시 3% 초과 주식(상법 542조의7 3항) 등의 제한이 있다.

기타 다른 법상으로는 자본시장법(법령 위반 주식등의 의결권행사 제한 등에 관한 제150조), 금융회사지배구조법(감사위원회 구성 및 감사위원의 선임 등에 관한 제19조), 은행법(한도초과주식의 의결권 제한 등에 관한 제16조), 공정거래법(금융회사 또는 보험회사의 의결권 제한에 관한 제11조) 등에 의한 제한이 있다.

> ☑ **집중투표제(cumulate voting)**
>
> 집중투표제는 2인 이상의 이사를 선임할 때 1주당 선임할 이사 수만큼 복수의 의결권을 부여해, 이를 1인에게 집중투표 하거나 또는 수인에게 분산하여 투표할 수 있도록 하면서, 이사 선임시 보통결의 의결정족수가 적용되지 않으면서 이사 후보자 중 최다득표 순으로 순차적으로 선임하는 것이다.
>
> 상법은 이사선임 의안에 한하여 집중투표제를 인정하고 있으나(상법 369조 1항), 회사가 정관에 집중투표를 배제하는 규정을 둔 경우에 주주는 집중투표청구를 할 수 없다.
>
> 정관으로 집중투표제를 배제하지 않는 상장회사는 2인 이상의 이사 선임을 목적으로 하는 총회의 소집이 있는 때 의결권 있는 발행주식총수의 3%(자산 2조원 이상 대규모 상장회사는 1%)를 보유한 주주는 총회 1주전(상장회사는 직전년도 주주총회일 기준 6주전)까지 서면 또는 전자문서로 집중투표방식으로 이사를 선임하도록 청구할 수 있다(상법 382조의2 1항, 542조의7 2항, 상법 시행령 33조). 이 경우, 회사가 이사를 집중투표를 통해 선임하는 때에는 총회의 소집통지에 선임할 이사의 원수를 기재해야 한다.
>
> 판례에 따르면 집중투표는 이사 선임의 결의요건인 보통결의 요건(상법 368조)이 적용되지 않지만 정관으로 발행주식총수의 과반수에 해당하는 주식을 가진 주주의 출석과 출석주주의 의결권의 과반수로 선임한다고 규정한 경우, 정관에 규정한 의사정족수는 충족해야 하는 것으로 판시하고 있다(대법원 2017. 1. 12. 2016다217741).
>
> 집중투표제하에서 일정한 수의 이사를 선임하는 데 필요한 주식의 수(V)를 산정하는 공식은

$$V = (A \times C) \div (B+1) + 1$$

* A : 의결권 있는 발행주식의 총수
* B : 주주총회에서 선임될 이사의 총수
* C : 당해 주주가 선임하기 원하는 이사의 수

이 공식을 C를 중심으로 정리하면 $C = (V-1) \times (B+1) \div A$가 된다

(4) 경영판단의 원칙

경영판단의 원칙은 이사가 자기 권한 내에서 경영판단을 함에 있어서 객관적인 정보와 합리적인 판단에 근거하여 회사에 이익이 된다는 믿음 하에 이성적인 의사결정을 하였다면(성실성과 합리성을 충족), 그 결과가 비록 회사경영에 치명적인 문제를 야기하였더라도 그 이사에게는 책임을 묻지 않는 법리를 의미한다(대법원 2002.6. 14. 2001다52407).

경영판단원칙은 이사의 모든 행위에 적용되는 것이 아니며, 이러한 경영판단의 원칙이 인정되기 위해서는 은 일정한 요건을 충족해야 하는데, 이사가 ①그 판단한 결정사항 등에 이해관계가 없고, ②의사결정에 필요한 충분한 정보를 수집하여 판단·의사결정을 하였으며, ③그 판단이 회사의 최선의 이익에 합치된다고 믿었어야 하며, ④의사결정과정에 현저한 불합리가 없고, ⑤법령위반 행위가 아니어야 한다.

[대법원 2011. 4. 14. 2008다14633] 이사가 임무를 수행함에 있어서 법령을 위반한 행위를 한 때에는 그 행위 자체가 회사에 대하여 채무불이행에 해당하므로, 그로 인하여 회사에 손해가 발생한 이상 손해배상책임을 면할 수 없고, 위와 같은 법령을 위반한 행위에 대하여는 이사가 임무를 수행함에 있어서 선량한 관리자의 주의의무를 위반하여 임무해태로 인한 손해배상책임이 문제되는 경우에 고려될 수 있는 경영판단의 원칙은 적용될 여지가 없다.

이 경영판단의 원칙은 이사의 회사에 대한 책임에 적용되며, 이사의 제3자에 대한 책임에서는 적용되지 아니한다. 그러나 이사의 판단 대상이 주의의무 위반의 경우를 대상으로 하며, 법령 위반이나 충실의무를 위반한 경우는 그 자체가 회사에 대한 채무불이행에 해당하므로 적용대상이 되지 아니한다(대법원 2008.4.10, 2004다68519).

판례는 '이사가 임무를 수행함에 있어서 선량한 관리자의 주의의무를 위반하여 임무위반으로 인한 손해배상책임이 문제되는 경우에도, 통상의 합리적인 금융기관의 임원이 그 당시의 상황에서 적합한 절차에 따라 회사의 최대이익을 위하여 신의성실에 따라 직무를 수행하였고 그 의사결정과정 및 내용이 현저하게 불합리하지 않다면, 그 임원의 행위는 경영판단의 허용되는 재량범위 내에 있다고 할 것이나...'라고 판시하고 있다(대법원 2007. 7. 26. 2006다33685; 대법원 2002. 6. 14. 2001다52407; 2005. 10. 28. 2003다69638 등).

(5) 주주의 유한책임 원칙

주주의 유한책임이란 주주는 그가 가진 주식의 인수가액을 한도로 책임을 제한한다는 것으로, 회사에 대해 주식의 인수가액까지만 납입의무를 부담하고 그 이상의 금전적 부담을 하지 않는다는 뜻이며, 이 책임은 의무와 같은 의미이다(상법 331조).

상법상 주주의 유한책임에 관한 규정(상법 331조)에는 '주주의 책임'으로 규정하고 있지만 실질적으로는 '주식인수인'의 책임이라고 할 수 있다. 즉, 주주유한책임은 주주가 되기 이전에 이미 출자의무를 전부 이행하므로, 주주가 된 때에는 아무런 의무도 책임도 없다는 의미이다.

이는 주주가 된 이후에는 '회사의 채권자'에 대해서도, '회사'에 대해서도 책임을 아무런 책임을 지지 않는다는 의미이며, 회사에 손해가 발생하든, 부도가 나고 파산이 되든 별도의 손실부담의무가 없는 것이다.

유한회사의 유한책임사원이 간접유한책임을 부담하는 것은 주주의 유한책임과 마찬가지이다. 그러나 주주는 엄격한 간접유한책임을 부담하는데 반하여 유한회사의 사원은 예외적으로 현물출자 등에 관하여 전보책임을 부담하는 완화된 간접유한책임을 부담하는 점이 다르다.

합자회사의 유한책임사원은 그 출자가액에서 이미 이행한 부분을 공제한 가액을 한도로 하여 회사채무를 변제할 책임이며(상법 279조), 이 책임은 회사의 채무완제불능 등 일정한 경우 회사채권자에 대하여 직접·연대하여 부담하는 것이다.

즉, 주주의 책임은 회사에 대한 책임인데 대하여 합자회사 유한책임사원의 책임은 회사채권자에 대한 직접책임이며, 이러한 점에서 주주의 책임을 간접유한책임이라고도 한다.

(6) 법인격부인론의 적용

주주유한책임의 예외로 대표적인 것은 법인격부인론이 있다. 법인격부인론이란 1인회사 등에서 회사가 사원(주주)으로부터 독립된 실체를 갖지 못한 경우에 회사와 특정 제3자간의 문제된 법률관계에 한해 회사의 법인격을 인정하지 않고 그 책임을 주주에게 묻는 것이다. 이는 회사의 법률관계에서 법이 의도한 목적과 달리 남용되는 경우(책임회피 등을 위해 회사를 악용), 해당 법인의 법인격을 부인하고 그 배후에 있는 대주주 등에게 책임을 묻는 것을 의미한다.

법인격부인론이 적용되기 위해서는 회사 자체가 독자적인 의사결정이나 존재를 상실하고 지배주주가 자신의 사업 일부로서 회사를 운용한다고 할 정도로

[간접책임] 간접책임은 회사의 채무에 관하여 회사채권자에게 아무런 책임을 지지 않고 오로지 회사에 대한 출자의무만을 부담하는 것을 말한다.

완전한 지배력을 행사해야 하고, 회사의 재산과 업무 및 대외적인 기업거래 활동 등이 지배주주의 그것과 명확히 구분되지 않고 서로 혼용되어 주체를 구분하기 어려워야 한다. 회사로부터 변제받지 못한 채권자를 보호하기 위한 것이므로, 회사가 자력으로 채무변제를 하지 못하는 경우에 적용할 수 있다.

따라서 회사의 법인격을 부인한다는 것은 특정한 사안에 대하여 주주유한책임이 적용되지 않는 것으로, 회사와 사원(주주)을 동일시하여 회사의 책임을 사원(특히 1인회사의 주주 등)에게 묻는 것이다.

주주가 스스로 유한책임의 이익을 포기하고 자발적으로 추가적인 책임을 부담하는 것은 가능하며, 주주 개인의 동의를 얻어 주주에게 회사채무를 부담시키거나 인수가액 이상의 추가출자의무를 부과하는 것도 가능하다(대법원 1989. 9. 12. 89다카890). 다만, 이는 주주의 권리에 해당하므로 법인격부인론이 적용되는 경우를 제외하고는 주주의 개별적 동의나 포기없이 일방적으로 추가의무를 부과하는 것은 허용되지 않는다.

판례는 또한 법인격을 부인하기 위해서는 지배주주가 회사에 대한 법률적용을 회피하기 위한 수단으로 함부로 사용되거나 채무면탈이라는 위법한 목적달성을 위해 회사제도를 남용하는 등 주관적 의도가 있어야 한다고 판시하고 있다(대법원 2006.8.25. 2004다26119).

[선관주의의무] 선량한 관리자의 주의를 다하여 충실하게 회사의 업무를 집행·처리하는 것이다.
[충실의무] 법령이나 정관, 주주총회의 결의를 준수하는 등 회사를 위해 충실히 그 직무를 수행할 의무이다.

Q 주주는 출자의무 이외의 책임을 지지 않는다는 것은 무슨 의미인가?

A 주주가 회사에 대해 지는 의무는 주식의 인수가액(출자금액)에 대한 출자의무이다(상법 331조). 주주의 책임은 그가 가진 주식의 인수가액을 한도로 한다는 것으로, 주주는 주식의 인수가액(출자금액)까지만 납입의무를 부담하고, 그 이상의 금전적 부담을 하지 않는다는 뜻이므로 이 경우의 책임은 의무와 같은 의미이다. 이는 회사설립시 또는 회사설립 후 신주발행의 경우에 주식인수인으로서 회사에 대하여 부담하는 출자의무의 이행한도는 그 인수가액 만큼으로 함을 뜻한다.

출자자는 주식취득을 위해 출자액을 납입해 주주가 되고, 회사에 대하여 권리를 갖게 된다.

즉, 회사가 채권자에게 그 채무를 지급하지 않았다고 해도 주주가 회사에 대신하여 지급의무를 부담하지는 않는 것이다. 이러한 출자의무란 정확히 말하면 '주식인수인'의 의무이지 주주의 의무는 아니다.

따라서 법상으로 회사가 설립되고, 주주가 된 이후에 경영이 이루어지는 과정에서 부도, 파산 등이 발생해도 주주는 회사에 대해서나 채권자에 대해서도 아무런 책임을 지지 않는다.

이와 같이 주식회사에서 출자자인 주주는 회사채권자에 대하여 직접 책임을 지지 않고 자신이 인수(투자)한 주식을 한도로 출자의무만을 질뿐이라는 의미에서 주주의 간접유한책임이라 한다.

Q 대주주인 대표이사(또는 감사)가 이사(감사) 재선임 후보자일 경우 그는 주주총회의 이사 선임의안에 대한 결의에 참여할 수 있는가?

A 원칙적으로 이사는 주주총회에서 선임되지만, 주주제안 등에 의한 경우를 제외하고, 통상 그 이사(감사)후보자는 이사회에서 결정된다. 그런데 상법상 주

주총회나 이사회 결의에서, 특정한 의안에 대하여 특별한 이해관계가 있는 주주나 이사(감사)는 의결에 참여할 수 없다(상법 391조 3항, 368조 3항).

실무상 특별이해관계는 주주총회에서 특정 주주가 주주의 지위를 떠나 개인적으로 가지는 경제적 이해관계를 특별이해관계로 보는 개인법설을 따르고, 판례도 같은 입장이다(대법원 2007.9.6., 2007다40000)

이러한 개인법설의 입장에서 주주총회의 이사(감사) 선임 또는 해임결의에서 주주인 이사(감사), 이사회에서 대표이사의 선임결의에서 해당 이사는 특별한 이해관계인으로 보지 않기 때문에 결의에 참여할 수 있다.

만약 대표이사가 될 대주주에게 특별이해관계에 있는 것으로 보아 주주총회에서 의결권을 제한하여 결의에 참여할 수 없도록 할 경우, 대주주는 이사로 선임될 수 없고, 이에 따라 대표이사도 될 수 없으므로 회사경영에 참여할 수 없는 결과로도 나타날 수 있기 때문에 특별이해관계가 있는 것으로 볼 수 없다.

Q 회사가 이사 선임시 집중투표제를 채택하고 싶지 않다. 어떻게 해야 하나?

A 이사선임을 위한 주주총회의 일반적인 표결방법인 단순투표는 정관에 다른 규정이 없는 한 각 주주는 선임할 각 이사에 대하여 1주당 1개의 의결권(찬성·반대·기권)을 그 보유하는 주식수만큼 갖고, 각각의 이사 후보에게 의결권을 행사하여 출석 의결권의 과반수(발행주식총수의 4분의 1 찬성도 함께 충족 필요)를 얻은 후보를 이사로 선임하는 방식이지만, 집중투표는 2인 이상의 이사를 선임함에 있어 주주에게 1주에 대하여 선임할 이사의 수에 해당하는 의결권을 부여하는 것으로, 소수주주가 복수의 의결권을 특정 후보에게 집중적으로 행사하여 그 후보자가 이사로 선임될 수 있도록 하는 것이다.

이러한 집중투표제를 회사가 배제하고자 하는 경우에, 회사는 정관에 집중투표제를 허용하지 않는다는 규정을 두어야 한다.

Q 회사에 집중투표로 이사로 선임하는 것을 청구하고 하고 싶다. 어떻게 해야 하는가?
A 상법상 2인 이상 이사의 선임을 목적으로 하는 주주총회의 소집이 있을 때에는 의결권 없는 주식을 제외한 발행주식총수의 3% 이상에 해당하는 주식을 가진 주주(상장회사는 1%, 6개월 보유요건 충족해도 가능)라면 해당 회사의 정관에서 집중투표제를 배제하는 규정을 두지 않은 경우에는 회사에 집중투표의 방법으로 이사를 선임할 것을 청구할 수 있다(상법 382조의2 1항, 542조의7).

주주가 집중투표방식으로 이사를 선임할 것을 청구하는 경우 총회 개최일 7일전까지 서면 또는 전자문서로 청구해야 하고(상법 382조의2 2항), 자산 총액 2조원 이상인 상장회사의 경우 의결권없는 주식을 제외한 발행주식 총수의 1% 이상에 해당하는 주식 보유자가 주주총회일의 6주 전까지 서면 또는 전자문서로 회사에 집중투표를 청구할 수 있다(상법 542조의7 1항·2항).

만약 회사가 집중투표의 방법으로 이사를 선임하는 것으로 받아들이면, 주주의 의결권 수는 보유주식의 수에 선임하는 이사의 수를 곱한 것이 된다(100주×이사 3명 선임=300).

집중투표로 이사를 선임하는 때에는 총회의 소집통지에 선임할 이사의 원수를 반드시 기재해야 하기 때문에, 복수의 이사가 선임되는 것을 주주 등이 명확히 인지할 수 있도록 '이사 ○인 선임의 건'이라고 그 인원수를 표시한다(서울중앙지방법원 2015. 4. 9. 2014가합529247 ; 서울고등법원 2010.11.15. 2010라1065).

집중투표의 방법으로 이사를 선임하는 경우에는 투표의 최다수를 얻은 자부터 순차적으로 이사에 선임한다(상법 382조의2 4항). 따라서 누적된 의결권수의 다수결로 이사를 선임하므로 개별 이사의 선임에 관하여 원칙적으로 상법의 의결정족수 요건(368조 1항에 따른 출석주의 과반수 및 발행주식총수의 4분의 1 이상의 찬성)은 적용되지 않는다. 하지만 정관으로 보통결의 요건으로 선임한다고 규정한 경우, 정관에 규정한 의사정족수는 충족해야 한다(대법원 2017. 1. 12. 2016다217741).

제2장

주식회사의 기관과 이사

제1절
주식회사의 기관

　회사 자체는 살아있는 신체(몸)를 가진 것은 아니기 때문에, 회사의 의사를 결정하고 법인으로서 활동하기 위한 조직이 필요하다. 이를 위해 회사의 기관을 법으로 정하고, 기관의 의사결정이나 활동을 회사의 행위로 보고 있다. 회사는 기관을 통해 현실적인 활동을 하게 되며, 주식회사의 경우 기관은 크게 주주총회·이사회(이사), 대표이사 및 감독·감사기관(감사, 감사위원회)으로 구분할 수 있다.

제2절
이사의 종류

주식회사의 기관으로서 주주총회, 이사회(이사), 대표이사, 감사, 집행임원이 있다. 이사는 주주총회에서 선임되면 이사회의 구성원이 되며, 별도의 가입절차 없이 이사회 결의에 참가할 수 있다. 이사회는 회사의 의사결정을 통하여 이사의 업무집행을 감시·감독하는 기관이다.

대표이사는 대외적으로 회사를 대표하는 기관이다. 대표이사는 통상 이사회에서 선임(정관으로 정하여 주주총회에서 선임 가능)되어 회사의 업무를 집행하는 동시에, 업무에 관한 모든 재판상 또는 재판외의 행위를 할 권한을 가진다.

또한 정관으로 정하여 이사회 내에 회사의 기관이 아닌 위원회를 설치할 수 있으며, 주식회사는 '집행임원제도'를 채택할 수 있고, 이는 경영의사결정의 신속화, 의사결정기능과 집행기능의 분리, 집행책임의 명확화 등을 위한 것으로 설명한다.

(1) 이사 종류의 구분

이사는 주주총회에서 선임되어 이사로서 등기된 자이며, 이사회의 일원으로서 그 결의에 참가한다. 이사와 회사의 법률관계는 민법의 위임에 관한 규정에 따르며(상법 382조), 이사는 회사에 대해서 선량한 관리자의 주의의무(선관주의의무)와 충실의무 등 각종 의무를 부담한다.

상법상 이사는 사내이사, 사외이사, 그 밖에 상무에 종사하지 아니하는 이사로 구분하여 등기하며(상법 317조 2항). 그 밖에 상무에 종사하지 아니하는 이사는 등기실무상 '기타비상무이사'라고 하는데, '사외이사'와 '기타비상무이사'는 해당 회사의 상무(常務)에 종사하지 아니하는 이사를 의미하지만, 상법상 이들은 법상 엄격한 결격요건을 두고 있는지 여부로 구분할 수 있다.

따라서 기타비상무이사는 '상무에 종사하지 않는 이사 중 사외이사 아닌 이사'이고, 이사들 중에서 사외이사와 기타비상무이사를 제외한 나머지 이사가 '사내이사'이다.

이사는 사용인(상법 17조의 상업사용인)을 겸직하는 것은 인정되지만, 경우에 따라 이사가 다른 지위를 겸직하는 것(해당 회사의 감사 등)이 금지 또는 제약이 되기도 한다.

그리고 이사의 보수·상여, 기타 직무집행의 대가로서 회사로부터 받는 재산상의 이익은 정관으로 정하거나 주주총회의 결의에 의해 승인이 필요하다.

(2) 사실상의 이사, 업무집행지시자

회사의 실질적 경영자 또는 대주주 등은 주주총회에서 이사로 선임되지 않고도 실제 회사경영에 직접·간접으로 관여하는 경우가 많이 있다. 따라서 법은 회사에 대한 자신의 영향력을 이용하여 이사에게 업무집행을 지시한 자(상법 401조의2 1항 1호 등), 즉 업무집행지시자 등의 책임에 관한 규정을 두어 실질적으로 경영권을 행사한 지배주주도 이사와 마찬가지로 책임을 지도록 하고 있다.

이와 같이 주주총회에서 선임된 법률상의 이사는 아니지만 이사와 마찬가지의 책임을 져야 하는 자는, ①회사에 대한 자신의 영향력을 이용하여 이사에게 업무집행을 지시한 자(상법 401조의2 1항 1호), ②이사의 이름으로 직접 업무를 집행한 자(상법 401조의2 1항 2호), ③이사가 아니면서 명예회장·회장·사장·부사장·전무·상무·이사 기타 회사의 업무를 집행할 권한이 있는 것으로 인정될 만한 명칭을 사용하여 회사의 업무를 집행한 자(상법 401조의2 1항 3호) 등이 있으며, 이러한 자를 '사실상의 이사' 또는 '실질상의 이사'라고 하기도 한다.

이러한 사실상의 이사 또는 업무집행지시(관여)자는 회사와 제3자에 대한 책임에 있어 이사와 동일한 책임을 진다. 그 지시하거나 집행한 업무에 관하여 이사의 회사에 대한 책임(상법 399조)·이사의 제3자에 대한 책임(상법 401조) 및 주주의 대표소송(상법 403조)·다중대표소송(상법 406조의2)의 적용에 있어서는 이사로 본다.

제3절
이사의 자격, 선임, 종임

(1) 상법상 이사의 종류

상법상의 이사는 ①사내이사, ②사외이사, ③그 밖에 상무에 종사하지 아니하는 이사(기타비상무이사라고도 한다)가 있고, 이를 구분하여 등기한다(상법 317조 2항). 정관으로 정하여 이사의 종류를 이사회에서 구분하여 정하지 않는 이상(등기실무상 정관에 이사회에서 정하는 것으로 규정을 두는 것도 인정된다) 주주총회에서 그 종류를 구분해 선임한다.

사내이사는 상무(常務)에 종사하는 이사를, 사외이사와 기타비상무이사는 해당 회사의 상무(회사의 일상적이고 상시적인 업무)에 종사하지 아니하는 이사를 의미한다.

회사는 주주총회에서 이사를 선임할 경우 해당 의안 및 인원별로 어느 종류의 이사인지 특정(통상 제2-1호, 제2-2호와 같이 번호를 붙이고, '제2-1호 의안 사내이사 ○○○ 선임의 건' 또는 '제2-2호 의안 사외이사 ○○○ 선임의 건' 등으로 표기)하여 기재한다.

가. 사내이사

사내이사는 회사의 상무에 종사하는 이사로서, 이사 종류에 있어 상무(常務)란 회사의 모든 일상업무와 상시업무를 포괄하는 의미이며(가처분에 의한 직무대행자의 상무(常務). 상법 408조)보다 넓다는 의미), 이사의 직무상 위법행위나 선임과정의 절차위반 등을 이유로 해당 이사의 직무를 정지하고 그 대행자를 선임하는 가처분 결정으로 선임된 이사 직무대행자의 권한과 관련하여, 직무대행자의 상무(常務)는 모든 상시업무를 포괄하는 의미인 이사의 종류에서의 구별기준인 상무보다 좁은 개념이다.

즉, 이사 직무대행자는 가처분명령에 다른 정함이 있는 경우 외에는 회사의 상무(常務)에 속하지 아니한 행위를 하지 못하며(상법 408조 1항), 다만 법원의 허가를 얻은 경우에는 그렇지 않다. 따라서 직무대행자가 법원의 허가를 얻지 않고 할 수 있는 상무(常務)란 일반적으로 회사의 영업을 계속함에 있어 통상적 업무범위 내의 사무, 이는 회사의 경영에 중요한 영향을 미치지 않는 통상적인 업무를 의미한다.

이와 관련하여 '상근'이 근무형태에 따른 개념이라는 것과 '상무'가 업무에 따른 개념이라는 차이가 있다.

나. 사외이사

상법상 사외이사는 회사의 상무(常務)에 종사하지 않는 이사이며, 사외이사에 대한 별도의 결격사유를 규정하고 있다. 사외이사는 법으로 정한 결격사유에 해당하지 않는 이사(상법 382조 3항)이고, 법상 권리와 의무는 사내이사와 차이가 없다.

[대법원 1991. 12. 24. 91다4355] 상법 제408조 제1항에서 말하는 '상무'는 일반적으로 회사의 영업을 계속함에 있어 통상업무범위 내의 사무, 즉 회사의 경영에 중요한 영향을 미치지 않는 보통의 업무를 뜻하는 것이고 직무대행자의 지위가 본안소송의 판결시까지 잠정적인 점 등에 비추어 보면 회사의 사업 또는 영업의 목적을 근본적으로 변경하거나 중요한 영업재산을 처분하는 것과 같이 당해 분쟁에 관하여 종국적인 판단이 내려진 후에 정규 이사로 확인되거나 새로 취임하는 자에게 맡기는 것이 바람직하다고 판단되는 행위가 아닌 한 직무대행자의 상무에 속한다.

사외이사의 자격제한은 엄격한데, 만약 사외이사가 재임 중 결격요건 해당될 때에는 그 직을 상실하며(상법 382조 3항), 상장회사의 사외이사는 일반 사외이사의 결격사유 외에 별도의 추가적인 결격사유를 두도 있다(상법 542조의8 2항, 상법시행령 34조).

사외이사와 기타비상무이사도 주주총회에서 선임되며(사외이사를 제외하고 등기실무상 정관으로 정하면 이사회가 이사 종류를 정하는 예외가 인정된다), 기타비상무이사는 사외이사에 비해 결격요건에 대한 규정이 없는 점에서 차이가 있다.

상법은 사외이사의 수와 비율 등과 관련하여 감사위원회를 구성할 경우에 동 위원회 위원의 3분의 2 이상을 사외이사로서 구성해야 한다(상법 415조의2 2항). 또한 해석상 주식회사에서 두어야 하는 대표이사는 상무에 종사해야 하므로, 사내이사만이 대표이사가 될 수 있고, 따라서 이사 전원을 상무에 종사하지 않는 사외이사로 선임할 수 없어, 사내이사가 최소한 1인은 있어야 한다.

상장회사는 자산 규모 등을 고려하여 일정한 회사(코스닥 및 코넥스시장에 상장된 자산 1천억원 미만의 벤처기업 등)를 제외하고는 이사 총수의 4분의 1 이상이 사외이사이어야 하고(상법 542조의8 1항), 최근 사업연도 말 자산총액이 2조원 이상이면 사외이사가 3인 이상, 이사 총수의 과반수를 선임해야 한다(상법 542조의8 1항, 상법시행령 34조 2항).

또한 상장회사의 경우에는 사외이사의 선임·해임이나 사외이사가 임기만료 외의 사유로 퇴임한 경우에는 그 내용을 선임· 해임 또는 퇴임한 날의 다음 날까지 금융위원회(금융감독원)와 거래소에 신고해야 한다(자본시장법 165조의17 3항).

다. 기타 비상무이사

상법상 기타비상무이사는 회사의 상무에 종사하지도 않고, 사외이사도 아니면서 이사로 선임되어 등기된 자로서, 실무에서는 비상근이사라고도 하며(비등기이사와는 다르다), 선임시 사외이사와는 그 결격요건에 관한 규정이 적용되지 않는다는 점이 다를 뿐이다.

또한 공기업의 경영구조개선 및 민영화에 관한 법률, 금융회사의 지배구조에 관한 법률, 그 밖의 법률에 따라 선임된 주권상장법인의 비상임이사 또는 사외이사는 상법에 따른 요건 및 절차 등에 따라 선임된 사외이사로 본다(자본시장법 165조의17 2항).

법령에서 '상근'이란 표현 외에도 '상임'이라고 표현하는 경우도 있다. 회사는 공통적으로 적용되는 상법 이외에도 해당 영위하는 업종(業種) 등에 따라 적용받은 업법(業法)이 있으며, 금융회사지배구조법, 공기업의 경영구조개선 및 민영화에 관한 법률, 은행법, 보험업법 등은 '상임이사'와 '비상임이사' 등으로 이사를 구분하고, 비상임이사는 대상기업과 중대한 이해관계가 없어야 함을 요구하는 것이 사외이사와 유사하며, '상임이사'도 별도의 정의규정이 없으나 상시적으로 회사의 임무를 수행한다는 정도로 이해할 수 있다.

(2) 이사의 자격

가. 이사의 겸직제한

상법은 상업사용인·대리상·무한책임사원·이사 등의 경업금지의무를 근거로 일정한 경우에 이사의 취임을 제한하고 있다(상법 17조 1항, 89조, 198조 1항, 269조, 287조의10 1항, 397조 1항, 567조). 이사는 동종영업을 목적으로 하는 다른 회사의 무한책임사원이나 이사(대표이사)가 되지 못한다. 이사의 겸직금지의무가 상업사용인의 경업금지의무(상법 17조)와 다른 점은 동종영업으로 한정된다는 것이며, 동종업종의 다른 회사에 이사 등이 되고자 하는 경우 자신이 재임 중인 회사의 이사회 승인을 얻어야 한다.

감사는 그 직무의 성질상 재직 중인 회사 및 자회사의 이사 또는 지배인, 기타 사용인의 직무를 겸하지 못하므로(상법 411조), 이사는 회사 및 모회사의 감사의 직무를 겸하지 못한다. 이에 따라 회사에서 이사가 감사를 겸임하게 된 경우 어느 하나의 직(職)은 사임해야 한다(대법원 2007. 12. 13. 2007다60080).

이사가 2개사에서 겸직하는 경우, 연대보증 등 자기거래와 관련하여(상법 398조) 두 회사 모두 대표이사로서 겸직하는 경우에는 대표이사의 행위가 곧 회사의 행위가 되어 이사회의 승인이 필요하며(대법원 1984. 12. 11, 84다카1591), 당해 회사의 이사와 다른 회사의 대표이사를 겸직하는 경우, 이사로 겸직하는 중인 당해 회사만이 자기거래에 해당하고(통설. 대표이사로 겸직하는 회사의 이사회 승인의 필요 여부는 학설이 나누어진다), 두 회사에서 모두 이사를 겸직하는 경우라면 두 회사 간의 거래는 자기거래에의 적용대상이 아니다.

모든 자기거래를 자기거래 규제 대상이 되는 것이 아니라 이사 등과 회사 간의 이익충돌이 있어서 회사가 불이익을 받을 염려가 있는 거래만이 대상이 되며(대법원 2010. 3. 11. 2007다71271), 자기거래에 해당하는 거래가 있을 경우에는 이사회의 승인이 필요하다.

상법상 자기거래와 관련하여 직접거래는 이사가 직접 거래당사자로서 회사와 거래하는 것을 말한다. 이사가 자기명의로 자기계산으로 또는 자기명의로, 그러나 제3자의 계산으로 회사를 상대방으로 한 거래이다. 이러한 직접거래에는 이사 등이 제3자의 대리인 또는 대표자로서 거래하는 것을 포함한다.

간접거래는 이사를 매개로 한 회사와 제3자간의 거래이다. 형식적으로 이사와 회사 간의 거래가 아니지만 거래로 인한 이득이 실질적으로 이사에게 귀속하는 경우가 있다.
이사가 제3자를 대리해서 회사와 거래하는 경우, 이사가 제3자를 대리하지 않더라도 회사의 이익을 해할 우려(이해충돌)가 있을 정도로 밀접한 관계에 있는 경우에 제3자와 회사와의 거래를 의미한다. 이러한 간접거래도 자기거래에 포함된다고 보는 것이 통설과 판례의 입장이다

간접거래의 형태는 일률적으로 말할 수는 없으나, 이사 개인이 제3자에 대하여 부담하는 채무에 관하여 회사가 연대보증을 하거나 또는 채무인수를 한 행위, 대표이사가 지출한 경비를 회사의 차입금으로 처리하는 행위, 이사의 채무를 회사가 보증을 하거나 채무인수를 하는 행위, 두 회사의 대표이사를 동일인이 겸임하고 있는 경우에 어느 회사를 대표하여 다른 회사에 연대보증을 하는 행위 등이 이에 속한다.

나. 법률과 정관에 의한 이사 자격의 제한

상법상 사외이사가 아닌 이사의 자격에 대하여는 아무런 제한을 두지 않는다. 정관으로 자격을 제한하는 것도 금지되지 않으며, 이사의 자격을 제한하더라도 사회질서에 반하거나 주식회사의 본질에 반하는 제한은 인정되지 않는다. 따라서 주주 여부, 국적, 연령 등에 의한 제약을 받지 않아서 정관으로 정하면 이사를 대한민국 국민, 국내거주자, 일정한 경력을 갖춘 자로 한정할 수 있다.

실무에서 정관으로 해당 회사(및 계열회사)에서 ○년 이상 근무한 자 중에서 이사로 선임하는 것을 조건으로 정하여, 적대적 M&A 등의 상황 하에서 방어수단으로 유용하게 활용하기도 한다.

상법 및 형법상의 임원자격과 관련한 법규내용은 모든 회사에 적용된다. 상법상 이사는 회사 및 모회사의 감사의 직무를 겸하지 못한다. 이는 명문의 규정으로 감사에게 회사 및 자회사의 이사의 직무를 겸하지 못하도록 제한하고 있기 때문이다(상법 411조).

또한 회사에 따라서는 해당 업법(業法)에서 업종(業種)별로 이사자격 제한이 있는 경우도 있고, 이 경우에 회사는 이에 따라야 한다.

금융회사는 임원(이사, 감사, 집행임원, 업무집행책임자)의 결격요건을 두고 있는데, 미성년자, 피성년후견인 또는 피한정후견인, 파산선고를 받은 자로서 복권되지 아니한 자, 금고 이상의 실형을 선고받고 그 집행이 끝나거나(집행이 끝난 것으로 보는 경우를 포함) 집행이 면제된 날부터 5년이 지나지 아니한 자, 금고 이상의 형의 집행유예를 선고받고 그 유예기간 중에 있는 자 등은 특별히 그 임원이 될 수 없도록 자격을 제한하고 있다(금융회사지배구조법 5조). 금융회사는 비상장회사라도 이러한 자격제한자를 임원으로 선임할 수 없고, 이 결격요건에 해당하면 임원이 될 수 없으며, 임기 도중에 결격사유에 해당되는 경우에는 그 직을 상실한다. 사외이사의 자격요건도 별도 적용한다(금융회사지배구조법 6조 3항)

이외에도 형법에 의하면 법인의 이사·감사·지배인 등이 사형·무기징역·무기금고의 판결을 받은 경우(따라서 자격상실·자격정지·벌금·구류·과료·몰수는 이에 해당하지 않으며, 이는 실형에 한정하고 있으므로 집행유예 등은 포함되지 않는다)에는 법인의 이사·집행임원·감사 또는 지배인 등의 자격을 상실한다(형법 43조 1항). 상장회사의 사외이사는 금고이상(금고, 징역, 사형)의 판결을 받은 자가 그 집행이 종료되거나 집행이 면제된 날부터 2년 내에는 사외이사가 될 수 없다(상법 542조의8). 이는 어느 법에 위반하였는지를 불문하고 금고 이상의 실형의 선고를 받은 경우를 말한다.

즉, 유기징역 또는 유기금고의 판결을 받은 자는 그 형의 집행이 종료하거나 면제될 때까지 공무원이 되는 자격, 공법상의 선거권과 피선거권자격이 정지되지만, 법인의 이사 등의 자격은 유지(형법 43조 2항)되므로 이사(감사) 등의 지위에는 영향을 미치지 않는다. 다만, 다른 법률에 특별한 규정이 있는 경우에는 그 법률에 따른다(형법 43조 2항).

상장회사 사외이사의 자격에 관하여는 상법 382조, 상법 542조의8, 상법시행령 34조, 금융회사지배구조법 5조와 6조 등에서 제한하고 있다.

다. 공직자윤리법상의 제한

공직자윤리법에 따라 일정한 공무원과 공직유관단체의 직원은 퇴직일부터 3년간 취업심사대상기관에 취업할 수 없으나, 관할 공직자윤리위원회로부터 취업심사대상자가 퇴직 전 5년 동안 소속되었던 부서 또는 기관의 업무와 취업심사대상기관 간에 밀접한 관련성이 없다는 확인을 받거나 취업승인을 받은 때에는 취업할 수 있다(공직자윤리법 17조 1항).

'금고 이상의 형'이란 형법 제41조(형의 종류)에 의해 금고·징역·사형을 의미하며, '집행이 끝난 경우'란 사형의 경우에는 형무소 내에서 교수하여 집행된 경우이고(형법 66조), 징역은 형무소 내에 구치하여 정역(定役)에 복무한 후 형기종료일에 석방된 경우이며(형법 67조, 86조), 금고는 형무소 내에 구치되어 형기종료일에 석방된 경우이다(형법 68조, 86조).
'집행이 면제된 경우'는 특별사면을 받은 경우를 말한다(사면법 5조).

(3) 이사의 선임

가. 위임계약

이사(감사)와 회사의 관계에는 민법상의 위임규정이 준용되며(상법 382조 2항), 이사(감사)는 회사 즉, 주주로부터 경영(일정한 사무처리)을 위임받은 자이기 때문에 회사에 고용되어 있는 직원과는 다르다. 이사(감사)와 회사의 이 관계는 법률상 위임관계라고 하며 고용관계와는 구분한다.

민법상의 계약은 원칙적으로 방식을 요하지 않는 계약(불요식계약)이기 때문에 상법에 따른 위임에도 특별한 규정이나 당사자의 합의로 그 방식을 정한 경우 등이 아니라면 마찬가지이다.

실무상 주주총회에서 이사(감사) 선임시 해당 이사(감사) 후보자가 주주총회에 참석하여 취임승낙의 의사표시를 한 후 이를 주주총회 의사록에 기재하여 공증인의 공증을 받은 경우에, 별도의 취임승낙서 작성 없이 주주총회의사록의 첨부만으로도 변경등기가 가능하게 된다.

나. 총회 선임 후 임용계약의 필요 여부

이사(감사)는 주주총회에서 선임되므로 이사(감사)로서 선임하는 주주총회의 결의가 있으면, 회사는 의사결정을 한 것이며(상법 382조), 법률상 이사(감사)로 취임하는 것은 선임결의와 피선임자(이사, 감사)로서 승낙만으로 충분하고, 피선임자는 대표이사와 별도의 위임계약의 체결여부와는 상관없이 그 지위를 취득한다(대법원 2017. 3. 23. 2016다251215). 따라서 별도의 임용계약이 필요하지 않다(즉,

---

[피용자] 상법상 피용자라는 문구는 상근감사의 결격사유, 사외이사 결격사유 등에 사용하고 있다. 피용자라 함은 고용계약에 의한 피용자만을 지칭하는 것은 아니라 보수의 유무, 기간의 장단을 불문하고 사용자의 선임에 의하여 그 지휘·감독하에 사용자가 경영하는 사업에 종사하는 자를 말한다. 즉 이는 보수의 지급유무나 고용기간 등을 묻지 않으며 사실상 지휘·감독관계가 있는 경우에도 인정된다고 보고 있다(민법 756조, 대법원 1963.2.21., 62다780).

적대적인 이사나 감사가 선임된 경우에 대표이사가 청약을 하지 않아 계약을 하지 못하고, 따라서 그 지위를 취득하지 못해 선임등기를 하지 못하는 경우가 없어진 것이다).

이러한 피선임자의 승낙은 묵시적으로도 가능하며, 임용계약의 체결을 요구하는 것도 선임에 대한 승낙이라고 할 수 있다.

그리고 이사의 선임·해임등기는 선임·해임의 효력발생요건이 아니고, 제3자에 대한 대항요건이다.

(4) 선임방법

가. 이사의 선임

상법상 이사는 주주총회에서 보통결의로 선임되므로(상법 382조), 정관으로 더 엄격한 선임요건을 정하지 않는 이상 출석한 주주 의결권의 과반수와 발행주식 총수의 4분의 1이상의 수를 가지고 결의하여 선임한다(보통결의 요건. 상법 368조 1항). 이는 주주총회의 고유권한으로 이사선임 결의의 요건은 정관으로도 완화할 수 없으며(특별결의 등으로 강화하는 것은 가능), 주주총회 이외의 회사의 다른 기관(이사회, 대표이사 등)에 위임하여 선임할 수도 없다.

나. 이사의 일괄선임과 분리선임의 구분

상법상 감사위원회 위원도 이사의 지위를 전제로 선임된다. 특히 일괄선임이라고 하여 자산총액 1천억원 이상인 상장회사의 감사위원(특례 감사위원회)은 주주총회에서 감사위원 후보자를 우선 '이사로 선임'한 후(의결권 제한없다) 그 선임된 이사 중에서 감사위원을 선임(3% 의결권 제한 규정을 적용)해야 한다(상법 542조의12 2항). 다만 감사위원 중 1인(정관상 2인 이상으로 정한 경우 그 인원수)은 주주총회 결의로 다른 이사들과 분리하여 감사위원이 되는 이사로 선임해야 하는데(상법 542조의12 2항), 이를 분리선임이라 한다.

따라서 분리선임시 감사위원이 될 이사를 '이사선임의 건'에서 선임하지 않고, 별도의 안건을 분리하여 '사외이사인(사외이사 아닌) 감사위원 선임'을 하나의 안건으로 하여 선임해야 하므로 사실상 이사선임의 건에 3% 의결권 제한이 적용되는 효과 발생한다.

일괄선임 방식을 따를 경우에, 먼저 감사위원이 될 이사(사외이사, 기타비상무이사)와 다른 이사(감사위원이 아닌 사내이사 등)를 모두 일괄적으로 이사로서 선임한 후에, 그 선임된 이사를 다시 감사위원 선임의 의결권 제한 규정을 적용하여 감사위원으로서의 선임절차를 거치는 것이다.

반면, 분리선임방식은 현재 금융회사지배구조법과 상법상 상장회사 특례에 규정된 것으로, 감사위원이 될 사외이사를 이사선임 의안과 분리하여(감사위원이 아닌 사내이사 등), 이사선임 과정없이 곧바로 별도의 안건으로 감사 및 감사위원 선임의 의결권 제한 규정을 적용하여 감사위원(사외이사인 감사위원 등)을 선임하는 방식이다(금융회사지배구조법 19조 5항).

이는 의결권 제한 등에 의해 감사위원 선임의안이 부결될 경우에, 일괄선임의 경우에는 이미 이사의 지위는 취득하고서 감사위원이 될 수 없는 것이지만, 분리선임할 경우에는 이사로서의 지위도 감사위원으로서의 지위도 취득하지 못한다는 차이가 있다.

☑ [감사 및 감사위원 선임의 3% 의결권 제한과 일괄선임 및 분리선임]

상법상 감사와 감사위원의 의결권 제한방법이 상이하며, 비상장회사의 감사 선임시 각 개인별로 3%이상 가진 주식의 의결권이 제한되는 반면, 상장회사의 감사는 최대주주만 그 특수관계인 등을 합산하여 3% 이상 가진 의결권을, 다른 주주는 개인별로 3% 이상 가진 의결권을 제한받는다.

또한 상장회사로서 감사위원회를 반드시 설치해야 하는 자산 2조원 이상인 회사

> 는 사외이사인 감사위원과 사외이사 아닌 감사위원을 둘 수 있고, 사외이사인 감사위원은 최대주주도, 그 특수관계인도, 각 개별주주도 모두 개인별로 3% 의결권을 제한받는 반면, 사외이사 아닌 감사위원은 최대주주만 그 특수관계인과 합산하여 의결권을 제한받지만, 다른 주주들은 모두 개인별로 3%의결권을 제한받는 점에서 차이가 있다. 이는 상근감사를 두어야 하는 자산 1천억원 이상의 상장회사가 감사위원회를 설치할 경우에도 마찬가지이다.
>
> 이러한 감사위원 선임에 있어 일괄선임방식을 적용하면 분리선임방식보다 최대주주 및 특수관계인의 영향력이 증가하는 반면, 집중투표제를 채택한 회사에서는 소수주주가 추천하는 감사위원 후보가 선임될 수 있는 가능성이 높아지므로, 분리선임방식과 일괄선임방식 중 대주주와 소수주주에게 어느 것이 더 유리한지는 처한 상황에 따라서는 판단하기는 어려운 점이 있다.

(5) 이사의 수(員數)

자본금 10억원 미만의 소규모회사가 아닌 주식회사는 회의체인 이사회의 이사 수는 최소 3인 이상이 필요하며(상법 383조 1항), 정관으로 그 수(數)의 상한을 정할 수 있다. 비상장회사의 이사회는 감사를 대신하여 감사위원회를 두지 않는 이상 사외이사를 둘 필요가 없으나(상법 415조의2 2항), 상장회사는 이사 총수의 4분의 1 이상을 사외이사로 선임하고, 특히 자산 2조원 이상의 상장회사는 3인 이상이며 이사 총수의 과반수를 사외이사로 선임해야 한다(상법 542조의8 1항).

상장회사는 사외이사의 사임·사망 등의 사유로 사외이사의 수가 상법상 이사회의 구성요건에 미달하게 되면, 그 사유가 발생한 후 처음으로 소집되는 주주총회에서 그 요건이 합치되도록 할 수 있다(상법 542조의8 3항). 즉, 곧바로 임시주주총회를 개최하여 보충하지 않아도 되는 것이다.

다만, 사외이사의 사임·사망 등의 사유가 아닌 '임기만료'에 의한 퇴임의 경우

(사업년도 중간에 임기만료되는 등)에 사유발행 이후 최초로 개최되는 주주총회가 아닌, 임기만료 되는 시기를 미리 알고 있으므로 그 전에 주주총회를 개최하여 선임해야 한다. 만약 이사의 퇴임 등으로 이사회 내 사외이사 비율 등의 미충족이 아닌 이사회 3인의 구성요건을 충족하지 못할 경우 지체 없이 주주총회를 소집하여 해당 이사의 수를 보충해야 한다. 즉 선임의 유예는 단지 사외이사의 수와 구성비율에 관한 규정이므로, 상법에 따른 이사의 최소 원수(정관에 최소 원수를 달리 정한 경우 그 수)인 3명 이상의 요건 미달시에는 이를 적용하지 않는 것이다.

법률(상법상 3인) 또는 정관에 정한 이사의 수(員數)를 결한 경우에는 임기만료 또는 사임으로 인하여 퇴임한 이사는 새로 선임된 이사가 취임할 때까지 이사의 권리의무가 유지되는데 이를 퇴임이사라고 한다(상법 386조 1항). 이 경우 그 전임자가 사망, 해임 등의 사유로 권리의무를 다하기 어려운 일정한 경우에는 법원에 일시이사(임시이사)의 선임을 청구할 수 있다(상법 386조 2항).

(6) 이사의 임기

가. 정관상 이사의 임기규정

이사의 임기는 3년을 초과하지 못하고(상법 383조), 재선임이나 연임은 가능하다. 다만, 정관으로 정하면 그 임기 중의 최종의 결산기에 관한 정기주주총회의 종료시까지로 연장할 수 있다(상법 383조 3항). 이러한 이사의 임기에 관한 연장규정을 많은 회사에서 정관에 두고 있다. (임기 연장에 관한 정관규정은 '.... 그 임기가 최종의 결산기 종료 후 당해 결산기에 관한 정기주주총회 전에 만료될 경우에는 그 총회의 종결시까지 그 임기를 연장한다.')

[소규모 회사의 이사회 구성] 만약 회사가 자본금이 10억원 미만인 소규모회사라면 회의체인 이사회를 구성하지 않아도 되며, 회사의 선택에 따라 이사의 수를 1인 또는 2인으로 할 수 있다(상법 383조 1항).

이 규정의 의미는 예를 들어 12월 결산사가 정관에 임기연장 규정을 두면, 따라 1월~3월 중에 개최되는 정기주주총회일 전에 이사 임기가 만료될 경우에는 정기주주총회일까지 임기가 보장된다는 의미이다(일시적으로 기간계산상 3년을 초과하게 된다).

> ☑ 예) 이사의 임기가 3년인 회사에서 '이사의 임기가 최종의 결산기 종료 후 당해 결산기에 관한 정기주주총회 전에 만료될 경우에는 그 총회의 종결시까지로 그 임기를 연장한다'는 정관 규정의 의미는?
> 2020.3.15. 주주총회에서 선임된 경우(임기는 3.16. 시작)→ 2023년 3.15.은 임기 3년에 해당하는 날
> ① 2023.3.25. 주주총회 개최→정관상 임기연장에 관한 규정을 둔 경우 2023.3.25.까지가 임기
> ② 2023.3.10. 주주총회 개최→그 임기는 3.15까지 임. 임기가 아직 남아 있으므로, 실무적으로 사임의 형식을 취하거나 신규로 선임하는 이사의 임기시작일을 3.16로 하여 예선을 한다.

흔히 보선(補選)이라고 하여, 전임자의 임기 잔여기간만을 임기로 하여 선임하는 경우에는, 이러한 보선으로 선임할 수 있는 정관의 규정이 있거나 주주총회에서 잔여기간 만으로 정해야만 임기만료 전에 퇴임한 이사의 후임은 그 잔여임기로 한정하여 선임할 수 있다. 즉, 정관으로 보선 이사의 임기를 달리 정하지 않거나(보선의 정관 규정이 없는 경우) 주주총회에서 정하지 않을 때에는, 새로 선임된 이사의 임기는 전임자의 잔여임기가 아니라 정관으로 정한 이사의 임기이다.

정관으로 이사의 임기를 단축하는 정관변경(예, 3년→1년)을 하는 경우에 정관변경 당시 재임 중인 이사의 임기도 변경된 정관규정이 적용되며, 이 경우 임기를 단축하는 정관변경은 실질적으로는 해당 이사가 정당한 사유 없이 해임되는 결과가 되므로 이에 따른 손해배상청구의 대상이 될 수 있다(상법 385조). 실무적으로는 개정 정관의 부칙에 개정 당시의 이사는 기존의 정관 규정을 적용하는 것으로 기재하여 임기를 보장한다.

나. 이사 임기의 결정

실무상 이사의 임기에 관한 정관의 규정을 크게 나누어 보면, 3년의 범위 내(1년, 2년, 3년)에서 ①취임 후 ○년, ②취임 후 ○년 내의 최종의 결산기에 관한 정기주주총회 종결시까지, ③ 취임 후 ○년 이내로 규정하고 있다.

따라서 ①취임 후 ○년의 방법으로 정관에 규정하면, 즉 이사의 임기를 확정적으로 3년, 2년 또는 1년으로 정한 경우에 주주총회에서 이사선임 시에 임기를 따로 정할 필요가 없이 정관 규정에 따르면 된다. ③의 방법으로 규정하면 이사의 임기가 선택적으로 '○년 이내'로 주주총회에서 이사 선임시 각각 정하게 된다.

(7) 이사의 사임과 해임

가. 사임의 효력발생

회사와 이사의 법률관계는 신뢰를 기초로 한 위임관계이므로, 이사는 임기만료 전에도 언제든지 사임할 수 있고(민법 689조 1항), 회사에 대한 일방적 의사표시에 의해 효력이 발생하므로 회사나 주주총회의 승낙이 필요하지 않고, 또한 변경등기를 하지 않아도 자격을 상실한다(대법원 2013. 9. 9. 2013마1273).

[대법원 2007.6.19. 2007마311] 사임한 이사의 변경등기 시점은 이사가 임기만료나 사임에 의하여 법률 또는 정관에 정한 이사의 원수를 채우지 못하는 경우, 그 퇴임한 이사는 새로 선임된 이사(후임이사)가 취임할 때까지 이사로서의 권리의무가 있고, 이러한 경우에는 이사의 퇴임등기를 해야 하는 본점소재지 2주 이내 또는 지점소재지 3주 이내의 기간은 일반적인 경우처럼 이사의 퇴임일부터 기산하는 것이 아니라 후임이사의 취임일부터 기산하며, 후임이사가 취임하기 전에는 퇴임한 이사의 퇴임등기만을 따로 신청할 수 없다.

[상업등기선례 제201105-2호(2016. 12. 27. 사법등기심의관-5056 질의회답)] "... 특별한 사정이 없는 한 최종 결산기 말일은 임기 중의 결산기로 해석되므로 이사의 임기 만료일과 결산기 만료일이 같은 날인 경우도 임기연장등기를 신청할 수 있다."

이사 사임은 그 의사표시가 원칙적으로 대표이사에게 도달함으로써 효력이 발생하게 되는데, 회사에 대한 일방적인 의사표시만으로 사임의 효력이 발생하며, 변경등기를 하지 않더라도 사임의 효력이 발생하게 된다(대법원 2013. 9. 9. 2013마1273 ; 서울고법 1980.5.23. 79나2290).

만약 정관으로 이사의 사임절차나 의사표시의 효력발생시기 등에 관하여 특별한 규정을 둔 경우에는 그에 따라 사임의 의사표시가 대표이사에게 도달한 때가 아니라 정관에서 정한 바대로 사임의 효력이 발생한다(대법원 2008. 9. 25. 2007다17109)

그런데 대표이사에게 사표처리를 일임하거나(예, 재신임을 묻기 위하여 일괄사표를 내는 경우. 대법원 1998. 4. 28. 98다8615), 사임서 작성일자를 제출일 이후로 기재한 경우 등 사임의사가 즉각적이라고 볼 수 없는 특별한 사정이 있을 경우에는 별도의 사임서 제출이나 대표이사의 수리행위 등이 있어야 사임의 효력이 발생한다(대법원 2011.9.8. 2009다31260).

이사의 사임에 대하여 주주총회나 이사회의 승인을 요구하는 정관규정이 있으면, 그것은 인정되기 어려울 것이다(민법 689조).

나. 사임의 철회

이사는 사임의 의사표시가 효력을 발생한 후에는 이를 철회할 수 없는 것이 원칙이나, 사임서 제시 당시 즉각적인 철회권유로 사임서 제출을 미루거나, 대표이사에게 사표의 처리를 일임하거나 사임서의 작성일자를 제출일 이후로 기재한 경우 등 사임의사가 즉각적이라고 볼 수 없는 특별한 사정이 있을 경우에는 별도의 사임서 제출이나 대표자의 수리행위 등이 있어야 사임의 효력이 발생하고, 이사는 그 이전에 사임의사를 철회할 수 있다(대법원 2011. 9. 8. 2009다31260 ; 대법원 2006. 6. 15. 2004다10909).

또한, 정관에서 이사 사임의 의사표시 효력발생시기에 관하여 규정을 두고 있는 경우에, 사임의 의사표시가 정관에 따라 사임의 효력이 발생하기 전에는 그 사임의사를 자유롭게 철회할 수 있다(대법원 2008. 9. 25. 2007다17109)

다. 사임등기

이사가 사임의 의사표시를 대표이사에게 하였음에도, 회사가 곧바로 변경등기를 하지 않는 경우가 있다. 즉, 이사의 사임에도 불구하고 회사가 변경등기를 하지 않는 경우에는 사임한 이사는 회사를 상대로 이사변경등기절차이행 청구소송(민사)을 제기할 수 있다. 이사의 사임은 단독행위이고 회사에 대한 일방적 의사표시로 효력이 발생하므로, 회사의 승낙이 필요하지도, 등기가 필요하지도 않아서, 이사는 그 사임에 따른 변경등기가 없더라도 즉시 그 자격을 상실한다.

그럼에도 불구하고 상법상 법률 또는 정관에 정한 이사의 수를 결(缺)한 경우에는 임기만료 또는 사임으로 인해 퇴임한 이사(퇴임이사라고 한다)는 새로 선임된 이사가 취임할 때까지 이사의 권리의무가 있기 때문에(상법 386조 1항), 퇴임등기는 사임하는 이사 또는 임기만료되는 이사를 제외하고도 3명 이상인 이사회 구성요건(정관에서 달리 이사 수를 정한 경우 그 이사 수)은 충족되는 경우에만 가능하다(상법 386조 1항).

즉, 퇴임으로 인하여 법령이나 정관으로 정한 이사 수가 부족하게 되면 후임등기가 불가능하며, 사임한 이사는 그 후임이사의 취임시까지 이사로서 권리의무가 유지된다. 이사의 변경등기는 후임이사가 선임되어 취임하는 날로부터 본점소재지에서 2주, 지점소재지에서 3주 이내에 변경등기를 할 수 있다.

[대법원 2013. 9. 9. 2013마1273] 회사의 이사로 등기되어 있던 사람이 회사를 상대로 사임을 주장하면서 이사직을 사임한 취지의 변경등기를 구하는 소송에서 상법 제394조 제1항(회사와 이사간의 소에 관한 대표)은 적용되지 아니하므로 그 소송에 관하여 회사를 대표할 사람은 감사가 아니라 대표이사라고 보아야 한다.

라. 이사의 해임

이사의 해임은 이사 본인의 의사에 반하여 그 자격을 상실시키는 것으로서 회사는 주주총회 특별결의로 언제든지 이사를 해임할 수 있다. 다만, 임기의 도중(임기만료 전)에 정당한 사유없이 해임된 경우에는 해임된 이사는 해임으로 인해 생긴 손해에 대해 배상을 회사에 청구할 수 있다(상법 385조 1항).

이러한 해임의 정당한 사유가 없음은 회사가 아니라 손해배상을 청구하는 이사가 증명해야 한다(대법원 2006. 11. 23. 2004다49570).

그러나 정관에서 이사의 해임사유와 절차를 따로 규정한 경우에, 이는 이사의 신분을 보장하는 의미도 가지고 있기 때문에 이사의 중대한 의무위반 또는 정상적인 사무집행 불가능 등의 특별한 사정이 없는 이상, 정관에서 정하지 아니한 사유로 이사를 해임할 수 없다(대법원 2013. 11. 28. 2011다41741).

(8) 퇴임이사와 일시이사

가. 퇴임이사의 요건

이사가 일반적인 퇴임사유인 임기만료나 사임을 통해 퇴임할 수 있지만, 곧바로 퇴임할 수 없는 경우가 있다.

주식회사의 경우 법률 또는 정관(定款)으로 정한 이사의 수(員數)를 결(缺)한 경우로서 임기만료·사임에 따라 (주주총회에서 후임 이사가 선임되지 못하면) 퇴임한 이사

[정관 규정 예] 이사의 임기는 ○년으로 한다(또는 ○년 이내로 할 수 있다). 그러나 그 임기가 최종의 결산기 종료 후 당해 결산기에 관한 정기주주총회 전에 만료될 경우에는 그 총회의 종결시까지 그 임기를 연장한다.
이러한 정관 규정에서 "정기주주총회 전에 만료될 경우에는 그 총회의 종결시까지" 임기를 연장한다는 의미는 구체적으로 12월 결산사가 3월에 정기주주총회를 개최하는 경우에, 이사의 임기가 2월 25일 종료된다고 해도 정기주주총회가 3월 25일 개최되는 경우이면 그 날까지 임기가 연장된다는 의미이며, 실제로 많은 상장회사가 정관에 이러한 임기연장 규정을 두고 있다.

는 새로운 이사가 취임할 때까지 이사로서 권리의무를 가지며(즉 퇴임등기가 되지 않는 등), 이렇게 퇴임 후에도 후임 이사가 취임할 때까지 이사로서 지위가 인정되는 이사를 퇴임이사라 한다(상법 386조 1항).

퇴임이사의 권한은 직무대행자와 달리 본래의 이사와 동일한 권한을 가지고 동일한 의무(선관주의의무·충실의무·비밀유지의무·감시의무 등)를 부담한다. 이러한 퇴임이사에 관한 규정은 대표이사(상법 389조 3항), 감사(상법 415조), 감사위원회 위원(상법 393조의2 5항), 청산인(상법 542조 2항)도 준용하고 있다.

퇴임이사는 '법률 또는 정관에서 정한 이사의 수를 결한 경우'와 '임기만료 또는 사임으로 인하여 퇴임한 이사'가 그 요건이다. 그런데 이외에 이사 지위의 상실사유가 사망하거나 해임된 경우, 파산 등일 경우에는 이사의 지위를 연장할 수 없거나 연장하는 것이 적절하지 않다. 사망한 자는 권리의무를 행사할 수 없고, 해임한 후에 그 자에게 다시 권리의무를 행사하게 할 수는 없을 것이다. 이 경우에 이사, 감사 등은 법원에 일시이사(임시이사)의 선임을 청구할 수 있다(상법 386조 2항).

상장회사 사외이사 결격사유인 '해당 상장회사 외의 2개 이상의 다른 회사의 이사'(상법시행령 35조 5항 3호)에 퇴임이사로서 권리의무를 가지고 있는 회사도 회사 수에 포함되는지 여부를 판단함에 있어서 명문의 규정은 없으나, 임기만료·사임으로 퇴임한 이사인 경우에도 이사의 지위를 가지므로 이 결격사유가 적용된다고 보아야 할 것이다.

따라서 퇴임이사로서 기존의 회사에서 이사 자격을 유지할 경우에는 상장회

[사임의 책임] 정관으로 이사의 사임절차나 사임의 의사표시의 효력발생시기 등에 관한 규정을 둔 경우에는 정관에서 정한 바대로 사임의 효력이 발생한다(대법원 2008. 9. 25. 2007다17109). 그러나 이사의 사임에 대하여 주주총회나 이사회의 승인을 얻도록 하는 정관규정은 언제든지 사임할 수 있도록 한 민법(689조)의 규정상 무효가 될 수 있고, 이사들이 대표이사에게 사표의 처리를 일임한 경우에는 대표이사가 사표를 수리하면 사임의 효과가 생긴다(대법원 1998. 4. 28. 98다8615).

사 외의 2개사에 포함해 회사 수를 계산해야 할 것이다. 판례에 따르면 퇴임이사는 후임이사 선임결의의 하자를 주장하여 그 부존재 또는 무효확인을 구할 법률상 이익도 있다(대법원 1982. 12. 14. 82다카957)

나. 일시이사(一時理事)

이사(감사), 대표이사 등의 임기만료 또는 사임으로 인하여 법률 또는 정관에서 정한 수(數)를 채우지 못하는 경우 퇴임한 이사(감사), 대표이사로 하여금 새로 선임된 이사(감사), 대표이사가 취임할 때까지 그 권리의무를 행하도록 하는 한편, '필요하다고 인정하는 때'에는, 회사의 이사, 감사 기타의 이해관계인은 법원에 청구하여 일시(一時)이사의 직무를 수행할 자를 선임할 수 있다(상법 386조 2항).

퇴임이사가 권리의무를 행사하기 어려워 일시이사의 선임이 '필요한 때'는 이사의 사망으로 결원이 생기거나 종전의 이사가 해임된 경우, 이사가 중병으로 사임하거나 장기간 부재중인 경우 등과 같이 퇴임이사로 하여금 이사로서의 권리의무를 가지게 하는 것이 불가능하거나 부적당한 경우를 의미한다(대법원 2009. 10. 29. 2009마1311).

하지만 회사 동업자들 사이에 동업을 둘러싼 분쟁이 계속되고 있다는 사정만으로는 그 임기 만료된 대표이사나 이사에게 대표이사 및 이사로서의 권리의무를 갖도록 하는 것이 불가능하거나 부적당한 경우에 해당하지 않는다(대법원 2000. 11. 17. 2000마5632).

이렇게 법원에서 선임한 직무대행자를 일시이사(一時理事), 가이사(假理事) 또는 임시이사(臨時理事)라고 하며, 새로운 이사가 선임될 때까지의 일시적으로 해당 업무를 수행한다.

다. 일시이사의 선임절차

일시이사 선임에 관한 절차는 비송사건절차법(동법 제84조)에 따라 본점소재지의 지방법원합의부에 청구한다. 신청은 이사, 감사 기타 이해관계인이 법원에 직무대행자의 선임을 청구할 수 있으며, 이해관계인으로는 회사의 주주나 회사의 사용인(직원이나 종업원), 채권자 등이 있다.

(9) 이사의 겸임 및 겸직

가. 사용인 겸직이사

법상 이사의 업무는 전적으로 이사회의 일원으로서 업무집행에 관한 의사결정에 참여하고, 대표이사 및 다른 이사의 직무집행 상황을 감시·감독하는 것이다. 그럼에도 불구하고 '사용인 겸직이사'는 사용인으로서의 지위를 함께 가진 이사로서, 법 해석상 및 실무에서도 이는 인정되고 있으며, 이사인 공장장, 이사인 지점장 등이 이에 해당한다. 사용인 겸직이사는 직원의 지위도 겸하고 있는 경우에, 직원이기도 하므로 위임계약에 근거하는 이사로서의 지위와 근로계약에 근거하는 사용인의 지위를 함께 가지게 된다.

주식회사의 이사·감사 등 임원은 회사로부터 일정한 사무처리를 위임받고 있으므로, 사용자의 지휘·감독 아래 일정한 근로를 제공하고 소정의 임금을 받는 고용관계에 있는 것이 아니다(대법원 2003. 9. 26. 2002다64681). 실무상 직원이 등기임원으로 승진하는 경우 직원으로서의 고용관계가 종료되므로 직원으로서의 퇴직금을 수령하는 경우가 많다(대법원 2006. 5. 25. 2003다16092, 16108).

나. 감사 겸직

이사는 자사(自社)의 감사(監事)를 겸직하는 것이 금지된다. 감사(監査)를 받는 자와 감사(監査)를 하는 자가 동일하다고 하는 것은 감사(監事)의 독립성과 실효성을 훼손할 수밖에 없기 때문이며, 이를 자기감사라고 한다.

당해 회사(自社)나 자회사의 이사 또는 지배인 기타의 사용인이 회사의 감사(監

事)로 선임되면 그 선임행위는 각각의 선임 당시에 있어 현직을 사임하는 것을 조건으로 하여 효력을 가지고, 피선임자가 새로이 선임된 지위에 취임할 것을 승낙한 때에는 종전의 직을 사임하는 의사를 표시한 것으로 해석해야 한다(대법원 2007. 12. 13. 2007다60080).

또한 감사는 자회사의 이사 또는 지배인 기타의 사용인의 직무를 겸하지 못하므로(상법 411조), 이사가 자회사의 감사를 겸하는 것도 인정된다. 이에 반해 자회사의 이사는 모회사의 감사를 겸직할 수 없다. 다만 모회사의 감사가 자회사의 감사를 겸직하는 것은 인정된다.

다. 다른 회사의 이사 겸직

이사의 행위가 그 지위를 이용하여 자신의 개인적 이익을 추구함으로써 회사의 이익을 침해하는 등 회사와 이익의 충돌을 가져올 수 있거나 경업(競業)하는 회사의 이사로 선임되어 경업행위를 하는 경우에는 이사회의 승인이 필요하다(상법 397조).

이사의 경업금지의무에는 경업금지와 겸직금지의 2가지가 있으며, 경업금지는 대표이사 또는 평이사를 불문하고 이사라면 자기 또는 제3자의 계산으로 회사의 영업의 부류에 속하는 거래를 하지 못하며, 겸직금지는 다른 회사의 이사를 겸직하는 것이 금지되지는 않지만, 동종영업을 목적으로 하는 다른 회사의 이사(또는 무한책임사원)이 되지 못하며, 이사회의 사전승인이 있어야만 겸직이 가능하다.

이 때 '동종영업'을 목적으로 하는 회사의 의미는 경업금지에서의 '영업부류'

[대법원 1993. 4. 9. 92다53583] 이사의 경업금지의무를 규정한 상법 제397조 제1항의 규정취지는 이사가 그 지위를 이용하여 자신의 개인적 이익을 추구함으로써 회사의 이익을 침해할 우려가 큰 경업을 금지하여 이사로 하여금 선량한 관리자의 주의로써 회사를 유효적절하게 운영하여 그 직무를 충실하게 수행해야 할 의무를 다하도록 하려는 데 있으므로, 경업의 대상이 되는 회사가 영업을 개시하지 못한 채 공장의 부지를 매수하는 등 영업의 준비작업을 추진하고 있는 단계에 있다하여 위 규정에서 말하는 "동종영업을 목적으로 하는 다른 회사"가 아니라고 볼 수는 없다.

와 대체로 동일한 의미이며, 무한책임사원은 합명회사·합자회사의 무한책임사원을 말하고, 이사는 주식회사와 유한회사의 이사를 가리킨다.

(10) 이사 선임·해임과 경영권 방어

회사는 정관에 이사의 수(數), 그 선임과 퇴임과 관련하여 경영권 방어를 위한 규정을 두기도 한다. 정관에 이사 수(數)의 상한 또는 확정적으로 기재하게 되면, 이사의 시차임기제와 결합하여 효율적인 경영, 적대적M&A 방어수단 등으로 활용될 수 있다.

가. 초다수결의제

통상의 정족수나 결의요건(특별결의)에 비하여 훨씬 가중한 형태의 요건을 채택하는 경우 이를 초다수결의제(supermajority voting rule)라고 한다. 특히 이사의 선임·해임에 대하여 상법상의 결의요건보다 더 엄격하게 가중하여 정관에 규정하기도 한다.

보통결의의 요건은 정관으로 가중할 수 있지만 그 한계에 대해서는 논란이 있다. 이러한 보통결의 요건을 무한정 가중하는 것은 극소수의 주식을 가진 일부 주주에게 실질적으로 거부권(拒否權)을 부여하는 결과가 되기 때문에 그 정관 규정의 유효성이 문제될 수 있다. 판례는 舊상법의 특별결의요건인 '발행주식총수의 과반수 출석과 2/3이상의 찬성'보다 정관에 더 엄격하게 규정한 사안에서 정관을 무효로 판시하였다(서울중앙지방법원 2008.6.2. 2008카합1167).

[겸직] 상법상의 사외이사의 결격사유에 따르면, 모회사 직원 등의 피용자는 자회사의 사외이사를 겸직하지 못하며(상법 382조), 상장회사의 경우 계열회사의 상무에 종사하는 이사, 집행임원, 감사 및 피용자는 사외이사로서 겸직이 불가능하다(상법시행령 34조 5항). 따라서 모회사의 직원은 자회사 및 계열회사의 사외이사는 될 수 없고, 사외이사가 아닌 사내이사와 기타비상무이사로의 겸직은 가능하다.

> ☑ **[정관기재 예]**
>
> 이사의 해임은 출석한 주주 의결권의 3분의 2이상으로 하되, 발행주식 총수의 3분의 1이상의 수로 하여야 한다. 단, 기업매수를 목적으로 한 이사 및 감사를 해임하는 사항에 대해서는 출석한 주주 의결권의 5분의 4의 수와 발행주식 총수 의 3분의 2이상의 찬성으로 의결해야 한다.

나. 시차임기제

정관에 이사의 수에 대하여 상한을 두거나 확정적으로 기재하고, 이와 함께 임기가 3년을 초과하지만 않는다면 각 이사의 임기를 달리 정할 수 있다. 이때 이사의 임기를 3그룹(이사 수를 3분의 1로 나누어 각각 1년, 2년, 3년으로 한다)으로 나누어 매년 일정한 이사 수만큼만 선임함으로서, 이사회에서 임기만료되는 이사의 수를 제한하여 일시에 이사총수의 과반수가 교체되지 못하도록 하는 것이다. 그 후 새로 선임되는 이사들의 임기를 모두 3년으로 정하여 선임하면 이사들은 매년 3분의 1씩 순차적으로 임기가 만료된다.

> ☑ **[정관기재 예]**
>
> 회사는 회사 설립 당시 선임되는 이사를 1군, 2군, 3군의 군별로 나누어 선임 하고, 1군에 속하는 이사의 임기는 회사 설립 이후 최초로 도래하는 정기주주 총회까지, 2군에 속하는 이사의 임기는 회사 설립 이후 두 번째로 도래하는 정기 주주총회까지, 3군에 속하는 이사의 임기는 회사 설립 이후 세 번째로 도래하는 정기주주총회까지로 한다.

다. 이사자격제한

상법상 사외이사는 자격제한(결격요건)이 있으나, 사외이사 아닌 이사의 자격에 대하여는 아무런 제한이 없다. 이에 따라 일부 회사는 정관에 일정 기간의 근속을 자격요건으로 규정하는 등의 방법으로 경영권 방어 수단으로 활용하기도 하지만, 구체적인 사유가 불합리하거나 지나치게 장기간의 근속년수 등은 그 정관 규정의 적법성(법령·정관 위반의 유무)이 문제될 수 있다.

그런데 감사는 회사 및 자회사의 이사 직무를 겸하지 못하므로(상법 411조), 이사는 회사 및 모회사의 감사의 직무를 겸하지 못한다. 또한 금융회사지배구조법을 적용받는 회사는 동법 제5조 및 제6조의 금융회사 임원의 자격요건과 금융회사 사외이사의 자격요건에 관한 규정을 적용받는다.

> **[정관기재 예]**
> 사외이사가 아닌 이사의 3분의 2는 이 회사 또는 이 회사의 자회사(또는 계열 회사)에서 2년 이상 임직원으로 근무한 경력이 있는 자이어야 한다.

라. 황금낙하산

적대적 M&A가 성공하여 이사 등 경영진이 축출될 경우 거액의 퇴직금이 지급되도록 정관에 규정하고 해당 이사 등과 회사가 이러한 내용의 계약을 체결하는 것을 말한다. 이는 적대적 M&A로 해임된 이사에게 거액의 퇴직금, 주식매수선택권(스톡옵션) 등이 지급되도록 해 인수비용을 증가시키는 것을 목적으로 한다.

다만 이러한 과도한 금액의 설정은 법적 다툼의 대상이 될 수 있다. 판례에 따르면 이사가 회사에 대하여 제공하는 직무와 지급받는 보수는 합리적 비례관계가 유지되어야 하며, 회사의 채무상황이나 영업실적에 비추어 합리적인 수준을 벗어나서 현저히 균형성을 잃을 정도로 과다하여서는 안된다(대법원 2016.1.28. 2014다11888).

> **[정관기재 예]**
> 이사가 임기중에 적대적 인수합병으로 인하여 해임된 경우 회사는 통상 퇴직금 이외에 대표이사에게 60억원을, 이사에게 30억원의 퇴직위로금을 일시지급 하여야 한다.

Q 회사의 이사는 누구인가?

A 통상 이사는 회장이나 사장 등의 직위를 가지고 회사를 경영하는 사람이라고 생각할 수 있을 것이다. 그러나 이러한 생각은 법률적으로 정확한 것은 아니다. 주식회사의 이사는 주주총회에서 이사로 선임되며, 이사회의 구성원으로서 이사회의 회사의 업무집행에 관한 의사결정과 대표이사의 업무집행을 감독·참여할 권한을 갖는다.

법상으로 이사는 사내이사, 사외이사, 기타비상무이사로 구분하여 등기한다(상법 317조 2항 8호).

이사의 자격에 관하여 법상 특별한 제한을 두고 있지 않기 때문에 정관으로 정하여 이사의 자격을 제한하더라도 사회질서에 반하거나 주식회사의 본질에 반하지 않는 한 유효하다. 따라서 사외이사의 경우에는 법상 별도의 결격요건을 두고 이에 해당될 경우 사외이사가 될 수 없도록 하고 있고, 재임 중에 이에 해당하면 그 직을 상실한다(상법 382조, 542조의8).

상법상 이사(감사)는 주주총회의 선임 결의를 거쳐 등기하기 때문에, 이와 구분해 실무상 이사회 결의 또는 대표이사 등에 의해 선임된 비등기임원을 '이사' 등으로 부르기도 하지만, 이들은 주주총회에서 선임되지 않아 상법상의 이사가 아니다. 따라서 주주총회에서 선임되지 않고 회사로부터 이사라는 직함을 형식적·명목적으로 부여받은 것에 불과한 자는 상법상 이사로서의 직무권한을 행사할 수 없다(대법원 2003. 9. 26. 2002다64681).

그런데 (상법상의 등기된) 이사가 아니면서 명예회장·회장·사장·전무·이사 기타 업무를 집행할 권한이 있는 것으로 인정될 만한 명칭을 사용하여 회사의 업무를 집행한 사실상의 이사(업무집행지시자 등) 등은 책임에 있어서는 법률상의 이사와 같은 책임을 져야 한다(상법 401조의2 1항).

Q 사외이사를 기타비상무이사로 선임할 수 있는가?

A 기타비상무이사 또한 회사의 상무에 종사하지 않는 이사로서, 주주총회를 통해 사외이사로 선임된 자에게 사외이사 결격사유가 발생될 것으로 예상되는 등의 사유로 기존의 사외이사를 등기실무상 기타비상무이사로 변경등기하고자 하는 경우에는 다시 주주총회에서 기타비상무이사로 선임하는 결의가 있어야 한다.

등기실무상 정관에서 사내이사와 기타비상무이사는 주주총회에서 이사로 일괄선임한 후 이사회에서 이사 종류를 구분선임하도록 규정하고 있다면 이사회 의사록에 의하여 선임등기를 신청할 수 있다는 것이 상업등기의 실무이다(상업등기선례 제200907-1호(2009.7.2. 사법등기심의관-1538 질의회답)).

Q 사외이사로 선임되었다. 부담해야 하는 법적책임 등이 다른 이사와 특별히 차이나는 것이 있는지?

A 상법상의 이사는 ①사내이사, ②사외이사, ③그 밖에 상무에 종사하지 아니하는 이사(기타비상무이사라고도 한다)로 구분하여 등기한다(상법 317조 2항). 사외이사는 상무에 종사하지 않는 이사이므로 회사의 일상적인 업무인 상무에 종사하지 않는다, 이러한 사외이사는 그 책임과 권한 등에 있어 상무에 종사하는 사내이사와 차이가 날 것으로 생각할 수도 있지만, 이사의 권한과 의무에 관해서는 다른 종류의 이사(사내이사, 기타비상무이사)와 차이가 없다.

이사회 구성원인 사외이사로서 이사회 결의에 참가할 뿐이라고 할 수도 있지만, 이사회에 부의되는 안건뿐만 아니라 이사회의 부의되지 않는 회사의 전반적인 업무에 대해서도 감시의무를 부담한다(평이사에 관한 판결로 대법원 1985. 6. 25. 84다카1954 참고).

따라서 이사의 권리와 의무에 대한 민법상의 위임 규정의 준용뿐만 아니라 선량한 관리자의 주의의무(상법 382조 2항, 민법 681조)와 충실의무(상법 382조의3)하고, 경업금지의무(상법 397조), 회사와의 자기거래의 제한(상법 398조), 회사의 기회 및 자산의 유용 금지(상법 397조의2) 등을 부담한다.

Q 이사가 모회사나 자회사의 이사를 겸직해도 되는가?

A 회사의 이사가 모회사나 자회사의 이사를 겸직하는 것도 가능하다. 이 경우에, 당해 회사와 모회사 또는 자회사는 법인격이 별도이기 때문에 다른 회사의 이사로 겸직할 수 있지만, 원칙적으로 이사회 승인이 없으면 동종영업을 목적으로 하는 다른 회사(모회사 또는 자회사)의 이사는 될 수 없다(상법 397조). 이때, 이사는 당해 회사의 업무를 계속하면서 모회사나 자회사의 이사로도 겸직하게 되는데, 그 이사는 기타 상무에 종사하지 않는 이사(기타비상무이사), 비상근의 이사로 할 수 있다. 이와 관련하여 상법상 경업금지는 '회사의 영업부류'에 속하는 거래를 전제로 하고 있고, 겸직금지는 '동종영업'을 전제로 하고 있다.

설령 모회사와 100% 자회사 사이라고 하더라도 모회사와 그 100% 자회사가 동종영업을 목적으로 하고 있다면, 원칙적으로 모회사의 이사가 100% 자회사의 (대표)이사를 겸임하고자 하는 경우 모회사의 이사회 승인이 필요하다(기타 대법원 1995. 3. 14. 95도59 등)

판례는 동종영업을 목적으로 하는 다른 회사에 대하여 그 범위를 넓게 해석하여 적용하며(대법원 1990. 11. 2. 90마745), 해석상 영업부류에 속하는 거래는 정관상의 사업목적에 국한하지 않고, 사실상 회사의 영리활동의 대상이 되는 것은 모두 포함하며, 회사의 영업상 대체재(代替財)나 시장분할 효과를 가져오는 영업도 포함해 회사의 영업부류에 속하는 거래의 범주에 넣는다. 이에 동종영업을 목적으로 한다는 것은 이러한 경업에서의 회사의 영업부류와 같다고 본다.

특히 상장회사의 사외이사는 2개 회사까지 상법상의 회사인 주식회사, 유한회사, 합명회사, 합자회사, 유한책임회사에서 등기된 이사(사외이사, 기타비상무이사)나 감사로 겸직할 수는 있으나, 만약 해당 상장회사 외에 2개 이상의 회사에서 겸직(이사·집행임원·감사로 재임)할 경우에는 결격사유에 해당하게 되어 그 자격을 상실한다(상법 시행령 34조 5항). 이와 함께 모회사 또는 자회사의 이사·감사·집행임원 및 피용자에 해당하게 될 경우 사외이사의 자격을 상실한다(상법 382조).

Q 이사는 퇴임 후에도 경업피지(경업금지)의무를 지는가?

A 이사나 직원이 회사를 그만둔 후에도 당연히 경업금지의무(경쟁사의 취업 제한 등)를 지는 것이 아니며, 다만 경업금지약정을 하는 것은 가능하지만, 그 약정의 유효성 또한 무조건 인정되는 것은 아니므로 관련 법률 등을 종합적으로 고려해야 한다.

회사로서는 이사나 근로자가 회사에 재직 중일 때에는 회사가 영위하는 동종업종 또는 경쟁업종에 종사하지 않도록 해야 하겠지만, 퇴사 이후에는 경업금지의무가 없으므로, 실제로는 퇴사에 앞서 미리 이러한 경업금지의 약정을 하기도 한다.

[대법원 1984. 12. 11. 84다카1591] 자기거래에는 이사와 회사 사이에 직접 성립하는 이해상반 행위뿐만 아니라, 이사가 회사를 대표하여 자기를 위하여 자기 개인채무의 채권자인 제3자와의 사이에 자기 개인채무의 연대보증을 하는 것과 같은 이사 개인에게 이익이 되고 회사에 불이익을 주는 행위도 포함하는 것이라 할 것이므로 별개의 두 회사 대표이사를 겸하고 있는 자가 어느 일방 회사의 채무에 관하여 나머지 회사를 대표하여 연대보증을 한 경우에도 역시 상법 제398조(이사 등과 회사간의 거래)의 규정이 적용되는 것으로 보아야 한다.

판례는 경업금지약정이 무조건 유효한 것으로 보지는 않는다. 그 약정이 헌법상 보장된 직업선택의 자유와 근로권을 과도하게 제한하거나 자유로운 경쟁을 지나치게 제한하는 경우에는 민법(103조)의 선량한 풍속 기타 사회질서에 반하는 법률행위로서 무효라고 본다.

그리고 경업금지약정의 유효성은 사용자의 보호이익, 근로자의 퇴직 전 지위, 제한기간 및 직종, 근로자에 대한 대가제공의 유무, 공공의 이익 등을 종합적으로 고려하며, '보호할 가치 있는 사용자의 이익'에는 부정경쟁방지법에서 정한 영업비밀의 정도에 이르지 아니한 고객관계나 영업상의 신용의 유지도 포함된다.

Q 이사에게 퇴임 후에도 경쟁사에 취업하는 것을 막고 싶다. 어떻게 해야 하는가?
A 이사가 퇴직한 후에는 경업(경쟁사에 취업 등)에 종사하는 것은 허용되지만, 퇴직 후 회사와 일정기간의 경업을 금지하는 경업금지계약을 체결할 경우 그 일정 계약기간 동안은 경업(동종영업을 목적으로 하는 다른 회사 등)에 종사하는 것이 금지된다.

회사는 이사에게 퇴임 후 경쟁사에 취업하는 것을 제한하는 등의 경업금지의무를 부여하는 경우, 이는 개인의 직업선택의 자유 등과 관련하여 그 유효성에 문제가 발생할 수 있어 유의해야 한다.

판례는 퇴직자 등에 대한 경업금지약정이 무조건 유효하다고 보지 않으며, 그 약정이 헌법상 보장된 직업선택의 자유와 근로권을 과도하게 제한하거나 자유로운 경쟁을 지나치게 제한하는 경우에는 민법(103조)의 선량한 풍속 기타 사회질서에 반하는 법률행위로서 무효라고 본다(대법원 2007. 3. 29. 2006마1303).
또한 경업금지나 동종업계 취업제한 금지기간이 너무 길면 근로자의 직업선택의 자유를 지나치게 제한하는 것은 인정되기 어려울 것이며, 그 기간은 1년 정도가 적당한 것으로 판단하고 있다(대법원 2007. 3. 29. 2006마1303).

법원은 근로자에 대한 판례에서 경업금지약정은 직업선택의 자유와 근로자의 권리 등을 제한하는 의미가 있으므로, 근로자가 사용자가 약정으로 경업금지기간을 정한 경우에도, 보호할 가치 있는 사용자의 이익, 근로자의 퇴직 전 지위, 퇴직 경위, 근로자에 대한 대상(보상) 제공 여부 등 제반 사정을 고려하여 약정한 경업금지기간이 과도하게 장기라고 인정될 때에는 적당한 범위 내로 경업금지기간이 제한될 수도 있다고 판단한다(대법원 2007. 3. 29. 2006마1303).

퇴임 후에서 재임 중의 직무와의 관련하여 경업행위를 금지하는 합리적인 이유(회사의 영업비밀을 알고 있는 등)와 경업행위가 금지되는 범위나 기간, 직종, 장소도 명확하게 해야 한다. 지나치게 범위를 넓혀서는 안된다. 영업비밀이란 일반적으로 알려져 있지 아니하고 독립된 경제적 가치를 가지며, 상당한 노력에 의하여 비밀로 유지·관리된 생산방법, 판매방법 기타 영업활동에 유용한 기술상 또는 경영상의 정보를 말하고, 이때 정보가 '독립된 경제적 가치를 가진다'는 의미는, 그 정보의 보유자가 그 정보의 사용을 통해 경쟁자에 대하여 경쟁상의 이익을 얻을 수 있거나 또는 그 정보의 취득이나 개발을 위해 상당한 비용이나 노력이 필요하다는 것이다(대법원 2008. 2. 15. 2005도6223).

또한 이사가 경업행위금지로 인해 받게 되는 불이익에 대한 보상도 충분하게 해야 할 것이다.

[서울고등법원 2011. 8. 1. 2010라384] 영업비밀 침해금지를 위해서는 그 영업비밀이 특정되어야 하지만, 상당한 정도의 기술력과 노하우를 가지고 경쟁사로 전직하여 종전의 업무와 동일·유사한 업무에 종사하는 근로자를 상대로 영업비밀 침해금지를 구하는 경우 사용자가 주장하는 영업비밀로서의 요건을 갖추었는지의 여부 및 영업비밀로의 판단에는, 사용자가 주장하는 영업비밀 자체의 내용뿐만 아니라 근로자의 근무기간, 담당업무, 직책, 영업비밀에의 접근 가능성, 전직한 회사에서 담당하는 업무의 내용과 성격, 사용자와 근로자가 전직한 회사와의 관계 등 여러 사정을 고려해야 한다(대법원 2003. 7. 16. 2002마4380).

Q 이사·감사와 직원/종업원의 지위와 관련하여 이사·감사는 '위임관계', 직원(종업원)은 '고용관계'에 있다고 하는데 법적으로 어떻게 다른가?

A 법률관계는 '위임'인지 '고용'인지에 따라 크게 달라진다. 회사와 이사·감사의 관계는 위임에 관한 규정을 따르는데 반해, 회사와 직원(종업원, 사용인)의 관계는 고용계약을 따른다. 먼저 위임계약은 양당사자 모두 언제라도 해약할 수 있는 자유가 있다. 따라서 이사·감사도 언제든지 사임할 수 있고, 회사는 언제든지 위임계약을 해지할 수 있으므로 법상 주주총회의 특별결의로 이사·감사를 해임할 수 있다(상법 385조 1항). 다만, 민법은 당사자의 일방이 부득이한 사유 없이 상대방의 불리한 시기에 위임계약을 해지한 때에는 그 손해를 배상하도록 하고 있다(민법 689조 2항)

이사·감사는 회사로부터 일정한 사무처리를 위임받은 것이고(위임관계), 피용자처럼 사용자의 지휘·감독 하에서 일정한 근로를 제공하고 임금을 받는 고용관계에 있는 것이 아니며, 이러한 수임자(이사·감사)는 독립성이 있기 때문에 수임자의 재량이 넓고 대가로는 보수가 지급된다.

위임은 수임자(이사·감사)의 판단력이나 전문가로서의 능력에 따라 계약한 것으로, 위임자와 수임자는 대등한 관계에 있다. 따라서 수임자도 자기의지에 따라 위임자의 지시를 거부할 수 있고, 지배복종의 관계에 있는 것은 아니다. 이러한 관계에 따라 노동법 등 노동규제도 적용되지 않는 부분이 있다.

[피의자] 범죄의 혐의가 있기 때문에 수사대상으로 되어 있지만 아직 기소되지 않은 자. 기소 후에는 피고인이라 한다
[금고(禁錮)] 교도소에 구속하는 형벌. 징역과 다르며, 강제노역을 강제당하지 않는 점에서 징역보다는 가벼운 형벌이다. '금고이상의 형'은 사형, 징역, 금고를 말한다.

이에 반해 직원의 고용계약은 고용주와 직원의 관계가 지배·복종의 관계를 가지게 되는 대신에, 고용주에 의한 해고는 제한이 된다. 직원은 원칙적으로 고용주의 감독과 지시에 복종하고 그 재량권은 좁다. 그리고 직원은 노무를 제공하고 그 대가로서 임금을 받을 수 있다. 이러한 고용관계를 이유로 노동법, 근로기준법 등 각종의 노동관련 규제로 보호를 받는다.

Q 등기이사로 승진하게 되면, 직원의 신분은 잃게 되는가? 또한 회사내의 다른 업무에 겸직은 가능한가?

A 회사에서 직원이 임원으로 승진하는 경우, 그 지위가 직원(공장장 등)이면서 동시에 등기이사(주주총회에서 이사로 선임되어 등기된 자)가 될 수 있다. 이 경우에는 여전히 회사의 직원으로서의 지위도 갖게 되고, 이로서 '사용인 겸직이사'가 되며, 이 경우에 여전히 고용관계가 남아 있게 된다.

이는 근로자로서의 고용관계가 종료되어 퇴직금을 수령하는 경우가 많지만(대법원 2006. 5. 25. 2003다16092, 16108), '사용인 겸직이사'로서 계속해서 고용관계가 유지된다면, 퇴직금의 경우에 등기이사로 선임된 이후에는 직원으로서의 근무한 부분의 그것과는 구분해야 할 필요가 있다. 이에 따라 많은 회사에서는 당해 회사의 취업규칙 등에 따라 등기된 이사로 선임되면 고용관계를 일단 해소하기 위해 직원으로서 퇴직처리해 퇴직금을 지급하고, 후에 이사 재임기간이 종료되면 그 이사 재임에 따른 퇴직금 등을 따로 지급한다.

[위임관계] 어떤 자(위임자)가 타인(수임자)에게 사무처리를 위탁하는 관계에 있는 것.
[금고형] 정치범·비파렴치범·과실범 등에 주로 규정되어 있는 형벌이다. 금고는 무기와 유기로 구별되며, 유기는 1월 이상 30년 이하이다. 다만, 유기금고에 대하여 형을 가중할 때에는 50년까지로 한다(형법 42조). 무기금고를 감형할 때에는 7년 이상, 유기금고를 감형할 때에는 그 형기의 2분의 1까지로 할 수 있다(형법 55조 1항 2·3호).

Q 직원에서 승진하여 등기이사로 선임된 경우에, 직원으로서의 퇴직금을 정산하지 않고 계속 근무하게 되면 퇴직금의 계산방법은?

A 회사에서 직원이 승진하여 등기이사(주주총회에서 이사로 선임되어 등기된 자)가 된 경우, 회사는 이사로 취임함으로써 근로자로서의 고용관계가 종료되어 퇴직금을 정산하는 경우가 많이 있으나, 이사로 취임할 때 회사가 직원으로서 근무한 기간에 대한 퇴직금을 지급하지 아니한 경우에는, 이사의 임기가 종료되어 퇴임하면 직원으로 근무한 기간과 이사로 근무한 기간을 합쳐서 퇴직금을 산정해야 한다.

판례에 따르면 회사의 직원으로 근무하면서 맺은 근로관계는 이사로 취임함으로써 종료되고 이후로는 회사와 새로이 위임관계를 맺은 것이지만, 이사로 취임할 때 회사가 직원으로 근무한 데에 대한 퇴직금을 지급하지 아니하였고 퇴직한 다른 이사에게 퇴직금을 지급하면서 직원으로 근무한 기간까지 정관에 정하여진 근속연수에 계산하여 퇴직금을 산정하여 지급한 사례 등을 고려하여, 퇴직한 이사에 대하여 직원으로 근무한 기간과 이사로 근무한 기간을 합쳐서 퇴직금을 산정하도록 하고 있다(대법원 2006. 5. 25. 2003다16092,16108). 즉, 기간을 산정하여 퇴직금을 지급할 때 그 연봉월액의 규모나 그 지급배수에서 차이가 나게 된다.

Q 회사의 담당업무를 처리하는 직원이 업무상 문제로 경찰에 체포되었다. 업무담당이사도 책임이 있는가?

A 직원이 담당업무를 처리하는 과정에서 저지른 범죄에 대해, 해당 직원이 책임을 지는 것은 당연하겠지만, 그 상사인 담당이사도, 만약 그 범죄행위에 대해서 알고도 적절한 조치를 하지 않았다면 책임을 질 수도 있다.

또한 그러한 범죄행위를 몰랐다고 해도, 상사인 담당이사는 부하직원의 행위에 대해 감독책임이 있다. 즉, 이사는 선량한 관리자의 주의를 가지고 담당부문을 관리할 의무를 지고 있고, 그 주의의무를 충분히 다했다면 범죄행위를 막을 수 있었다고 한다면, 이는 과실이 있다고 할 수 있다.

이로 인하여 회사에 손해가 발생한다면 이사는 회사에 대한 손해배상책임도 부담해야 하고, 제3자에게 손해가 발생하였다면 제3자에 대해서도 배상책임을 지는 경우가 있을 수 있다.

Q 사업주는 피용자의 선임 및 그 사무감독을 어느 정도까지 해야 사용자 책임을 면할 수 있게 되는가?

A 사용자(일반적으로는 근로계약상 근로를 제공하는 당사자(근로자)에게 보수를 주기로 약속한 사업의 주체인 법인 또는 개인. 또한 사장이나 지점장 등과 같이 내무조직에서 근로자에 대하여 지휘명령권을 갖는 사람을 말하며, 사업주라고 하기도 한다. 또한 근로복지기본법은 사업주 또는 사업 경영 담당자, 그 밖에 근로자에 관한 사항에 대하여 사업주를 위하여 행위하는 자를 말한다)가 피용자의 선임 및 그 사무감독에 상당한 주의를 하지 아니한 경우에 사용자는 피용자가 그 사무집행에 관하여 제3자에게 가한 손해를 배상할 책임을 부담한다.

민법상 타인을 사용하여 어느 사무에 종사하게 한 자는 피용자가 그 사무집행에 관하여 제3자에게 가한 손해를 배상할 책임을 부과하고, 다만, 사용자가 피용자의 선임 및 그 사무감독에 상당한 주의를 한 때 또는 상당한 주의를 하여도 손해가 있을 경우에는 그러하지 아니하는 것으로 규정하고 있다(민법 756조 1항).

따라서 사용자가 피용자의 선임 및 그 사무의 감독에 상당한 주의를 한 경우에는 사용자는 피용자가 그 사무집행에 관하여 제3자에게 가한 손해를 배상할 책임은 지지 않을 수도 있다.

Q 사내이사를 기타비상무이사로 변경하여 선임할 수 있는가?

A 상법상 이사는 사내이사, 사외이사, 기타 상무에 종사하지 않는 이사(기타비상무이사)로 구분하여 등기되므로(상법 317조), 원칙적으로 이사는 주주총회에서 이사의 종류를 구분하여 선임해야 한다.

상법상 누가(주주총회 또는 이사회), 어떤 기준에 따라 이사의 종류를 정해야 하는지에 대한 규정은 없으나, 이사를 주주총회에서 선임하므로(상법 382조 1항), 실무는 주주총회에서 이사의 종류를 정하여 선임하고 등기한다.

그런데 등기실무상 회사가 정관으로 이사의 종류인 사내이사와 기타비상무이사를 이사회에서 정할 수 있도록 근거를 두고 있으면 주주총회에서 이사로 선임한 후 이사회가 이사종류를 결정하여 등기를 변경할 수 있다.

상업등기선례에 따르면 이사의 종류는 기본적으로 주주총회에서 정해야 하지만, 정관으로 정하여 사외이사를 제외하고 이사회가 이사 종류를 정할 수 있다. 즉 사내이사를 기타비상무이사로(또는 기타비상무이사 →사내이사) 변경하는 권한을 정관에 정하여 이사회에 부여할 수 있다(상업등기선례 제200907-1호 ; 2009. 7. 2. 사법등기심의관-1538 질의회답).

Q 주주총회에서 이사선임 의안이 부결된 경우 임시주주총회를 열어 이사를 선임해야 하는지?

A 주주총회가 의결정족수 부족 등으로 이사선임 의안이 부결되어 법률(상법상 3인 이상) 또는 정관상의 이사 수를 결(缺)한 경우에는 상법상 '법률 또는 정관에 정한 이사의 수(數)를 결(缺)한 경우에 임기만료 또는 사임으로 인하여 퇴임한 이사는 새로 선임된 이사가 취임할 때까지 권리의무가 있는(퇴임이사라고 한다)' 것으로 보는 퇴임이사에 관한 규정이 적용된다(상법 386조 1항).

따라서 법률이나 정관상의 이사 수를 결한 경우에 임기만료(또는 사임)로 퇴임한 이사가 후임자가 취임할 때까지 이사로서의 권리·의무를 그대로 유지하게 된다.

그런데 전임이사가 후임자 취임 전까지 권리의무 유지하기 어려운 사망, 해임 등으로 일시이사(임시이사)의 선임이 필요한 경우에 이사나 감사 등은 법원에 일시이사의 선임을 청구할 수 있다(상법 386조 2항).

이렇게 선임된 일시이사의 임기는 후임의 이사가 (주주총회에서) 선임될 때까지이므로, 임시총회이건 정기주주총회에서 새로운 이사를 선임하여 결원이 보충되는 경우에 한하여 그 일시이사는 그 지위를 상실하게 된다.

일시이사 선임청구는 회사의 이사, 감사, 기타 이해관계인(주주, 회사의 사용인, 채권자 등 포함)이 본점소재지 관할 지방법원 합의부에 해야 한다(비송사건절차법 72조 1항).

Q 이사의 임기를 1년으로 할 수도 있는가?

A 이사의 임기는 원칙적으로 선임 후 3년을 초과하지 못하지만(상법 383조 2항), 정관으로 그 임기 중의 최종의 결산기에 관한 정기총회 전에 만료될 경우에 그 총회의 종결에 이르기까지 연장(일시적인 기간 연장) 할 수 있다(상법 383조 3항).

이사의 임기는 3년을 초과하지 못하므로 그 3년의 기간 내(1년, 2년, 3년)에서, 정관으로 그 임기를 단축하여 규정할 수 있기 때문에 당연히 임기를 1년으로 할 수도 있으며, 만약, 정관으로 이사의 임기를 '3년 이내'로 정하면 주주총회에서 그 임기를 각 이사에 대하여 3년, 2년, 1년으로 택하여 선임할 수도 있다. 이 경우 각 이사별로 달리 임기를 정할 수도 있는 것이다.

따라서 회사는 정관으로 정하면 이사의 임기를 1년으로 하는 것은 문제가 되지는 않지만, 이는 매년 주주총회에서 이사를 선임 또는 연임하고, 등기를 해야 하는 번거로움이 있다.

Q 이사(또는 감사)가 교통사고 등 범법행위로 검찰에 의해 기소되었다. 이 경우에 회사는 어떻게 해야 하는가?

A 이사(감사)가 음주(교통)사고를 일으킨 경우, 회사의 정관이나 내부의 취업규칙에 음주교통사고 등의 범법행위로 인하여 기소된 경우와 피의자가 된 경우에는 이사(감사)를 사임해야 하는 것으로 규정되어 있을 수 있다. 이러한 회사의 내부규정은 불합리한 것이 아닌 한 그것을 따라야 한다.

기소는 검사(국가기관)가 피의자에게 범죄혐의가 인정되고 소송조건이 갖추어진 경우에 법원에 특정한 형사사건의 심판을 청구하는 것이다(소송행위).

법적으로는 피의자가 되었거나 기소되었을 때에는 아직은 '무죄추정'의 원칙에 따르므로, 사고를 낸 시점에서 곧바로 이사(감사)를 사임해야 하는 것은 아니다. 재판에서 판결이 확정되지 않는 동안도 마찬가지이다.

Q 이사(또는 감사)가 상법 위반으로 검찰에 기소되면 사임해야 하나?

A 회사의 정관이나 취업규칙 등에서 상법 등의 법령위반으로 기소된 경우나 또는 피의자가 된 경우에 이사(감사)가 사임해야 한다고 정하고 있지 않은 이상, 사임할 필요는 없다.

상법 위반이 있다고 해도 피의자가 되어 수사단계에 있거나 기소단계에서는 '무죄추정'의 원칙상 이사(감사)의 자격을 잃는 것이 아니다.

따라서, 회사 내부규정상 사임해야 하는 것이 아니라면, 상법 위반에 따른 기소로 인해 이사(감사)로서는 그 활동에 치명적이고 회사의 평판이나 업무에 지장을 초래할 수도 있음에도 불구하고 사임을 강요할 수 있는 것은 아니다.

Q 사외이사(또는 감사)의 가족 중 1명이 대형 형사사건으로 기소되어 언론을 통해 보도되었다. 그만두어야 하는가?

A 사외이사(감사) 본인과 그 가족은, 비록 가족이라고 하더라도 다른 사람이기 때문에 사외이사(감사)의 가족이 형사사건으로 기소되었다고 해서 곧바로 사외이사(감사) 본인이 사임해야 하는 것은 아니다. 개인의 책임은 어디까지나 개인이 지는 것이다.

기소단계에서는 무죄추정의 원칙상 유죄로 단정할 수는 없다. 다만 이례적인 대형사건으로 사외이사(감사) 가족이 기소됨에 따라 사외이사(감사)로 있는 회사명도 함께 언론을 통해 사회적으로 알려지게 되어 회사로서도 사회적 평판이 나빠지는 등의 손해를 피할 수 없는 경우에, 도의적인 책임을 지고 사임할 수도 있지만, 이는 사외이사(감사) 본인이 선택해야 할 사안이다.

사외이사(감사)의 가족이 연루된 사건이라 해도 통상적으로 회사나 사외이사(감사)의 역할은 그 가족의 사건과는 관계없는 것이다. 언론에 의해 흥미위주로 사건이 공표될 경우에는 사생활 침해나 명예훼손이 문제될 수도 있다.

특히, 상장회사의 사외이사는 본인이 직접 금고이상의 형을 받고 그 집행이 끝나거나 집행이 면제된 지 2년이 지나지 않는 등의 결격사유에 해당하지 않으면 그만두지 않아도 된다(상법 542조의8).

Q 이사(감사)가 개인사정으로 그만두려면 어떻게 해야 하나?

A 이사(감사)는 언제든지 사임할 수 있다. 따라서 이사의 일방적인 사임의사 표시만으로도 사임할 수 있다. 그러나 당사자 일방이 부득이한 사유없이 상대방의 불리한 시기에 계약을 해지한 때에는 그 손해를 배상해야 하므로(민법 689조), 만약 회사에 불리한 시기에 사임하여 회사에 손해가 발생한 경우에는 이를 배상해야 한다.

이사(감사)가 사임할 때는 미리 사임의사를 대표이사에게 통지해야 한다. 이사(감사) 사임의 의사표시는 통상은 대표이사에게 하며, 대표이사의 유고 등으로 대표이사에게 할 수 없는 경우에는 이사회에 사임의 의사표시를 하거나 대표이사의 직무대행자에게 한다. 사임의 효력은 별도의 조건 등을 두지 않는 이상, 사임의 의사표시를 한 시점에 발생한다. 따라서 사임하겠다는 의사표시를 하였다면 철회할 수가 없다(대법원 2011. 9. 8. 2009다31260).

대표이사가 사임할 때에는 다른 대표이사가 있으면 그 다른 대표이사에게, 다른 대표이사가 없으면 이사회나 권한대행자(이사 전원에게 사임을 통지해야 한다는 견해도 있다)에게 사임의 취지를 통지한다(대법원 2007. 5. 10. 2007다7256).

Q 이사(감사)를 사임했는데도 계속 사임등기를 해주지 않는다. 어떻게 해야 하나?

A 이사(감사)나 사외이사가 사임을 한 경우에 당사자는 지체없이 가능한 빨리 사임등기를 원한다.

이사(감사) 사임의 등기는 본점 소재지에서는 2주 이내, 지점소재지에서 3주 이내에 할 필요가 있으나, 상업등기법상 당사자신청주의에 의해 회사의 대표이사가 등기신청인이 되므로 그 등기를 사임한 이사(감사)는 직접 등기를 신청할 수는 없고, 법원에 등기촉탁을 해야 한다.

이사(감사)는 그 사임에 따른 변경등기가 없더라도 즉시 그 자격은 상실하지만(대법원 2013. 9. 9. 2013마1273), 그럼에도 불구하고 회사가 변경등기를 하지 않는 경우에는 사임한 이사(감사)가 회사를 상대로 이사변경등기절차이행의 청구소송을 제기할 수 있다. 이러한 사임등기의 청구에 따라 재판에서 승소판결이 확정되면 사임등기가 가능하다.

사임등기는 법률(이사 3인, 감사 1인) 또는 정관에 정한 이사(감사)의 수 이상의 이사회 구성요건을 충족해야 가능하다(상법 386조 1항, 312조). 즉, 해당 이사(감사)의 퇴임으로 인하여 이사(감사) 수가 법령이나 정관상 수에 부족한 경우에는 후임등기가 불가능하며, 사임한 이사(감사)는 그 후임이사(후임감사)의 취임시까지 이사(감사)로서 권리의무가 유지된다(퇴임이사 규정이 적용 및 준용된다).

Q 회사가 예측하지 못한 상황임을 알지만 이사(감사)로서 개인적 사정으로 사임하면 책임문제가 발생할 수 있는가?

A 회사와 이사(감사)와의 관계는 위임에 관한 규정을 따르기 때문에 언제라도 회사에 대하여 언제든지 일방적 의사표시로도 사임할 수 있다(민법 689조 1항).

이 때 사임의 사유는 추궁당하지 않기 때문에 자기의 개인사정을 이유로도 사임할 수 있다. 그러나, 질병, 기타 부득이한 사유로 의한 경우를 제외하고, 회사가 불리한 시기에 사임을 하는 경우에는 사임으로 인해 회사에 끼친 손해를 배상해야 하는 점에 유의해야 한다(민법 689조 2항). 이러한 개인적 사정에 의한 사임은 대표이사의 경우도 마찬가지이다(상법 415조, 382조 2항). 그리고 사임에 의해 법정 또는 정관 소정의 인원 수가 부족하게 되는 경우에는 사임한 이사(감사)는 새로 선임되는 이사(감사)가 취임할 때까지 또한 이사(감사)의 권리의무를 가진다.

Q 대주주나 대표이사가 임기 중에 있는 이사(감사)를 해임할 수 있는가?

A 주주로서는 회사경영에 대한 충분한 능력도 실력도 없는 이사(감사)를 언제까지나 이사(감사)로 둘 수는 없다. 상법상 회사는 언제든지 위임계약을 해지할 수 있어 주주총회의 특별결의로 언제라도 이사(감사)를 해임할 수 있다. 따라서 대표이사나 대주주가 마음대로 법적절차를 거치지 않고 이사(감사)를 해임할 수 있는 것이 아니다.

주주총회에 관한 일시, 의안, 장소의 결정권을 가진 이사회가 이사(감사)해임에 관한 의안을 주주총회 의안으로 정한 다음, 총회의 의안으로 상정하는 절차를 거쳐 해임할 수 있을 뿐이다.

예를 들어, 이사의 잘못된 판단으로 회사에 손해를 입힌 경우나 이사의 부적절한 행동으로 인해 회사의 업무집행에 지장을 초래하거나 중요한 사업에 실패한 경우에는 이사를 해임하기 위한 '정당사유'가 되는 경우라고 할 수 있다.

이외에도 해임의 '정당한 사유'에는 이사가 법령이나 정관에 위배된 행위를 하였거나 정신적·육체적으로 경영자로서의 직무를 감당하기 현저하게 곤란한 경우, 회사의 중요한 사업계획수립이나 그 추진에 실패함으로써 경영능력에 대한 근본적인 신뢰관계가 상실된 경우 등과 같이 당해 이사가 경영자로서 업무를 집행하는 데 장해가 될 객관적 상황이 발생한 경우가 이에 해당한다(대법원판 2004. 10. 15. 2004다25611).

그러나 임기만료 전에 '정당한 사유가 없는 해임'을 하면, 이는 회사가 이사(감사)에 대한 손해배상책임을 지게 된다. 이사(감사)로서는 정당한 이유 없이 그 임기만료 전에 해임당한 때에는 회사에 대하여 해임으로 인한 손해배상을 청구할 수 있을 뿐이다(상법 385조 1항).

이사의 직무집행에 관련하여 부정행위 또는 법령, 정관에 위반하는 중대한 사실이 있음에도 주주총회에서 해임의안이 부결된 경우에는 발행주식총수의 3% 이상의 주식을 가진 주주(정관으로 요건 완화 가능)는 주주총회의 결의일로부터 1개월 이내에 그 이사의 해임을 법원에 대해 청구할 수 있다(상법 385조 2항).

다만 상장회사는 소수주주가 이사해임의 소를 제기하려면 주주총회에서 이사해임 의안이 부결되어야 하므로, 소 제기 전에 먼저 주주제안을 하거나 임시주주총회의 소집을 청구해야 한다. 그런데 상장회사의 경우 주주제안의 내용이 임기 중에 있는 임원의 해임에 관한 사항인 경우에는 이사회가 이를 거부할 수 있어(상법시행령 12조 4호), 실무상으로는 이사해임을 구하는 본안소송을 제기하기보다는 이사직무집행정지 가처분신청을 하는 예가 대부분인 것으로 알려져 있다.

Q 회사가 이사를 해임할 수 있는 사유는 무엇인가?

A 이사의 해임은 이사본인의 의사에 반하여 그 자격을 상실시키는 것으로 주주총회의 특별결의(출석한 주주의결권의 3분의 2와 발행주식총수의 3분의 1)로 해임결의를 해야 하지만, 정관으로 결의요건을 가중할 수도 있다.

이사의 해임은 주주총회 특별결의로만 할 수 있기 때문에, 정관에 규정하여 이사회 결의나 대표이사의 결정으로 이사를 해임할 수는 없으며, 이러한 취지의 정관규정은 무효이다.

통상 이사는 회사에 대하여 위임관계에 있으므로(상법 382조 2항), 임기만료(재선임되지 않는 경우), 해임, 정관소정의 자격상실 외에, 위임계약의 약정종료사유인 이사의 사임에 의해, 그리고 법정종료사유인 이사의 사망·파산·성년후견개시에 의해, 회사의 해산·파산에 의해서 종료(종임)된다(민법 690조).

이사의 임기를 정한 경우에 정당한 이유없이 임기만료 전에 주주총회에서 해임한 때에는 이사는 회사에 대하여 해임으로 인한 손해배상을 청구할 수 있다(상법 385조 1항).

통설 및 판례에 따르면 이사해임의 '정당한 사유'에는 이사가 법령이나 정관에 위배된 행위를 하였거나 정신적·육체적으로 경영자로서의 직무를 감당하기 현저하게 곤란한 경우, 회사의 중요한 사업계획수립이나 그 추진에 실패함으로써 경영능력에 대한 근본적인 신뢰관계가 상실된 경우 등과 같이 당해 이사가 경영자로서 업무를 집행하는 데 장해가 될 객관적 상황이 발생한 경우가 있다(대법원 2004. 10. 15. 2004다25611). 정당한 이유의 존부는 해임당시를 기준으로 판단한다.

특히 주주총회 특별결의로 이사를 해임하려면 일정한 해임사유(소수주주의 이사해임 청구사유인 '이사의 그 직무에 관한 부정행위 또는 법령·정관에 위반한 중대한 사실'이 있는 때 등)에 관한 규정을 정관에 두는 것도 허용된다고 보는 것이 일반적이다.

이사의 직무에 관한 부정행위 또는 법령 및 정관위반 행위 등에도 불구하고 주주총회에서 해임 의안이 부결된 경우에는 발행주식총수의 3% 이상의 주식을 가진 주주(정관으로 요건 완화 가능)는 주주총회의 결의일로부터 1개월 이내에 그 이사의 해임을 법원에 청구할 수 있다(상법 385조 2항).

감사의 해임에는 주주총회에서 의견을 진술할 수 있는 권리가 있지만(상법 409조의2), 이사해임에는 그러한 규정이 없기 때문에 해임되는 이사는 주주총회에서 자신의 의견을 진술할 기회를 달라고 요구할 수 없다.

Q 상법상 이사 해임이 가능한 정당한 사유는 어떤 경우인가?

A 상법상 주주총회는 정당한 이유 없이도 이사를 해임할 수 있지만, 이에 따른 손해배상책임을 부담한다.

회사가 임기 중의 이사 해임에 따른 손해배상을 부담하지 않아도 되는 정당한 사유로서(상법 385조 1항), 판례는 '이사가 그 직무에 관한 법령이나 정관에 위배된 행위를 하였거나 경영능력부진 또는 회사경영을 맡길 수 없을 정도의 상호신뢰 상실, 정신적·육체적으로 경영자로서의 직무를 감당하기 현저하게 곤란한 경우, 회사의 중요한 사업계획 수립이나 그 추진에 실패함으로써 경영능력에 대한 근본적인 신뢰관계가 상실된 경우 등과 같이 당해 이사가 경영자로서 업무를 집행하는 데 장해가 될 객관적 상황이 발생한 경우'로 보고 있다(대법원 2004. 10. 15. 2004다25611).

이러한 '당해 이사가 경영자로서 업무를 집행하는 데 장해가 될 객관적인 상황이 발생한 경우'에는 그 업무집행 장해사유가 이사 본인에게 발생한 경우뿐만 아니라 회사 자체에 부도 등 경영상의 어려움으로 인원축소 필요 등의 객관적인 경영상의 필요성이 있는 경우도 포함된다(대법원 2005. 1. 14. 2004다47529).

이사 해임의 '정당한 이유' 존부에 관한 증명책임은 손해배상을 청구하는 이사가 부담한다(대법원 2006. 11. 23. 2004다49570).

Q 회사가 이사를 해임하기 보다는 다른 방법을 통해 이사직을 정리하도록 하고 싶다. 어떻게 하는 것이 좋은가?

A 회사의 대주주인 회장, 사장이라고 해서 주주총회에서 선임되어 등기된 이사를 마음대로 법적인 절차없이 해임할 수 없다. 이사의 해임은 이사회(주주총회 상정을 위한 해임 의안의 확정)를 거쳐 주주총회에서 특별결의로서 거쳐 이루어진다.

실무상은 이사가 해임되기 전에 미리 사임을 하는 형식을 먼저 취하기 때문에 이사가 해임되는 경우는 극히 드물다. 이사는 회사에 대하여 위임관계에 있으므로(상법 382조 2항), 임기만료(재선임되지 않는 경우), 해임, 정관소정의 자격상실 외에, 위임계약의 약정종료사유인 이사의 사임에 의해, 그리고 법정종료사유인 이사의 사망·파산·성년후견개시에 의해, 회사의 해산·파산에 의해서 종료(종임)된다(민법 690조).

즉, 실무에서 이사가 해임되는 경우란 굉장히 이례적인 경우이며, 이사로서의 자질문제나 신뢰관계가 상실된 경우에도 실무상은 임기만료나 사임에 의한 방법을 취한다. 한편, 대표이사 선임권이 이사회에 있는 회사의 경우에도 이사회는 대표이사의 대표권만을 박탈할 수 있고, 이 경우에 대표권이 박탈당하더라도 이사로서의 자격은 계속 유지된다.

Q 주주총회에서 특별결의가 필요한 의결사항에 대한 결의요건을 가중할 경우에 그 가중정도는?

A 실무상 회사에 따라서는 정관에 특별결의보다 가중한 결의요건을 규정하기도 하는데, 주주총회의 특별결의요건을 회사 정관으로 어느 정도까지 가중

할 수 있는지에 대해서는 논란이 있다. 즉, 결의요건을 너무 과도하게 가중하는 것은 극소수의 주식을 가진 주주에게 지분율을 초과하는 정도의 거부권을 부여하는 것과 동일한 효과가 있다. 이는 소수파 주주나 일부주주에게 사실상 거부권을 주는 것과 마찬가지의 결과를 초래하기도 한다(서울중앙지방법원 2008. 6. 2. 2008카합1167). 예를 들어, 발행주식총수의 90%를 초과하는 결의로서 해임하도록 정관에 규정할 경우, 나머지 10%의 주주만이 반대할 경우에도 해임이 불가능하므로 그 반대하는 10% 주주는 사실상 거부권을 갖는 결과가 된다.

따라서 결의요건을 가중할 수 있지만 무한정으로 가중하는 것은 허용되지 않는다는 견해와 무제한적인 가중(주주전원의 동의를 요건으로 하는 등)이 가능하다는 견해도 있지만, 판례에 따르면 다수파 주주의 의결권을 침해할 수 있는 정도로 현저하게 가중하는 것은 주식회사의 본질에 반하는 것으로 허용되지 않는다고 해석해야 한다.

> **[코스닥 상장회사의 정관 예]**
>
> 제○조(주주총회의 결의방법)
> ② 이사회 구성 이사 중 동시에 2인 이상의 이사의 해임을 결의하는 경우에는 출석한 주주의 100분의 90이상, 발행주식총수의 100분의 70이상의 수로써 한다. 또한 본 조항의 변경을 결의하는 경우에도 출석한 주주의 100분의 90이상, 발행주식총수의 100분의 70이상의 수로써 한다. 이와 같은 결의 방법을 적용할 안건은 총회를 소집할 때 미리 적시해야 한다.

Q 사외이사가 사임하여 이사회 정원(定員)을 미달하게 된 경우, 퇴임이사의 법리를 적용할 수 있는가?

A 사외이사가 사임하였지만, 남아있는 이사의 수(數)가 정관 및 법령상 필요한 이사의 수를 초과하고 있는 경우에는, 사외이사의 결원으로 인하여 이사회 내의 사외이사 수가 법령상 요구되는 정원에 미달하더라도 퇴임한 사외이사에 대해 퇴임이사의 법리를 적용하기 어려우므로(퇴임등기가 가능하다), 사임한 이사에게 새로운 이사가 취임할 때까지 사외이사로서의 권리의무가 있는 것으로 할 수 없다.

예를 들어, 상장회사로서 이사회의 이사 4인 중 1인의 사외이사가 사임한 경우, 이사회 내의 사외이사 비율에 대한 사항은 이사의 수(員數)와는 별개이므로 곧바로 퇴임등기가 가능하다. 회사는 이후 개최하는 임시주주총회 또는 정기주주총회에서 사외이사를 선임하면 된다(상법 542조의8). 이 경우에 후임 사외이사 선임시까지 이사회 내 사외이사의 구성비율(사외이사가 이사 총수의 4분의 1이상으로 구성해야 하는 자산 2조원 미만의 상장회사 등)은 미달하게 된다.

그렇지만 만약, 이사회의 이사 모두가 3인으로 구성된 회사에서 1인의 사외이사가 사임한 회사의 경우에는, 해당 사외이사가 퇴임하면 상법상의 이사의 수(3인)를 결(缺)하게 되므로 '퇴임이사'의 법리를 적용하여, 새로운 이사가 취임할 때까지 사외이사로서의 권리의무가 있는 것으로 해야 한다.

Q 이사는 회사의 다른 직원처럼 근무시간대에 반드시 근무해야 하는가?

A 이사는 회사와 고용관계에 있다고는 할 수 없고, 또한 일상적으로 회사에 출근해야 한다고 정해져 있는 것도 아니다. 비상근이사 또는 사외이사도 필요에 따라 회사의 직무를 수행하면 되며, 법상 상근 또는 상무에 관한 명문의 정의 규정을 두고 있지 않다.

상법상 준법지원인에 관한 규정 중 '상근' 의미와 관련하여 법무부 상법 해설서에는, 일반적으로 상근의 의미는 일반적인 직원과 마찬가지로 9시 출근하여 6시 퇴근하며… 해당 업무에 전념하는 것을 의미한다고 해석하기도 한다(상법회사편 해설 478면, 법무부 2012).

'사용인 겸직이사'로서 직원의 지위도 겸하는 경우에, 이사이면서 직원이기도 하므로 다른 직원들과 같이 근무할 의무를 부담한다고 할 수 있다. 또한 회사 내부의 취업규정, 복무규정 등에서 이사의 근무형태나 상근일 경우 이에 관한 근무형태 등을 정하고, 내부적으로 그에 따르도록 하는 경우가 많이 있다.

실제는 직원일 경우보다 이사로서의 책임과 의무가 오히려 크기 때문에, 직원보다 더 많은 시간을 일해야 하는 경우가 많을 수도 있다.

현실적으로 이사는 회사의 경영현안 해결과 직무로 인하여 직원과 다른 수준의 책임을 부담하므로 이사로서의 직무수행을 다하면 되고, 따라서 반드시 직원과 같은 시간에 근무할 필요는 없을 것이다.

제4절
이사의 보수, 상여

(1) 이사의 보수와 상여

 이사가 회사로부터 받는 보수는 정액월급·상여·연봉·특별수당·퇴직금(퇴직위로금) 등 명칭 여하를 불문하고 회사의 직무수행을 대가로 회사로부터 받는 일체의 재산상의 이익(경제적 대가)을 말한다. 이사와 회사와의 관계는 민법의 위임에 관한 규정에 따르지만, 민법상의 위임이 원칙적으로 무보수인 것과 달리, 이사에게는 보수등을 지급하는 것이 통상이다.

 이사가 스스로 자기의 보수등의 액수를 결정하도록 하면 부당하게 고액의 보수 등을 수령해 갈 우려 때문에 이사의 보수는 정관으로 정하거나 주주총회 결의로 이를 정하도록 한다(상법 388조). 보수한도는 정관에서 그 금액을 정하지 않은 이상, 매년 동일한 금액 또는 보수한도라도 주주총회에서 매년 승인받는다. 승인대상 보수(한도)는 해당 사업연도에 지급할 보수로서, 이를 승인할 주주의 구성과 지급받을 임원의 구성이 매년 바뀌기 때문이라고 설명한다.

 이사(감사) 등 임원은 회사로부터 일정한 사무처리의 위임을 받고 있는 것이므로, 사용자의 지휘·감독 아래 일정한 근로를 제공하고 소정의 임금을 받는 고용관계에 있는 것이 아니며(대법원 2003. 9. 26. 2002다64681), 일정한 보수를 받는 경우에도 이를 근로기준법 소정의 임금이라 할 수 없다.

이사의 보수결정을 이사회에 일임하는 정관규정은 인정되지 않는다. 다만, 정관이나 주주총회 결의로서 명시적 또는 묵시적 지급기준을 제시하고 구체적인 집행을 이사회에 위임하는 것은 가능한 것으로 보고 있다. 따라서 주주총회가 이사의 보수총액만을 결정하고 각 이사에 대한 지급액 결정을 이사회에 위임하는 것은 유효하다(대법원 2012. 3. 29. 2012다1993).

(2) 임원 보수의 총회 승인과 특별이해관계 여부

가. 학설

상법은 결의의 공정성을 위하여 주주총회에서 특정한 의안에 관하여 특별이해관계를 가진 자에게 의결권을 제한하고 있고, 이는 이사회에도 준용하고 있다(상법 368조 3항, 391조 3항).

이사(사외이사)의 보수를 정하는 주주총회 결의에서 이사(사외이사)인 주주도 특별이해관계인으로서 의결권을 가지는지 여부에 대하여는 학설상은 견해가 나누어지고 있는데, 일반적으로 이사(사외이사)인 주주는 이사보수 결정을 위한 주주총회 결의에서 특별이해관계인으로서 의결권이 없지만, 정관이나 주주총회에서 정한 이사의 보수총액을 각 이사에게 배분하는 결정을 하는 이사회결의에서는 이미 정해진 총액을 각 이사 사이에서 분배하는 것이어서 분배 여하에 따라 회사의 이익을 해할 염려가 없으므로 이사는 모두 특별이해관계인에 해당하지 않는다고 해석한다.

그런데 실무는 주주총회 결의로 개별 이사의 보수를 반드시 정해야 하는 것은 아니며, 이사 전원에 대한 보수총액(상한액)만을 정하고, 개별 이사에 대한 보수액은 주주총회에서 이사회에 위임하기도 있다. 주주총회가 이사회를 통하지 않고 바로 대표이사가 개별 이사의 보수분배를 결정하도록 위임하는 것은 감독을 받아야 할 자가 감독자의 보수를 결정하게 되므로 허용되지 않는다. 다만, 주주총회에서 정한 보수총액은 회사내규에 따라 보수결정을 위임받은 이사회가 다시 대표이사에게 이를 위임하는 결의를 하는 것은 허용된다고 본다.

이러한 특별이해관계는 모든 주주의 이해에 관련되지 않고 특정한 주주만의 이해에 관련된 때라고 하는 견해(특별이해관계설), 결의에 의하여 권리의무의 득실이 생기는 등 법률상 특별한 이해관계를 가지는 때라는 견해(법률상 이해관계설)로 나누어지나, 특정한 주주가 주주로서의 지위와 관계없이 떠나서 개인적으로 이해관계를 가지는 때라는 견해(개인법설)가 통설이며(이철송, 회사법강의 29판 538면), 판례도 개인법설(個人法說)을 따르고 있다(대법원 2007. 9. 6. 2007다40000)

나. 회사실무의 처리

임원의 보수(이사보수, 감사보수)를 정하는 결의의 경우 주주인 이사 개인의 개별 보수액에 대한 결의는 이해관계에 있다고 볼 수 있으나, 실무는 이사보수 전체 한도(보수 한도총액)를 승인하는 총회결의에서 주주인 이사가 의결권을 행사하는 것은 특별이해관계를 없는 것으로 보고 있다.

이사 및 감사의 보수에 관한 실무는 전체 보수한도 승인과 개인보수 승인을 구분하여, 통상적으로 주주총회에서 이사 전원의 보수한도 총액과 감사의 보수 한도 총액을 승인받고, 구체적인 집행금액의 결정은 이사회 또는 감사가 개인별 지급금액을 결정한다. 따라서 총회에서 개별 이사(사외이사)의 보수 승인시에만 특별이해관계를 인정하고, 전체 이사에 대한 보수한도(총액) 승인시에는 의결권을 행사하는 것을 제한하지 않는다.

임원의 보수에 대하여 과다한 보수기준을 마련하여 지급하는 행위는 상법상 이사의 충실의무(상법 382조의3) 위반으로 배임행위에 해당될 수 있다.
따라서 이사가 회사에 대하여 제공하는 직무와 지급받는 보수는 합리적 비례관계가 유지되어야 하며, 회사의 채무상황이나 영업실적에 비추어 합리적인 수준을 벗어나서 현저히 균형성을 잃을 정도로 과다하여서는 아니된다(대법원 2016.1.28. 2014다11888).

(3) 이사의 퇴직위로금

퇴임하는 이사에게 지급하는 퇴직위로금은 이사의 직위에서 퇴임한 자에 대하여 그 재직 중 직무집행의 대가로써 지급되는 것이므로 보수등에 포함된다.

보수등은 이사가 직무집행의 대가로서 그 명칭에 상관없이 받는 재산상의 이익이고, 월급, 각종의 수당, 상여금 등이 전형적인 이사의 보수라 할 수 있으며, 퇴직위로금도 그 직무집행의 대가로서의 보수의 후불적 성격이 강하므로 이사의 보수에 속하고(대법원 2004. 12. 10. 2004다25123), 주주총회의 승인대상이다.

상장회사의 상당수는 '정관 또는 주주총회 결의로 정한 임원퇴직금지급규정에 따라 퇴직금(퇴직위로금 내용을 포함)을 지급'하고 있으며, 이러한 회사는 총회에서 보수한도(총액)의 승인은 퇴직금을 제외한 보수총액만을 승인받고 있다. 따라서 주주총회 승인이 아닌 이사회 결의로 정한 퇴직금지급규정을 가진 회사는 퇴직금을 포함해 보수총액을 매년 주주총회에서 승인받아야만 그 한도 내에서 퇴직금을 지급할 수 있다.

> ☑ [정관기재의 예]
>
> 제○조 (이사 및 감사의 보수와 퇴직금)
> ① 이사와 감사의 보수는 주주총회의 결의로 이를 정한다. 이사와 감사의 보수규정을 위한 의안은 구분하여 의결하여야 한다.
> ② 이사와 감사의 퇴직금의 지급은 주주총회 결의를 거친 임원퇴직금지급규정에 의한다.

(대법원 1977.11.22. 77다1742 ; 대법원 1999.2.24. 97다38930) 회사가 정관으로 임원퇴직금지급규정을 통한 퇴직금 지급근거를 마련하였고, 이 지급규정을 주주총회에서 퇴직위로금의 내용을 포함하여 승인받았다면, 그에 따라 지급되는 퇴직금 및 퇴직위로금은 정당하다.
참고로, '이사의 퇴직금의 지급은 이사회의 결의로 정한 임원퇴직금지급규정에 의한다'와 같이 주주총회에서 승인하지 않고 이사회가 주주로부터 아무런 통제도 받지 않고 퇴직금을 결정할 수 있도록 이사회에 무조건 위임하는 정관은 무효라고 판시한 바 있다(서울중앙지법 2008.7.27. 2006가합98304). 이에 해당 퇴직위로금에 대한 내용도 반드시 주주총회의 안건으로 상정하여 승인받아야 유효하다.

(4) 보수로서의 주식매수선택권(Stock Option)

보수등에는 회사가 이사에게 부여하는 주식매수선택권(스톡옵션)도 포함된다. 이는 미리 정한 가액으로 신주를 인수하거나 회사가 보유하고 있는 자기주식을 매수할 수 있는 권리 등을 부여하는 것으로서 회사의 설립·경영 및 기술혁신 등에 기여하거나 기여할 수 있는 회사(상장회사는 관계회사를 포함)의 이사(집행임원, 감사 또는 피용자)에게 부여된다(상법 340조의2 1항, 542조의3, 상법 시행령 30조 1항). 회사의 이사에게 권리로서 부여한 것이지만 회사의 실적의 향상이 주가의 상승으로 연결되어, 그것이 이사의 보수에 반영되기 때문에 실적향상에 대한 유인책으로 활용된다.

(5) 사용인 겸직이사의 보수와 상여

실무상 회사에서 이사로서 공장장 등의 사용인(使用人) 지위를 겸직하는 경우가 있으며, 이러한 사용인 겸직이사는 위임계약에 따른 이사로서의 지위와 근로계약에 따른 사용인의 지위를 함께 가지게 된다.

사용인 겸직이사에 대한 보수 및 상여의 보수지급과 관련하여 문제가 되는 것은 일반적으로는 이사의 보수등은 위임계약에 근거한 이사의 자격에 따른 직무집행의 대가이며, 사용인으로서의 급여분은 근로계약의 대가로서의 성격을 지니므로 사용인분 급여가 이사의 보수에 포함되는지 여부에 대하여 해석상 견해가 나누어진다. 실제 지급시 이사의 보수와 사용인의 급여를 구별하기 어려운 경우도 있고, 회사에 따라 개별적인 사정이 있을 것이므로 판단하기 어려운 점이 있다.

퇴직금의 경우에 실무상 이사가 회사의 사용인(使用人)을 겸직하면서 지급받는 보수총액에는 포함된 사용인분 급여에 대해, 실무상 직원이 이사로 승진하면 근로자로서의 고용관계가 종료되기 때문에 퇴직금을 수령하는 경우가 많다(대법원 2006. 5. 25. 2003다16092, 16108).

(6) 상장회사의 이사보수 등 공시

상법상 이사(사내이사) 보수는 정관의 정함이나 주주총회 결의과정상 그 보수한도나 보수총액이 나타난다. 하지만 상장회사는 법에 의해 이사 등의 개인별 보수를 공시하도록 하고 있다.

자본시장법상 사업보고서 제출대상법인(자본시장법 159조 1항)은 사업보고서에 ①상법 기타 법률에 의한 주식매수선택권을 포함하여 임원 모두에게 지급된 그 사업연도의 보수총액(자본시장법 시행령 168조 1항), ②임원 개인별 보수와 그 구체적인 산정기준 및 방법[자본시장법 159조 2항 3호: 임원 개인에게 지급된 보수가 5억원 이상인 경우에 한정(자본시장법 시행령 168조 2항)], ③보수총액 기준 상위 5명의 개인별 보수와 그 구체적인 산정기준 및 방법[자본시장법 159조 2항 3의 2호: (임직원)개인에게 지급된 보수가 5억원 이상인 경우에 한정(자본시장법 시행령 168조 2항)] 등을 기재해야 한다(자본시장법 159조 2항). 이는 사업보고서와 반기보고서에도 기재해야 한다(자본시장법 159조 2항, 160조).

일본의 경우 실무는 사용인 겸직이사가 이사로서 받는 보수액은 주주총회의 승인이 필요하지만, 사용인으로서 받는 급여와 퇴직금은 노동관계의 대가로서 지급되는 것이기 때문에 주주총회의 승인은 필요하지 않는 것으로 본다.

Q 이사(감사)의 보수결정 방법과 배분방법이 정해져 있는가?

A 상법상 이사(감사)의 보수는 정관으로 정하거나 주주총회 보통결의로서 결정한다(상법 388조, 415조). 따라서 정관에 그 보수 금액을 정하지 않은 경우에, 이러한 이사(감사)의 보수(한도)를 결의하는 주주총회에서 이사의 보수승인 의안은 감사의 보수승인 의안과 독립된 별개의 의안으로 상정해 결의해야 한다.

반드시 개별 이사(감사)의 보수를 각각 나누어 주주총회 결의로 정해야 하는 것은 아니며, 총회에서는 이사 또는 감사 전원에 대한 보수총액이나 각 상한액만을 정하고, 개별 이사(감사)에 대한 보수액은 주주총회 결의로 이사회에 위임하거나 회사가 정한 사내 지급기준(규정)에 따를 수 있다.

이사(감사)와 회사와의 관계는 위임계약이다. 민법상 위임계약에서 수임인은 특약이 없는 한 보수는 청구할 수 없으나(민법 686조 1항), 상법상 이사(감사)는 회사와의 관계에서 수임인이지만, 주주총회에서의 선임과 동시에 보수에 관한 명시적, 묵시적 특약을 한 것으로 보기 때문에 통상 이사(감사)에게 보수를 지급한다.

Q 이사(감사)로 선임되고 보수를 한푼도 받지 않는데도, 이사(감사)로서의 책임을 지게 되는가?

A 이사(감사)가 회사로부터 보수를 전혀 받지 않아도, '위임계약'의 성질상 업무를 제대로 하지 않으면 안 된다. 특히 '보수를 한푼도 받지 않은 명목상(또는 명의만 빌려준 경우에도)의 이사(감사)도 책임을 지는'것이다.

어느 정도 규모가 있는 회사가 되면, 명목상의 이사(감사)를 두는 경우가 많지는 않겠지만, 이사(감사)로서 '무보수'라고 하더라도 이사(감사)로서 부담해야 할 모든 법적책임을 부담한다.

명목상의 이사(감사) 책임은 비록 보수를 한푼도 받지 않아도, 한푼의 배당을 받지 않아도, 또한 한푼도 회사에 출자하지 않아도 책임을 지는 경우가 있다.

만약 회사에 문제가 발생할 경우, 특히 규모가 적은 회사라도 책임을 면할 수 없으며, 또한 '책임을 지지 않는다'고 약속을 하고 문서로 작성해 놓아도, 계약의 당사자(계약한 대표이사와 해당 이사 등)들만 그 계약에 구속될 뿐 책임이 면제되는 것은 아니다.

Q 이사(감사)의 보수나 퇴직금을 주주총회 승인없이 정할 수도 있는가?

A 이사(감사)의 보수는 월급, 상여금, 특별수당, 퇴직위로금, 해직보상금, 주식매수선택권(스톡옵션) 등 명칭의 여부를 불문하고 모두 포함되며, 이사(감사)의 직무집행 대가로서 회사로부터 받는 재산상의 이익을 모두 '이사(감사)의 보수 등'이라고 하여 일정하게 규제를 한다.

이러한 이사(감사)의 보수등은 그 액을 정관으로 정하지 않는 이상, 원칙적으로 주주총회의 결의로 정해야 한다(상법 388조). 즉, 정관으로 이사(감사)의 보수 또는 퇴직금을 주주총회의 결의로 정한다고 규정하고 있는 경우 그 금액, 지급방법, 지급시기 등에 관한 총회의 결의가 있었음을 인정할 증거가 없는 한 이사(감사)의 보수나 퇴직금을 청구할 수 없다(대법원 2004. 12. 10. 2004다25123 등)

따라서 정관에서 그 액을 정하지 않았다면, 주주총회결의가 있어야만 이사(감사)는 회사에 대하여 보수를 청구할 수 있다.

실무상 주주총회에서 보수총액을 정하고, 개별 이사에게 배분하는 방법은 이사회에서 정하거나 또는 이사회 내 위원회 설치회사는 해당 위원회(보수위원회, 보상위원회 등)에서 결정하기도 한다.

Q 개별 이사의 보수에 대해서는 이사회나 대표이사가 결정해도 되는가?

A 주주총회 결의로 개별 이사의 보수를 반드시 정해야 하는 것은 아니고 이사 전원에 대한 보수총액이나 상한액만을 총회에서 정하고, 개별 이사에 대한 보수액은 주주총회에서 이사회에 위임할 수 있다. 다만, 이사의 퇴직금·퇴직위로금에 대해서는 정관이나 주주총회에서 합리적인 기준을 설정하지 않고 무조건적으로 위임을 하는 경우 그 결의가 무효로 될 가능성이 있다(서울중앙지방법원 2008. 7. 24. 2006가합98304).

주주인 이사의 경우에 주주총회에서 특정한 결의사항에 대하여 특별한 이해관계가 있는 자는 의결권을 행사할 수 없고(상법 368조 3항), 이러한 특별이해관계는 특정한 주주가 주주의 입장을 떠나서 개인적으로 이해관계(개인법설이라 한다)를 갖는 것으로 해석한다(부산고등법원 2004.01.16. 2003나12328).

이사의 보수 승인시 이사인 주주의 특별이해관계 해당 여부에 관하여 학설상으로는 다툼이 있으나, 실무는 보수한도 승인과 개인보수 승인을 구분하여, 개별 이사의 보수 승인시에만 특별이해관계를 인정하고, 전체 이사 전체에 대한 보수한도(총액) 승인시에는 제한되지 않는 것으로 한다. (대)주주인 이사의 특별이해관계를 인정할 경우 실무적으로 주주총회 승인에 필요한 보통결의 요건을 충족하기 어려운 것도 고려한 것으로 보인다.

실무상 상당수의 회사는 주주총회의 결의로 이사 개인별로 보수액을 정하는 것이 아니라 이사 전원에 대한 보수총액을 정하고, 그 구체적인 배분은 이사회(이사회 내 위원회)의 결정에 맡기거나 회사가 정한 내부규정에 따라 지급한다.

이에 따라 위임이나 내부규정등의 근거없이 대표이사에게 이사의 개별 보수액을 결정하게 하는 것은 인정되지 않는다.

Q 1인회사 또는 100% 자회사인 완전자회사에서 이사의 보수 등을 결정하는 방법에는 차이가 있는가? 그리고 반드시 주주총회를 개최해 결정해야 하는가?

A 주주가 1명밖에 없는 주식회사를 '1인회사'라고 하며, 100% 자회사 등도 이에 해당하고, 이러한 회사에도 상법규정이 적용된다. 상법상 이사의 보수는 이사가 스스로 자기 보수를 자유롭게 결정할 수 없도록 정관에서 정하거나 주주총회의 결의가 필요하다.

그런데, 과거 1인회사는 주주총회의 결의없이 지급한 이사보수도 적법한 것으로 판시한 판례도 있었다. 임원보수의 지급이 유일한 실질적인 주주의 의사에 의해서 결정되고 있는 이상 그 지급은 적법하다고 본 것이다. 다만 최근 대법원은 주주총회 결의없이 대주주의 의사결정만으로 특별성과급을 지급받을 것은 반환하도록 판시한 판례가 있으며(대법원 2020.4.9. 2018다290436), 이에 따르면 1인회사의 경우에도 이사보수에 관한 주주총회 결의는 필요하다고 해석해야 할 것이다.

[대법원 2004. 12. 10. 2004다25123] 1인회사의 경우에 임원퇴직금지급규정에 관하여 주주총회결의가 있거나 주주총회 의사록이 작성된 적은 없는 경우에도 당해 규정에 따른 퇴직금이 1인회사의 주주의 결재·승인을 거쳐 관행적으로 지급되었다면 위 규정에 대하여 주주총회결의가 있었던 것으로 볼 수 있다.

[대법원 1993. 6. 11. 93다8702] 주주총회의 소집절차는 엄격하게 지켜져야 하지만, 1인회사에서 그 소집절차가 결여된 경우에도 1인 주주가 참석하여 총회개최에 동의하고 이의없이 이사의 보수를 결정하는 결의를 하였다면, 이는 전원출석총회로서 유효한 것으로 된다. 1인주주가 그 결의를 제3자에 대하여 주장하기 위하여서는 주주총회 자체는 생략하더라도 의사록은 작성해야 한다.

[대법원 1979. 11. 27. 79다1599] 회사의 발행주식 총수의 80%를 소유한 대표이사가 공로상여금의 지급을 약속한 것은 주주총회결의가 있었음과 다름이 없다고 판시한 것도 있지만(대법원 1978. 1. 10. 77다1788), 주주총회결의 없이 대표이사가 이사에 대하여 한 퇴직금을 포함한 보수약정의 효력에 대하여, 대표이사가 회사의 전주식 3,000주 중 2,000주를 가지고 있더라도 주주총회결의가 없는 이상 보수약정은 회사에 대하여 효력이 없다는 판례도 있다.

Q 이사가 퇴임하면 회사에 퇴직위로금을 청구할 수 있는가?

A 이사로서 퇴임하였다고 하여 반드시 퇴직위로금을 지급되는 것은 아니다. 회사의 직무수행에 대한 보상으로 지급되는 일체의 대가가 이사의 보수에 해당하고 따라서 퇴직위로금, 해직보상금 등 명칭을 불문하고 그 액을 정관으로 정하지 않는 이상, 주주총회에서 정해야 퇴직위로금을 받을 수 있는 것이다. 따라서 퇴임한 이사로가 퇴직위로금을 청구하더라도 정관의 정함이나 주주총회의 결의로 그 액을 정한 바가 없으면 퇴임한 이사의 퇴직위로금 청구에 응할 수 없다.

이에 관한 최근의 판례는 특별성과급 지급에 관한 주주총회에서 결의가 없음에도 불구하고 대주주의 의사결정으로 지급한 경우 그 지급액을 반환하도록 판시한 사례가 있다(대법원 2020.4.9. 2018다290436).

따라서 퇴직위로금은 이사보수에 관한 상법규정(상법 388조)이 적용되므로 정관이나 주주총회결의로 그 총액이나 한도액을 정했다면, 구체적인 액수나 지급조건은 이사회에 위임할 수 있다(대법원 2006. 5. 25. 2003다16092,16108).

Q 회사가 어려워 이사(감사)의 보수를 삭감하는 것으로 언론을 통해 발표하였다. 이사(감사)로서 이에 응해야 하는가?

A 국내외 경제사정 또는 회사 경영이 어려워지거나 회사의 범죄·부정행위가 있으면 회사는 '전체 이사(감사)의 보수를 20% 삭감하기로 결정했다'라는 등의 발표를 하기도 하는데, 이는 구체적 보수청구권을 갖고 있는 각 이사(감사)의

[대법원 2003. 9. 26. 2002다64681] 회사의 이사 또는 감사 등 임원이라고 하더라도 그 지위 또는 명칭이 형식적, 명목적인 것이고 실제로는 매일 출근하여 업무집행권을 갖는 대표이사나 사용자의 지휘, 감독 아래 일정한 근로를 제공하면서 그 대가로 보수를 받는 관계에 있다거나 또는 회사로부터 위임받은 사무를 처리하는 외에 대표이사 등의 지휘, 감독 아래 일정한 노무를 담당하고 그 대가로 일정한 보수를 지급받아 왔다면 그러한 임원은 근로기준법상의 근로자에 해당한다.

개별적 의사에 의한 것이 아니라면, 회사의 발표는 결정된 것이 아니다.

무엇보다도 전체 이사(감사)의 보수총액의 최고 한도액이 주주총회에서 결정되면, 개별 이사(감사)에 대한 구체적인 배분이나 삭감은 이사회 결의 등으로 정할 수 있다.

그러나 이미 구체적인 배분이 결정된 보수에 대하여 이사(감사)로서는 회사가 발표한 보수의 감액에 동의해 주지 않으면 삭감할 수는 없으므로, 이사(감사)의 보수 삭감에는 해당 이사(감사)의 동의가 반드시 필요하다.

Q 대표이사가 이사(감사)의 보수 중 상여금에 해당하는 부분을 전액 감액하는 것으로 결정하였다. 이에 보수의 감액에 동의하지 않는 이사(감사)가 있는데, 이사(감사) 보수를 감액할 수 있는 방법이 있는가?

A 이사(감사)의 보수(이사(감사) 전원의 보수총액이 아닌 이사(감사) 개인의 보수)가 구체적으로 주주총회에서 결정된 경우에는 각 이사(감사)의 동의가 없는 한, 주주총회나 이사회의 결의로서 감액 또는 지급하지 않을 것이 허용되지 않는다. 일단, 주주총회 결의 등에 의해서 발생한 보수청구권은 이사(감사)와 회사와의 사이에 맺어진 계약에 의해서 이미 이사(감사)에 주어진 기득권 이익(권리)이라고 할 수 있기 때문이다.

따라서 각 이사 보수의 감액에는 해당 이사(감사)의 동의가 필요하기 때문에 보수의 감액에 동의하지 않는 이사(감사)가 있을 경우 이는 불가능하다.

Q 이사(감사)의 퇴직금/퇴직위로금이 보수에 포함되는지, 그리고 그 결정방법이 정해져 있는가?

A 이사의 보수는 연봉·월급·상여금·특별수당·퇴직위로금·해직보상금 등 명칭을 불문하고 회사에서의 직무수행에 대한 보상으로 지급되는 일체의 대가를 말한다.

회사는 이사가 퇴임할 경우에 퇴직금과 퇴직위로금을 지급하게 되는데, 이러한 퇴직금이나 퇴직위로금이 해당 이사가 회사에서 한 직무집행의 대가로 지급될 경우 보수의 일종으로 분류된다. 이렇게 이사 등 임원에게 퇴직금과 퇴직위로금을 지급하는 경우에도 그 퇴직금 등은 근로기준법에 근거한 퇴직금이 아니다. 따라서 이사의 퇴직금도 일종의 이사보수로서 (보수한도에 포함하는 등의 방법으로) 주주총회를 거쳐 결정해야 한다.

다만 회사는 주주총회에서 승인된 임원퇴직금지급규정이 있고 이에 따른 퇴직금 및 퇴직위로금이 지급될 경우, 해당 금액을 제외하고 총회의 승인받아 보수등에 포함해 함께 지급하면 될 것이다.

실무상 회사에 따라서는 주주총회 승인을 받은 임원퇴직금지급규정을 둔 회사와 주주총회 승인을 거치지 않고 이사회에서 임원퇴직금지급 규정을 제정하여 운영하는 회사가 있으며, 만약 이사회에서 승인하고 주주총회의 승인을 받지 않은 임원퇴직금규정을 둔 회사는 총회 승인시 퇴직금(퇴직위로금)도 포함하여 총회 승인을 받아야 하는 점이 다르다.

제5절
대표이사, 공동대표이사, 표현대표이사

(1) 개요

대표이사는 이사 중에서 정하며(특히 사내이사), 그 밖의 자격제한은 없으나 정관으로 대표이사의 자격을 정하는 것은 무방하다. 대표이사는 (외부적으로)회사를 대표하고, (내부적으로)업무를 집행하는 기관이다.

주식회사는 상법상의 집행임원설치회사(대표이사 대신 대표집행임원을 둔다)가 아닌 경우에 1인 이상의 대표이사를 두어야 하며, 그 수의 제한은 없다.

이사회를 두지 않은 자본금 10억원 미만의 소규모회사(상법 383조 6항)나 집행임원설치회사(상법 408조의2 1항)를 제외하고 대표이사는 주식회사의 기관이며, 이사회가 (등기)이사 중에서 선정하거나 정관으로 정하면 주주총회에서 선정할 수 있다.

이사회에서 대표이사의 선정의 결의는 정관에 다른 정함이 없으면, 이사의 과반수 출석과 출석이사의 과반수로써 결의한다(상법 391조 1항).

회사는 이사회 또는 주주총회의 결의로서 수인의 대표이사가 공동으로 회사를 대표할 수 있는 공동대표이사제도를 채택할 수 있다. 이러한 공동대표이사는 정관에 규정해야 하는 것은 아니며, 이사회(정관상 주주총회에서 대표이사를 정하기 한 경우에는 주주총회)가 공동대표이사로 정하여 등기하면 된다.

적법하게 요건을 충족하여 선정된 대표이사는 곧바로 그 직무를 수행 할 수 있는데 이는 대표이사의 자격이 그 등기의 유무에 따라 결정되는 것이 아니므로 대표이사로 선정되면 등기하기 전이라도 그 직무를 수행할 수 있는 것이다.

(2) 대표이사 권한

대표이사의 권한으로 회사의 영업에 관한 재판상(소송행위) 또는 재판외의 모든 행위(사법상의 적법한 행위로서, 법률행위와 준법률행위, 유상행위와 무상행위를 포함한다)를 할 권한을 가진다(상법 209조. 389조 3항). 이에 따라 대표이사에게는 업무집행권이 당연히 인정되며, 법률상 대표이사는 주주총회 또는 이사회에서 결정한 사항이나 위임받은 사항을 대내적으로 업무집행하고, 대외적으로 회사를 대표한다. 대표이사는 법률로 정해진 주주총회 결의사항(정관의 변경, 이사·감사의 선임, 합병 등), 법령 또는 정관에서 주주총회나 이사회의 결의를 요한다고 정한 사항을 제외하고, 회사의 업무집행을 할 권한을 가지고 있다.

상법이 이사의 직무권한으로 규정하고 있는 사항 가운데, 정관·주주명부·사채원부·주주총회의 의사록의 비치(상법 396조), 주식청약서와 사채청약서의 작성(상법 420조, 474조 2항), 현물출자시 검사인 선임의 청구(상법 422조 1항), 재무제표의 작성·제출·비치·광고(상법 447조, 447조의3, 448조) 등은 성질상 대표이사의 업무권한에 속한다.

회사가 대표이사의 '대표권을 제한'해도 이러한 제한을 모르는(선의의) 제3자에게는 해당 제한이 있음을 주장할 수 없다.

[대법원 2014. 5. 29. 2012다98720 ; 대법원 2009. 8. 20. 2009두1440] 대표이사는 그 지위가 형식적·명목적인 것에 불과하여 실제 경영자로부터 구체적·개별적인 지휘·감독을 받아 근로를 제공하는 등의 특별한 사정이 없는 한 사용자의 지휘·감독아래 일정한 근로를 제공하고 소정의 임금을 받는 고용관계에 있지 않아서 근로기준법상의 근로자에 해당하지 않는다.

(3) 대표이사 선임절차

대표이사는 원칙적으로 이사회에서 이사(사내이사) 중에서 대표권을 부여하는 것으로 이사의 과반수 출석과 출석이사의 과반수 찬성으로 선임하지만 정관에서 주주총회에서 정하도록 규정하면 주주총회에서 선정하고(상법 389조 1항), 공동대표이사를 선임할 경우에도 주주총회 결의로 공동으로 회사를 대표하도록 정한다. 대표이사 중 공동대표이사의 선정은 정관에 공동대표이사를 두는 것에 관한 규정의 유무를 불문하고 둘 수 있으며, 선정기관(이사회 또는 주주총회)은 공동대표이사를 각자대표이사로 전환하는 결정도 할 수 있다.

선정된 대표이사의 성명·주민등록번호 및 주소는 등기해야 하나(상법 317조 2항 9호), 등기 여부로 대표이사의 자격과 지위가 결정되는 것은 아니므로, 이사회 또는 주주총회(정관에서 정한 경우)의 요건을 충족한 선임결의만으로 그 자격을 취득하게 되어 권리를 행사할 수 있게 된다.

(4) 대표이사 수(數)

대표이사의 수(數)에 대해 상법은 특별히 제한을 두지 않고 있으며, 법률상 주식회사는 상법상의 집행임원설치회사를 제외하고 1인만을 선임해도 되지만 수인(數人)을 선임할 수 있다. 상법상 사외이사의 수에 관한 규정은 있으나 사내이사의 수(數)에 대한 규정을 두고 있지 않지만 회사는 반드시 대표이사가 필요하

[대법원 1988. 8. 9. 86다카1858] 대표이사의 대표권은 법률, 정관, 기타 회사의 내규로 별도로 제한하지 않는 경우에 원칙적으로 회사의 권리능력(일반적으로 회사의 설립근거가 된 법률이나 회사의 정관상의 목적사업 등에 의해 제한된다)의 범위와 일치한다. 대표이사의 행위가 대표권한의 범위 내의 행위라 하더라도 회사의 이익 때문이 아니고 자기 또는 제3자의 개인적인 이익을 도모할 목적으로 그 권한을 행사한 경우에 상대방이 대표이사의 진의를 알았거나 알 수 있었을 때에는 회사에 대하여 무효가 되는 것이다.

므로 사내이사를 반드시 1인 이상 선임해야 한다(사외이사는 상무에 종사하지 않아 대표이사가 될 수 없다).

실무에서는 정관에 대표이사의 수를 정하기도 한다. 이사회의 대표이사 선정은 정관에서 달리 결의요건을 정하지 않는 한, 이사 과반수의 출석과 출석이사의 과반수로써 결의한다(상법 391조 1항). 자본금이 10억원 미만인 주식회사가 1인의 이사만을 둔 경우에는 그 1인의 이사가 회사를 대표한다(상법 383조 6항).

(5) 대표이사 자격

대표이사는 이사 중에서 대표권을 부여하는 결의로 선임하는 것이므로, 대표이사는 이사의 지위를 전제로 하게 되고, 사내이사이면 누구나 대표이사가 될 수 있으며, 이사의 자격을 상실하게 되면(이사의 임기만료, 사임, 해임) 대표이사의 자격을 당연히 상실·종임한다(이 경우에 대표이사의 권리의무가 없다). 반대로 대표권만을 상실하면(즉, 이사로서의 임기가 남아 있는 등의 경우) 당연히 이사 자격은 상실되는 것이 아니다.

정관으로 대표이사의 자격을 제한하지 않는 이상 대표이사는 다른 자격제한은 없다. 그러나 대표이사는 회사의 상무를 집행해야 하는 이사이므로 상무에 종사하지 않는 사외이사(상법 382조 3항)와 기타비상무이사(상법 371조 2항 8호)는 그 지위의 특성상 대표이사가 될 수 없다고 해석한다.

선임권자가 해임권을 가진다는 원칙에 따라 정관으로 주주총회에서 대표이사를 정하도록 한 경우가 아니라면 이사회의 결의로 언제든지 대표이사의 대표

[의사록의 간인(間印)] 실무상 주주총회의사록, 이사회의사록에 기명날인자 또는 서명자 전원이 하는 간인(間印)은 사후변조를 예방하고, 의사록 내용에 대한 진정성을 간인을 한 이사 등이 확인하기 위한 것이므로 반드시 전원이 하지 않고 대표이사만 해도 무방하며, 나아가 간인이 전혀 없다 하더라도 의사록의 효력에는 영향이 없다.

권 지위만을 해임할 수 있고, 대표이사가 대표권을 종임한 경우에 등기해야 한다(상법 317조 2항 9호, 183조).

(6) 대표이사 임기

대표이사의 임기에 대해 상법은 특별히 규정하고 있지 않지만 이사의 지위가 전제되기 때문에 그 임기는 해당 이사가 이사의 임기만료 등으로 그 이사자격을 상실하게 되면 대표이사의 (대표) 자격을 상실한다. 따라서 임기 중간에 대표권을 부여하더라도 대표이사의 임기는 이사의 잔여임기(종임될 때까지)와 일치하게 된다.

한편 이사의 임기가 남아있는 경우, 이사로서의 지위는 그대로 두고 대표권의 지위에서만 본인 스스로 사임할 수 있고, 그 사임은 언제라도 할 수 있으며 이사회의 승인은 필요한 것이 아니다.

또한 이사회(정관에 따라 주주총회에서 대표이사를 선정하는 경우가 아닌 때)는 그 결의에 따라 이사의 지위는 갖지만, 대표이사의 대표권에 관한 직위만을 언제라도 해임할 수 있다. 다만, 이사로서의 지위는 주주총회의 특별결의로 해임하지 않는 한 상실하지 않는다.

대표이사가 사임 또는 임기만료로 퇴임함에 따라 법령 또는 정관으로 정한 소정의 대표이사의 수가 부족하게 되면 퇴임한 대표이사는 후임자가 선정되어 선임될 때까지 계속해 대표이사로서의 권리의무를 가지는 퇴임대표이사 규정이 적용된다(퇴임대표이사라고 한다. 상법 386조 1항). 또한 법원이 필요하다고 인정(사망·해임 등)할 때에는 이해관계인의 청구로 일시적으로 그 직무를 수행할 수 있는 자를 선정할 수 있는 일시대표이사에 관한 규정도 준용한다(상법 389조 3항, 386조 2항).

상법 책자나 판례에 나오는 '평이사'는 새로운 이사종류가 아니라 업무를 담당하지 않는 비상근 이사를 말한다(이철송 회사법 강의(27판), 박영사, 2019, 748면).

(7) 대표이사 종임

대표이사는 이사의 지위를 전제로 하므로 임기만료, 사망, 사임, 해임 등으로 이사의 자격을 상실하면 종임(종료)하게 되며, 대표이사는 스스로 언제든지 그 직을 사임할 수 있다. 통상 선임권자가 해임권을 가지므로 회사는 언제든지 이사회(또는 정관으로 정한 경우 주주총회)의 결의로 대표이사의 대표권에 관한 지위만을 해임할 수 있다. 대표이사의 대표권을 상실한다고 하여 당연히 이사 자격도 상실하는 것은 아니다. 반면, 이사의 자격을 상실하면 대표이사로서의 자격을 상실하고, 이에 따라 그 권리의무를 행사할 수 없다.

(8) 대표이사 사임

대표이사는 언제든지 그 직을 사임할 수 있지만, 회사에 불리한 시기에 사임하여 회사에 손해가 발생한 경우에는 이를 배상해야 한다(민법 689조 2항). 대표이사의 사임에는 다른 각자대표이사 또는 공동대표이사가 있는 경우에는 그에게 사임의 의사표시가 도달한 때에 사임의 효력이 발생하고, 다른 대표이사가 없는 경우에는 사임의 의사표시가 대표이사의 사임으로 그 권한을 대행하게 될 자에게 도달한 때에 사임의 효력이 발생한다(대법원 2007. 5. 10. 2007다7256). 일반적으로 정관으로 대표이사 유고시 권한대행자를 규정하고 있으나, 만일 이에 관한 정관 규정이 없다면 사임서가 최소한 이사(이사회)에게는 도달해야 할 것이다.

사임의 의사표시가 효력을 발생한 후에는 이를 철회할 수 없으나, 사임서 제

[대법원 1997. 8. 29. 97다18059] 대표이사가 회사를 위해서 하는 행위는 회사의 행위로 간주되며, 회사에 직접적 법률효과가 발생한다. 또한 대표이사의 대표권에 대해서는 회사의 내부에서(정관, 이사회 결의 등의 내부적 절차 또는 내규) 제한해도 그 제한되고 있는 것을 알지 못하는(선의의) 제3자에게 대항(주장)할 수 없다.

출 당시 다른 대표이사 또는 권한대행자에게 사임서의 처리를 일임한 경우에는 이들의 수리행위가 있어야 사임의 효력이 발생하고, 따라서 그 사임효력이 발생하기 이전에는 사임의사를 철회할 수 있다.

(9) 퇴임대표이사, 일시대표이사, 표현대표이사

가. 퇴임대표이사

대표이사에게도 퇴임이사에 관한 규정은 준용되어(상법 386조 1항, 389조 3항), 대표이사가 임기만료나 사임으로 퇴임함으로써 법률 또는 정관에 정한 대표이사의 원수를 결한 경우에는 임기만료 또는 사임으로 인하여 퇴임한 대표이사는 새로 선임된 대표이사가 취임할 때까지 대표이사의 권리의무가 있다(상법 386조 1항).

(대표)이사가 퇴임하더라도 법률 또는 정관에 정한 대표이사의 수를 채우기 위한 후임자가 선임되지 않는 한 퇴임등기는 허용되지 않으며, 이에 퇴임등기의 신청기간은 후임자의 취임시부터 기산한다. 또한 이사의 결원 여부를 불문하고 법률·정관에서 정한 대표이사의 수를 채우지 못하는 경우에는 항상 대표이사 지위가 연장된다(대법원 2007. 6. 19. 2007마311).

나. 일시대표이사

일시이사에 관한 규정(상법 386조 2항)은 대표이사에게도 준용되며(상법 389조 3항), 일시대표이사의 선임방법으로 법률 또는 정관 소정의 대표이사 수를 결(缺)하

[대법원 2001.12.6. 2001그113] '임시(대표)이사 선임이 필요하다고 인정되는 때'는(상법 386조 2항) 이사가 사망하거나 종전의 이사가 해임된 경우, 이사가 중병으로 사임하거나 장기간 부재중인 경우 등과 같이 퇴임이사로 하여금 이사로서의 권리의무를 가지게 하는 것이 불가능하거나 부적당한 경우를 의미하고, 구체적으로 어떠한 경우가 이에 해당할 것인지에 관하여는 일시이사 제도의 취지와 관련하여 사안에 따라 개별적으로 판단해야 한다.

게 된 경우에 필요하다고 인정할 때(사망으로 인한 결원, 종전의 이사가 해임, 중병으로 사임하거나 장기간 부재중인 경우 등)에는 법원은 이사, 감사 기타의 이해관계인이 법원에 청구하여 일시대표이사의 직무를 수행할 자를 선임할 수 있다(상법 386조 2항).

　퇴임대표이사가 계속적으로 업무수행을 할 수 있으면 법원에 의한 일시(임시)대표이사의 선임이 불필요하기 때문에 일시대표이사의 선임은 단순한 결원 사실만으로는 충분하지 아니하고, 결원으로 인해 회사의 운영에 지장을 초래하거나 후임 대표이사를 선임하는 절차 자체를 진행하는 것이 불가능해야 한다. 이러한 일시대표이사는 이사 결원시 일시이사를 선임하는 경우와 그 절차 등이 동일하다.

　일시대표이사의 선임은 단지 임기만료 또는 사임으로 인하여 원수(員數)를 결한 경우뿐만 아니라 선임의 사유를 확장하여 일체의 결원이 있는 경우로 넓게 해석하지만(대법원 1964.04.28. 63다518), 동업자들 사이에 분쟁의 사정만으로는 임기가 만료된 대표이사 및 이사에게 회사의 대표이사 및 이사로서의 권리의무를 보유하게 하는 것이 불가능하거나 부적당한 경우에 해당한다고 할 수 없다(대법원 2000.11.17. 2000마5632).

다. 표현대표이사

　상법상 회사와 거래하는 거래상대방을 보호하기 위하여 표현대표이사제도를 두고 있다.

[대표권의 표현적 명칭] 회사의 대표권을 표시하는 명칭(표현적 명칭)을 사용해야 한다. 상법이 규정하는 사장, 부사장, 전무, 상무 등은 예시적으로 나열한 명칭이므로 이에 한하지 않고 표현대표이사의 명칭에 해당하는지 여부는 사회 일반의 거래통념에 따라 결정해야 한다(대법원 2003. 2. 11. 2002다62029, 판례는 '경리담당이사'는 회사를 대표할 권한이 있는 것으로 인정될 만한 명칭에 해당하지 않는다고 본다).
이사가 아닌 자가 '대표이사'라는 명칭을 사용한 경우에도 표현대표이사가 성립될 수 있고, 이사직을 퇴임한 자가 회사를 대표할 권한이 있는 것으로 보일 수 있는 명칭을 사용한 경우에도 유추적용하고 있다(대법원 1998. 3. 27. 97다34709).

회사의 대표권자 아닌 자가 대표권을 표시하는 명칭을 사용하고 회사가 이를 명시적, 묵시적으로 허락하는 경우에는, 그를 회사의 대표권자로 믿고 거래한 당사자를 보호하기 위한 것이다. 예를 들어 거래를 개시할 때는 대표이사였으나, 거래를 계속하는 동안 대표이사가 그 지위를 상실하는 경우 등도 있어, 이러한 경우 거래상대방을 보호해야 한다. 실제로 회사를 대표할 권한이 없지만 사장, 부사장, 전무, 상무 기타 회사를 대표할 권한이 있는 것으로 인정될 만한 명칭을 사용한 이사를 표현대표이사라고 하고, 상법은 이러한 표현대표이사의 행위에 대하여 회사의 책임을 인정하고 있다(상법 395조).

실제 회사에 따라서는 다양한 명칭을 사용하기도 하는데, 표현적 명칭에 해당하는지의 여부는 회사실무와 일반적 인식을 고려하여 그 명칭을 사용하는 자가 대표권을 가진다고 신뢰하는 것의 합리적 여부를 기준으로 하여 판단해야 한다.

이는 회사가 이사의 자격이 없는 자에게 표현대표이사의 명칭을 사용하도록 허용한 경우는 물론, 대표이사가 그 지위를 상실하였음에도 계속하여 대표권을 표시하는 명칭을 사용하고, 이사의 자격이 없는 사람이 임의로 표현대표이사의 명칭을 사용하고 있는 것을 회사가 알면서도 아무런 조치를 취하지 아니한 채 그대로 방치하여 소극적으로 묵인한 경우에도 유추적용되는 것으로 해석한다(통설·대법원 1998. 3. 27. 97다34709).

(2) 공동대표이사

회사는 대표이사가 수인이 있는 경우에도 각자가 독립하여 회사를 대표하는 것이 원칙이다(흔히 각자 대표이사라고 한다). 그러나 회사는 이사회 결의 또는 정관

[표현이사] 이사가 아니면서 명예회장·회장·사장·부사장·전무·상무·이사 기타 업무를 집행할 권한이 있는 것으로 인정될 만한 명칭을 사용하여 회사의 업무를 집행한 자를 말한다. 즉 외관부여와는 관련 없이 회사 또는 제3자가 그 명칭을 사용한 자에게 책임을 묻는 것이다.

으로 정하여 주주총회의 결의로서 수인의 대표이사가 공동으로만 회사를 대표할 수 있는 공동대표이사를 둘 수 있다(상법 389조 2항).

공동대표이사는 대표이사의 대표권 남용을 사전에 견제하기 위한 것이므로, 공동으로 업무를 결정·집행하고, 회사를 대표할 때도 공동대표이사 전원(수인일 경우)이 공동으로 행위를 해야 하며, 공동으로 하지 아니하면 대표권을 행사할 수 없다.

가. 공동대표이사의 선정과 등기

회사는 공동대표이사를 둔다는 정관상의 규정 유무를 불문하고 수인(數人)의 대표이사 중 공동대표이사를 선정할 수 있다. 이사회(정관으로 대표이사를 주주총회에서 정하는 것으로 하면 주주총회에서 선정 가능)의 결의로 먼저 수인의 대표이사를 선정하고, 이들을 공동대표이사로 정한다는 별도의 결의(실제로는 하나의 결의로서 대표이사 선정과 공동대표이사 선임을 동시에 할 수 있다)를 해야 한다(상법 389조 1항). 이와 반대로 공동대표이사를 각자대표이사로 전환하는 것도 이사회(정관으로 주주총회에서 정하는 경우로 하면 주주총회로 가능)의 결의로서 가능하다.

회사는 공동대표이사를 정하면 그 내용을 등기해야 하고(상법 317조 2항), 등기 후에는 선의의 제3자에게 대항할 수 있다. 즉, 등기 후에는 제3자의 악의가 의제된다(상법 37조 1항).

나. 대표이사의 선임 유형

대표이사 전원을 공동대표이사로 정할 수도 있고, 일부 대표이사는 단독대표

[표현대표이사] 회사가 책임을 부담하는 대표권한이 있는 것으로 인정될 만한 명칭, 즉 사장·부사장·전무·상무 기타 회사를 대표할 권한이 있는 것으로 인정될 만한 명칭(표현적 명칭)을 사용한 이사의 행위에 대하여는 그 이사가 회사를 대표할 권한이 없는 경우에도 회사는 선의의 제3자에 대하여 그 책임을 진다(상법 395조).

이사로, 다른 이사는 공동대표이사로 정할 수 있으며, 대표이사 전원을 공동대표이사로 정하되, 전원이 아닌 일정 수 이상의 대표이사가 대표권을 공동행사하도록 정할 수도 있다.

다. 능동대표와 수동대표 및 위임

회사가 대외적으로 제3자에게 하는 의사표시는 수인의 대표이사가 공동으로써만 할 수 있으며(능동대표라 한다), 다른 공동대표이사로부터 표시행위를 위임받은 공동대표이사는 자신의 의사와 위임인의 의사를 모두 표시해야 한다.

거래상대방은 공동대표이사를 채택하고 있는 회사에 대한 의사표시를 공동대표이사 중에서 1인에게만 하더라도 권한남용의 우려가 없어 그 효력이 인정된다(수동대표라 한다. 상법 389조 3항·208조 2항).

즉, 제3자가 회사에 하는 의사표시는 공동대표이사 중 1인에 대하여 이를 함으로써(수동대표) 그 효력이 발생한다(상법 208조 2항).

공동대표이사가 다른 공동대표이사에게 공동대표권을 일반적·포괄적으로 위임하는 것은 실질적으로 단독대표를 가능하게 하는 것이어서 허용되지 않는다(대법원 1989. 5. 23. 89다카3677). 그러나 공동대표권 행사의 개별적 위임, 즉 특정 거래 또는 일정한 종류의 거래에 대하여 공동대표권 행사를 위임할 수 있는지의 여부에 대해서는 학설이 나누어진다.

[사실상의 이사] 「사실상의 이사」 또는 「실질상의 이사」라고 하는 업무집행지시자 등은 ①회사에 대한 자신의 영향력을 이용하여 이사에게 업무집행을 지시한 자(상법 401조의2 1항 1호), ②이사의 이름으로 직접 업무를 집행한 자(상법 401조의2 1항 2호), ③이사가 아니면서 명예회장·회장·사장·부사장·전무·상무·이사 기타 회사의 업무를 집행할 권한이 있는 것으로 인정될 만한 명칭을 사용하여 회사의 업무를 집행한 자(상법 401조의2 1항 3호)를 말한다.
이들 사실상의 이사는 회사에 대한 책임(상법 399조)·제3자에 대한 책임(상법 401조)·주주의 대표소송(상법 403조)·다중대표소송(상법 406조의2)의 적용에 있어 이사로 본다.

라. 단독대표행위의 추인

수인(數人)의 공동대표이사 중 1인이 단독으로 회사를 대표하여 한 법률행위(단독대표행위)는 무효이지만 이를 나머지 공동대표이사가 추인할 수 있다. 추인의 의사표시는 상대방 또는 단독대표이사 행위자에게 할 수 있다(대법원 1992. 10. 27. 92다19033 ; 대법원1991.11.12. 91다19111).

추인의 의사표시는 회사가 장기간 단독대표행위에 대하여 이의를 제기하지 않거나 단독대표행위의 유효를 전제로 한 행위를 하는 등과 같이 묵시적으로도 할 수 있다.

특정한 거래나 일정한 종류의 거래에 관하여 대표권행사를 위임할 수 있는지에 대하여, 판례는 공동대표이사 상호간의 내부적 의사결정만 공동으로 하면, 외부적 의사표시는 개별적 위임이 가능하다는 학설을 따른다(대법원 1996. 10. 25. 95누14190).

[선의·악의] 법률상의 선의, 악의는 윤리적 개념과 다르다. 법률상의 선의란 어떤 사실을 모르는 것을 말하고, 악의란 알고 있는 것을 말한다.

Q 사외이사는 대표이사가 될 수 있는가?

A 상법상 사외이사는 해당 회사의 상무(常務)에 종사하지 아니하는 이사로서 법상의 결격사유에 해당하는 경우 그 직을 상실하는 것으로 규정하고 있고, 결격사유의 하나로 (해당)회사의 상무에 종사하는 이사 및 피용자 등은 사외이사 결격사유에 해당한다(상법 382조 3항, 542조의8 2항, 상법 시행령 34조). 이에 회사의 상무에 종사하지 않는 사외이사는 이사회를 통하여 대표이사나 업무담당이사, 즉 독립적으로 경영진을 감시·감독하는 역할을 수행하며, 회사와의 독립성을 유지하기 위해 상법은 그 자격을 엄격하게 제한되고 있다.

주식회사에서 업무집행기관, 즉 업무집행의 의사결정과 업무집행자가 되는 것은 이사회와 대표이사이며, 대표이사가 이사회의 결정사항인 회사의 상무를 직접 집행하고 대외적으로 회사를 대표하는 권한을 행사하는 것은 대표이사가 당연히 상무에 종사함을 전제로 한다.

이에 비해, 사외이사는 당해 회사의 상무에 종사하지 않는 이사이므로, 이사회에서 사외이사를 대표이사로 결의하여 회사의 상무를 집행할 경우에는 사외이사의 결격사유에 해당하여 곧바로 사외이사로서의 자격이 상실하게 된다(상법 382조 3항).

만약 사내이사가 사임 또는 사망 등에 의해 없는 회사의 이사회는 사외이사를 곧바로 대표이사로 선임하는 것은 가능하지 않는 것으로 해석해야 하며, 퇴임이사 규정을 적용하거나 일시이사 규정 등에 따라 법원에 일시대표이사의 선임을 청구해야 할 것이다(상법 386조, 389조).

[대법원 2003. 9. 26. 2002다64681] 주주총회의 선임결의를 거쳐 임명된 이사와 감사는 그 등기를 해야 하며, 이사와 감사의 법정권한은 이와 같이 주주총회에서 적법하게 선임된 이사와 감사만이 행사할 수 있을 뿐이고, 그러한 선임절차를 거치지 아니한 채, 다만 회사로부터 이사라는 직함을 형식적·명목적으로 부여받은 것에 불과한 자는 상법상 이사로서의 직무권한을 행사할 수 없다.

Q 사내이사 1인과 사외이사만으로 구성된 이사회의 유일한 사내이사인 대표이사가 사임했다. 다른 사외이사가 대표이사가 될 수 있는가?

A 대표이사는 회사의 상무를 집행하므로 사내이사임을 전제로 한다. 사내이사가 상무에 종사하는 반면, 사외이사는 당해 회사의 상무에 종사하지 않는 이사이므로(상법 382조 3항), 유일한 사내이사이자 대표이사가 사임한 경우, 그 퇴임한 대표이사는 규정에 따라 새로 선임된 대표이사가 취임할 때까지 대표이사로서의 권리의무를 가지게 된다(상법 386조 1항, 389조).

따라서 빠른 시일내에 주주총회를 개최하여 새로운 사내이사를 선임한 후 신임 대표이사로 선정해야 할 것이다.

만약 이사회에서 사외이사를 대표이사로 결의하여 회사의 상무를 집행할 경우에는 회사의 상무에 종사할 수 없다고 하는 사외이사의 결격사유에 해당하여 곧바로 사외이사로서의 자격이 상실하게 된다(상법 382조 3항).

참고로 상법상 자본금이 10억 미만인 주식회사가 아니라면, 이사는 3인 이상이어야 하고(상법 383조), 상장회사는 이사 총수의 4분의 1이 사외이사로, 자산규모 2조원 이상의 상장회사는 사외이사가 3인 이상 이사총수의 과반수가 되도록 해야 한다(상법 542조의8).

Q 현재의 대표이사(사장)에게 대표권을 갖지 않는 것으로 하고 싶다. 어떻게 하면 되는가?

A 정관으로 대표이사의 대표권 선임이 주주총회에 있는 것으로 정한 경우가 아

[대법원 1989. 5. 23. 89다카3677] 회사가 공동대표제도 두는 이유는 대외적으로 수인의 대표이사가 공동으로만 대표권을 행사할 수 있게 하여(능동대표라고 한다), 업무집행의 통일성을 확보하고, 대표권 행사의 신중을 기함과 아울러 대표권의 남용이나 오용을 사전에 방지하여 회사의 이익을 보호하기 위한 목적으로 한다.

니라면, 회사는 대표이사의 대표권에 관한 선정 또는 해임할 권한은 이사회가 가진다. 이러한 이사회는 대표이사가 가진 대표권을 갖지 않도록 해임할 수 있고, 대표권의 해임은 대표이사의 지위 중 대표권만을 박탈하는 것이고, 이사로서의 지위를 함께 해임하는 것이 아니다.

따라서 대표이사에서 대표권이 박탈당하면 대표로서의 지위만 잃을 뿐이지 이사는 해임되는 것은 아니므로 이사 자격은 계속 유지하게 된다.

즉 대표이사는 이사이고, 그 이사로서의 지위는 주주총회 특별결의로서 해임시킬 수 있으며(상법 385조), 대표이사 선임권(대표권 부여)을 이사회가 갖는 경우에, 이사회가 대표권만을 박탈하는 것으로 결의하여 대표권을 갖지 않는 이사로 할 수 있다.

Q 대표이사의 권한은 다른 이사에게 위임할 수 있는가?

A 대표이사가 아니면 회사의 대표권은 가지지 않기 때문에 다른 업무담당 이사가 대표이사와 동일한 권한을 행사할 수 없다. 그러나 대표이사는 그 권한을 포괄적으로 타인에게 위임하는 것은 허용되지 않지만, 개별적·구체적인 업무는 위임할 수 있다. 다른 이사가 그 담당 업무영역에 주어진 권한에 대해서는 대표이사가 할 수 있는 의사결정이나 업무의 범위 내에서 권한을 위임받을 수 있다.

대표이사는 이사나 이사 이외의 자에게 업무집행을 지시한다. 대표이사나 업무담당이사는, 담당업무의 집행에 대해서 회사의 사용인 등을 조력자로서 활용할 수 있으며, 사업에 대한 광범위한 행위를 맡길 수 있다.

그리고 대표이사는 대외적인 업무집행 시에 업무담당이사, 다른 이사 또는 사용인 기타의 제3자를 복대리인(대리인이 선임한 본인의 대리인)으로 할 수도 있고, 회사의 일정한 사업에 관한 포괄적 대리권을 줄 수 있다. 전문가인 변호사나 공인회계사에게 일정한 업무를 위임하기도 한다.

판례에 따르면 대표이사의 권한위임에 대해, 대표이사로부터 포괄적으로 권한 행사를 위임받은 사람이 주식회사 명의로 문서를 작성하는 행위는 원칙적으로 권한 없는 사람의 문서 작성행위로서 자격모용사문서작성 또는 위조에 해당하고, 대표이사로부터 개별적·구체적으로 주식회사 명의의 문서 작성에 관하여 위임 또는 승낙을 받은 경우에만 예외적으로 적법하게 주식회사 명의로 문서를 작성할 수 있다(대법원 2008. 11. 27. 2006도2016).

상법상 대표이사의 권한사항으로는 주권과 사채에 기명날인 또는 서명(상법 356조, 478조 2항) 이외에도 이사의 직무권한으로 규정하고 있는 사항 중에서, 정관·주주명부·사채원부·주주총회의 의사록의 비치(상법 396조), 주식청약서와 사채청약서의 작성(상법 420조, 474조 2항), 현물출자시 검사인선임의 청구(상법 422조 1항), 재무제표의 작성·제출·비치·광고(상법 447조, 447조의3, 448조) 등은 성질상 대표이사의 업무권한에 속한다.

Q 이사회가 대표이사에게 업무집행을 모두 위임할 수 있는지 아니면 위임할 수 없는 것도 있는지?

A 이사회는 많은 사항에 대해 이사회의 업무집행에 관한 의사결정의 권한을 대표이사에게 위임할 수 있다.

다만 대표이사에게 무엇이든 위임할 수 있는 것은 아니다. 기본적으로 중요한 사항에 대해서는 반드시 이사회에서 결정해야 하기 때문에 무제한으로 위임이

[업무집행이사] 법상 회사의 업무집행은 원칙적으로 대표이사가 해야 하지만, 이사회의 결의, 내부규정에 의한 위임 등으로 대표이사 이외의 대표권이 없는 각 이사에게 업무집행권한을 부여한 것으로 설명할 수 있다.

허용되는 것은 아니다.

회사의 대표권은 대표이사가 가지고 있으므로, 법상 주주총회나 이사회의 결정권한으로 되어 있지 않은 다른 많은 사항은 대표이사가 스스로 결정하고 집행할 수 있다.

상법은 이사회의 결의사항으로 개별 이사에게 맡길 수 없는 사항은 ①중요한 자산의 처분 및 양도, ②대규모 재산의 차입, ③지배인의 선임 또는 해임과 ④지점의 설치·이전 또는 폐지 등 회사의 업무집행이 있다(상법 393조 1항). 이는 대표이사가 마음대로 결정할 수 없는 것들이다. 이사는 대표이사로 하여금 다른 이사 또는 피용자의 업무에 관하여 이사회에 보고할 것을 요구할 수도 있다(상법 393조 3항).

우선 중요한 자산의 처분 등에 있어 구체적으로 무엇이 '중요'하고 '대규모'인지는 회사의 업종, 규모, 재산상태 등에 따라 다르므로 일률적으로 말할 수 없으며(대법원 2016. 7. 14. 2014다213684; 대법원 2011. 4. 28. 2009다47791;대법원 2005. 7. 28. 2005다3649), 통상은 이사회의 '부의사항 또는 부의기준'이라고 해서 위임전결 규정, 이사회 규정이나 정관 등에 이사회가 결정해야 할 액수나 규모 등에 대하여 일정한 기준을 미리 마련해 두기도 한다.

그래서 이사회의 승인을 받아야 하는 금액이나 규모 등에 대해서 이사회 규정(또는 이사회 규칙)으로 미리 일정한 기준을 정해 두는 것이 일반적이다.

실무적으로는 상법상 중요성 기준에는 특별한 정함을 두지 않아서, 상장회사의 경우에 중요한 영업양수도의 기준을 활용하기도 한다(영업양수도는 주주의 이해관계에 중요한 영향을 미치는 사항이므로 주주총회 특별결의와 반대주주에게 주식매수청구권을 부여하고 있다).

통상 영업양수도의 규모가 최근 사업연도말 자산액, 매출액, 부채액의 10%

[복대리.복대리인] 대리인이 자기의 명의로 선임한 타인이 직접 본인을 대리하고 법률행위를 행하는 것을 복대리라고 하고, 그 타인을 복대리인이라고 한다.

이상일 경우 중요한 영업양수도로 보고 있다(자본시장법 161조 1항, 동법 시행령 171조 2항).

다만, 이러한 중요성에 관한 양적기준은 상법과 자본시장법상 다른 제도이므로 어느 하나의 제도를 판단기준으로 활용할 수 없어 각각 개별적으로 판단할 수밖에 없다.

금융회사지배구조법을 적용받는 금융회사는 경영목표 및 평가에 관한 사항, 정관변경에 관한 사항, 예산 및 결산에 관한 사항, 해산·영업양도 및 합병 등 조직의 중요한 변경에 관한 사항, 내부통제기준 및 위험관리기준의 제정·개정 및 폐지에 관한 사항은 이사회 결의로 정한다(금융회사지배구조법 15조 1항).

이러한 사항들은 법에서 정한 특별히 중요한 사항이므로, 이사회를 통해 이사들이 서로 논의하여 결정해야 하며, 대표이사가 독단적으로 결정할 수 없다.

Q 대표이사가 자신을 위해 대표권을 남용한 경우에는 어떻게 되는가?

A 대표이사가 자신의 이익을 위한 금전차입 등을 해서 대표권을 남용한 경우에도, 그 행위가 객관적으로 보아 대표권의 범위 내에 있으면 원칙적으로 유효하다. 무효로 하면 거래의 상대방에게 손해를 줄 우려가 있기 때문이다.

다만, 회사는 거래 상대방에 대하여 거래의 효력을 부인할 수 있는 경우에 관하여 견해가 나누어져 있다. 상대방이 대표권의 남용을 알고 있었을 경우(악의) 또는 모르는 것에 관하여 부주의(과실)가 있는 경우, 상대방을 보호할 필요는 없기 때문에 그 대표 행위는 무효가 된다.

회사가 대표이사의 대표권 남용을 이유로 대표행위의 무효를 주장하려면 상

[지배인] 특정의 사업장에 있어서의 사업을 위해서 선임되어 회사에서 그 사업에 관한 일체의 재판상, 재판외의 행위를 할 권한이 주어진 사용인을 말한다.

대방인 제3자의 악의 또는 중과실의 증명책임(대표권 남용행위라는 사실, 상대방의 악의 또는 중과실)을 부담한다(대법원 1990. 3. 13. 89다카24360).

판례는 대표이사가 그 대표권의 범위 내에서 한 행위는 설사 대표이사가 회사의 영리목적과 관계없이 자기 또는 제3자의 이익을 도모할 목적으로 그 권한을 남용한 것이라 할지라도 일단 회사의 행위로서 유효하고, 다만 그 행위의 상대방이 대표이사의 진의를 알았거나 알 수 있었을 때에는 회사에 대하여 무효가 된다는 입장의 판시도 있다(대법원 2008. 5. 15. 2007다23807 ; 대법원 2005. 7. 28. 2005다3649 등).

뿐만 아니라 대표이사가 대표권의 범위 내에서 한 행위는 설사 대표이사가 회사의 영리목적과 관계없이 자기 또는 제3자의 이익을 도모할 목적으로 권한을 남용한 것이라도 일응 회사의 행위로서 유효하다. 그러나 행위의 상대방이 그와 같은 사정을 알았던 경우에는 그로 인하여 취득한 권리를 회사에 대하여 주장하는 것이 신의칙에 반하므로 회사는 상대방의 악의를 입증하여 행위의 효과를 부인할 수 있다(대법원 2016. 8. 24. 2016다222453).

Q 대표이사는 어느 정도까지 다른 이사나 직원에게 업무집행권한을 위임할 수 있는가?

A 대표이사는 다른 이사나 이사가 아닌 자에게 자신의 업무를 집행하게 할 수 있다. 업무집행은 대표이사의 권한으로 할 수 있는 회사의 관리업무라고 할 수 있고, 대표이사나 업무담당이사는 담당업무의 집행으로 회사의 사용인, 기타의 자를 보조자로 활용할 수 있으며, 특정한 분야뿐만 아니라 사업에 관한 광범위한 행위를 맡길 수 있는 있으나, 대표이사는 그 권한을 포괄적으로 타인에게 위임하는 것은 허용되지 않기때문에, 개별적·구체적으로 그 업무를 위임해야 한다(대법원 2008. 11. 27. 2006도2016).

원칙적으로 대표이사만이 회사를 대표할 권한을 가지기 때문에, 다른 업무담당 이사는 대표이사와 같은 권한을 가질 수 없지만 다른 이사에게 각각의 분담영역을 나누어 권한을 부여하는 경우에는, 그 분담영역 내에는 대표이사가 행할 수 있는 의사결정 및 업무범위가 있고, 그 범위 내의 권한은 위양할 수 있다.

또한 변호사나 회계사 등 전문가에게 일정한 업무를 위임할 수도 있으며, 주주총회나 이사회가 결정해야 할 사항으로 정해져 있는 사항 이외에는, 대표이사의 업무집행 권한을 일부 다른 이사나 직원에게 위임하는 것이 가능하다.

Q 이사회가 대표이사에게 위임할 수 있는 업무집행이란 무엇인가?
A 주식회사의 이사회는 법률로 특정되어 있는 '주주총회 또는 이사회의 결의사항'을 제외하고 이사회의 업무집행에 관한 의사결정 권한을 대표이사에게 위임할 수 있다. 주주총회나 이사회는 어디까지나 의사결정기관이기 때문에, 업무집행을 위임하는 것이 인정되는 범위는 상당히 넓다. 다만 이사회는 업무집행결정이나 이사의 직무집행 감독 등의 직무를 수행해야 한다.

상법상 '회사의 업무집행에 관한 결정은 이사회 결의'로 정하도록 규정하고 있는데, 그 업무집행의 예로 '중요한 자산의 처분 및 양도, 대규모 재산의 차입, 지배인의 선임 또는 해임과 지점의 설치·이전 또는 폐지 등"을 이사회가 결정하도록 하고 있다(상법 393조 1항).

여기서 말하는 회사의 '업무집행'이란 법상 개념에 대한 정의는 없지만 '회사의 업무에 대해 결정하고 집행하는 것'을 의미한다고 할 수 있다. 또한 회사의 영업에 관한 제반사항을 처리하는 것으로, 그것은 계약의 체결과 같은 법률행위뿐만 아니라, 장부의 기입·사용인의 지휘 등 사실행위를 포함하는 것으로 설명하기도 한다.

예를 들어 주주총회 소집결정은 이사회가 하고, 그 집행은 대표이사가 하게 되는데, 이사회가 회의의 목적사항을 정하고 회의의 일시·장소는 대표이사에게 위임하는 것은 허용된다는 보는 것이 일반적이다(이사회가 일자나 장소 등의 대강의 범위를 정하고, 구체적인 선정을 대표이사가 결정하도록 하는 것도 무방하다).

통상 회사는 대표이사의 업무집행을 위임전결 규정 또는 이사회 규정 등을 통해 위임하고, 또한 그 위임범위 내에서 다른 이사나 임직원에게 위양하며, 어느 정도까지 이사회가 결정하는 것이 타당한 것인가는 개별 회사의 사정에 따라 다르다. 일률적으로, 획일적으로 나눌 수 있는 것은 아니다.

Q 최대주주인 대표이사는 비협조적인 이사(감사)를 해임(해고)할 수 있는가?

A 실제로 최대주주인 대표이사가 회사의 실권을 쥐고 있기 때문에, 대표이사가 사이가 좋지 않거나 비협조적인 다른 이사나 감사의 해임(해고)을 사실상 결정하는 경우가 있다. 하지만 법적으로 이사(감사)직에서 즉각 해임하려면 절차적으로 주주총회에서 해임결의가 필요하다. 따라서 최대주주 또는 대주주라고 해도, 또한 대표이사라고 해서 마음대로 이사 또는 감사를 해임·해고할 수 있는 것이 아니다.

이사나 감사의 해임은 원칙적으로 이사회가 발의하여 주주총회에서 의안으로 상정하여 특별결의(출석한 주주의 의결권의 3분의2와 발행주식총수의 3분의 1의 찬성으로 가결)로서 해임결의를 할 수 있다. 감사의 경우는 상장회사와 달리 비상장회사의 감사해임은 3% 의결권제한 규정이 없다(상법 제409조 2항, 542조의12 4항·7항).

상장회사의 감사(감사위원)의 선임과 해임에 있어 감사 및 사외이사가 아닌 감

[대법원 1997. 6. 13. 96다48282] 법률 또는 정관 등의 규정에 의하여 주주총회 또는 이사회의 결의를 필요로 하는 것으로 되어 있지 아니한 업무 중 이사회가 일반적·구체적으로 대표이사에게 위임하지 않은 업무로서 일상 업무에 속하지 아니한 중요한 업무에 대하여는 이사회에 그 의사결정 권한이 있다.

사위원의 경우에는 주주 개인별(최대주주는 그 특수관계인 등과 합산)로 의결권 없는 주식을 제외하고 3%를 초과하는 의결권이 제한되지만, 사외이사인 감사위원은 주주 개인별(최대주주도 동일하게 개인별)로 3% 의결권이 제한된다(상법 542조의12 4항, 7항). 따라서 최대주주인 대표이사라고 해도 주주총회를 거치지 않고 이사나 감사를 독단적으로 해임할 수는 없다.

해임과 관련하여 회사는 언제든지 위임계약을 해지할 수 있으므로 언제든지 주주총회의 특별결의로 이사(감사)를 해임결의는 가능하고, 이사는 그 임기를 정하였으나 정당한 이유 없이 그 임기만료 전에 해임 당한 경우에, 회사에 대해 해임으로 인한 손해의 배상을 청구할 수 있다(상법 385조).

Q 법상으로 대표이사를 감독하는 것은 '다른 이사'인가? 아니면 '이사회'인가?

A 이사는 주주총회에서 선임되면 역할과 직위 등에 있어 업무담당이사, 사용인 겸직이사, 상근이사 또는 비상근이사(비등기이사와는 구분된다), 사내이사 또는 사외이사인지를 불문하고 이사로서의 법적지위를 가진다. 따라서 주주총회에서 선임되면 별도의 행위가 없어도 이사는 이사회의 구성원이 된다.

법상으로 이사는 자기의 담당업무 뿐만 아니라 회사 전체를 감독해야 할 의무가 있다. 이사는 이사회를 통하여 대표이사의 업무집행을 감독하거나 다른 이사를 감시해야 하는 의무를 부담하고, 주주를 위하여 주주이익이 이사회의 의사결정에서 반영되도록 하는 역할을 한다.

판례도 이사는 이사회를 통하여 대표이사의 업무집행을 감독하거나 다른 이사를 감시해야 하는 의무를 부담하는 것으로 판시하고 있다(대법원 2009. 12. 10. 2007다58285).

이사회가 가진 이러한 직무감독권은 이사회의 결정사항에 대하여 대표이사가 성실하게 업무집행을 하는지를 감시·감독하는 것이므로, 이사는 이사회의 결의를 통해 대표이사의 업무를 감독해야 한다.

따라서 대표이사가 법령 또는 정관 위반행위를 할 경우, 이사는 이사회 소집권자 등을 통해 이사회 개최를 요구해 그 결의를 통해 감독해야 한다.

현실적으로 이사가 사내에서 또는 대주주 등의 영향력 하에서 선임되는 까닭에 독립성이 부족해 대표이사에 대한 경영감독기능을 제대로 발휘하기 어렵다는 비판이 많다. 이에 따라 사외이사는 사내이사의 독립성을 보완하여 업무집행기관에 대한 감독기능을 강화하기 위한 제도로서 두고 있다고 할 수 있다.

Q 이사는 대표이사의 보고내용을 확인·점검하는 것만으로도 면책될 수 있는가?
A 이사는 이사회를 통하여 대표이사의 업무집행을 감독하거나 다른 이사를 감시하는 의무를 부담하게 되는데, 대표이사의 보고를 확인·점검하는 것은 하나의 면책사유로는 되지만, 반드시 면책되는 것은 아니다.

법상 이사는 대표이사로 하여금 다른 이사 또는 피용자의 업무에 관하여 이사회에 보고할 것을 요구할 수 있고, (대표)이사는 3월에 1회 이상 업무의 집행상황을 이사회에 보고하도록 하여(상법 393조 4항), 회사 업무에 대하여 정보접근이 가능하도록 하고 있다.

이사회가 이사의 직무집행을 감독하는데 있어서(상법 393조 2항), 미리 문제발생을 방지하기 위해서도 정기적으로 보고받고, 보고가 신뢰할 만한 것인지 충분히 검토해야 한다. 법에서 요구하는 것처럼 이사가 감독의무를 제대로 수행하고 있다면 부정이 일어날 가능성은 매우 낮아질 것이다. 그런데도 부정이 일어난 경우, 확실한 감시·감독시스템이나 내부통제시스템을 구축해 점검하였음에도 예기치 못한 사정으로 회사에 손실이 발생한 것이면 이사는 감독의무를 위반한 것은 아니므로 책임을 면할 수도 있는 여지가 있는 것이다.

Q 대표이사의 행위가 법령을 위반한 것으로 보이는데, 이사로는 회사를 위해 어떻게 대응해야 하는가?

A 회사에서 각각의 개별 이사도 대표이사의 직무집행을 감시할 의무를 부담하므로, 이사는 이사회를 통하여 대표이사의 업무집행을 감독하거나 다른 이사를 감시해야 한다(대법원 2009. 12. 10. 2007다58285).

이사회가 가진 직무감독권은 이사회가 결정한 업무집행사항에 따라 (대표)이사가 성실하게 업무집행을 하는지 감시·감독하는 것이며, 이사회의 구성원인 이사는 이사회의 결의를 통해 대표이사의 업무를 감독해야 한다. 따라서 이사로서 대표이사의 행위가 법령을 위반한 것으로 보일 경우, 실제로 그 감독권을 행사하려면 이사회를 개최해야 한다.

이사회에서 다루지 않았더라도, 대표이사의 행위가 위법하거나 부적정하게 행해지는 것을 알고 있거나, 이를 알려고 하면 알 수 있는 입장에 있는 이사는 이사회 소집을 요구하거나 감사와 협의하는 등 당연히 적절한 조치를 취할 의무를 부담한다.

이렇게 대표이사가 이사회의 감독에 어긋나게 업무집행을 할 경우 임무해태가 될 수 있고, 이는 손해배상책임(상법 399조)과 대표이사의 해임사유가 될 수 있다.

감사에게 인정되는 유지청구권(留止請求權_법령·정관의 위반행위에 대한 중지 또는 금지청구권)은 이사가 법령 또는 정관에 위반하는 행위를 하려고 하는 경우에 그것이 회사에 회복할 수 없는 손해를 가져올 염려가 있는 때 감사(또는 소수주주)가 스스로 회사를 위하여 이사에게 그 행위를 중지할 것을 청구하는 권리인데, 이사의 법령 또는 정관에 위반한 행위에 의한 회사의 손해방지를 그 목적으로 한다.

이사의 위법행위에 대한 유지청구권에는 위법행위유지청구권(상법 402조)과 신주발행유지청구권(상법 424조)이 있다.

Q 임원으로서 회사의 대표권이 있는 것으로 인정되는 명칭을 사용한다는 것은 무슨 의미인가?

A 일반적으로 회사 조직상으로는 대표이사는 회장, 사장, 부사장 등의 명칭을 직위로 사용한다. 회사와 거래하는 제3자 등은 회장·사장 등의 명칭을 가진 인물과 거래를 하는 경우에, 회장·사장으로 자칭(自稱)하고 있는 자는 회사를 대표하는 대표이사라고 신뢰하는 것이 통상적이라고 할 수 있다.

따라서 만약 회장·사장 등으로 자칭하는 인물과 협상하고 계약을 체결하였는데, 사실은 회장·사장 등을 자칭하고 있던 자는 대표이사가 아니고 단순한 비등기이사(예, 비등기이사인 영업본부장)였다는 것이 그 후 알게 되면 도대체 그 계약은 어떻게 되는가?

이러한 외관이 생긴 것에는 회사에 귀책사유가 있는 경우에 그 외관을 믿은 선의의 제3자를 보호하여 상거래의 신뢰와 안전을 보장한다.

이런 경우에 회장·사장으로 자칭한 자는 회사의 대표권이 없으므로 해당 계약을 무효로 한다면 대표권이 있는 것으로 신뢰하고 거래를 한 제3자의 이익이 현저하게 손상된다. 따라서 통상 대표이사에게 부여할 수 있는 명칭을 부여하면서 대표권을 갖지 않는 이사를 표현대표이사라고 하고, 이 자에게 대표 권한이 없는 것을 모르는 선의의 제3자와의 사이에 행한 행위에 대해서는 회사가 책임을 지도록 하고 있다.

다만, 제3자가 회사의 대표이사 아닌 이사와 거래를 함에 있어 회사를 대표할 권한이 없다는 것을 알지 못하였다 하더라도 중대한 과실로 알지 못한 경우에는 제3자를 보호할 필요가 없다는 것이 통설·판례의 입장이다(대법원 2003. 9. 26. 2002다65073).

이때 제3자의 '중대한 과실'은 표현대표이사의 이름으로 하는 행위에 대해 상대방이 조금만 주의를 기울였더라면 표현대표이사가 회사를 대표할 권한없이

행위하는 것을 알 수 있음에도 주의를 게을리하여 그 권한 없음을 알지 못함으로써 거래통념상 요구되는 선관주의의무를 현저히 위반하는 것을 말한다(대법원 2013. 2. 14. 2010다91985 ; 대법원 2011. 3. 10. 2010다100339).

Q 회사는 회장·사장 등의 명칭을 사용한 표현대표이사의 행위에 대하여 도대체 어떠한 경우에 책임(회사의 책임)을 지는가?

A 법상 표현대표이사의 행위는 제3자와의 관계에서 유효하다. 주식회사의 회장이나 사장, 부사장 등은 그 회사를 대표하는 권한을 가진 것으로 생각하기 쉽다. 새로운 거래처에서도 회사의 회장 또는 사장이라고 하면, 통상은 대표이사라고 생각할 것이다. 만약, 회사는 대표권을 부여하지 않고, 대표이사가 아니라고 해도 회장이나 사장이라는 명칭을 사용하도록 허락한 회사는 나름의 책임을 지도록 하고 있다. 이러한 자를 사실상의 이사 또는 실질상의 이사라고 하기도 한다.

회장, 사장, 부사장 등의 대표권이 있는 것으로 여길 만한 명칭을 사용한 이사(표현대표이사)의 행위는 회사가 실제로는 대표권을 부여하지 않아도, 아무것도 모르는 제3자와의 관계에서는 거래상, 유효한 것으로 간주한다. 이사회에서 대표이사로 선임되었지만 그 선임결의가 무효인 경우에도, 이사직을 퇴임한 자가 회사를 대표할 권한이 있는 것으로 보일 수 있는 명칭을 사용한 경우에도, 판례에 따르면 이사가 아닌 자가 '대표이사'라는 명칭을 사용한 경우에도 표현대표이사가 성립될 수 있다.

회사의 책임은 표현대표이사의 행위가 대표이사의 권한 내의 행위를 하였어야 하므로, 대표행위가 아닌 대내적인(내부적인) 집행업무 등은 포함하지 않기 때문에, 대표이사로서 할 수 없는 행위에 대하여는 회사가 책임을 지지 않는다. 또한 불법행위와 소송행위에도 적용되지 않는다.

이러한 (표현)대표이사로서 행한 거래행위는 선의의 제3자와의 관계에서는 유효하기 때문에(상법 395조), 표현대표이사 행위의 직접적인 상대방과 그 행위에 관련하여 표현적 명칭을 신뢰한 당사자는 모두 제3자에 포함되고, 이러한 제3자의 선의 여부는 회사가 증명한다(대법원 1971. 6. 29, 71다946).

이 경우 제3자의 선의는 표현대표이사가 대표권이 없음을 알지 못한 것을 말하는 것일 뿐 반드시 형식상 대표이사가 아니라는 것을 알지 못한 것에 한정하는 것은 아니다(대법원 1998. 3. 27. 97다34709).

회사가 책임을 지는 경우란, 우선 이사 등에게 회장, 사장, 부사장 등 주식회사를 대표하는 권한이 있을 것 같은 명칭이 부여되어 있어야 하기 때문에, 이사가 사장이나 부사장이라고 하는 명칭을 사용하는 것을 회사가 인정하고 있어야 한다(이사회나 대표이사가 명시적·묵시적으로 묵인하고 있는 경우를 포함한다). 이사가 회사의 허락없이 자기 마음대로 대표자일 것 같은 명칭을 사용하고 있는 경우에는 회사에 책임은 미치지 않을 것이다.

Q 최대주주인 대표이사의 아들이 등기된 이사가 아닌 사장(미등기임원)인 경우에, 등기되지도 않았는데도 그 행위에 대한 책임을 회사는 지게 되는가?

A 일반적으로 회사의 사장이라고 하면 '회사를 대표하는 권한이 있는 사람'이라고 이해하기 쉽다. 회사와 거래하는 상대방도 회사의 사장이라고 하면 통상적으로 그 회사의 대표이사라고 생각할 것이다.

그런데 대표권이 없는 최대주주의 아들인 사장은 회사의 내부에서 일정한 권한을 부여받고 그 범위 안에서 맡은바 업무를 수행하게 된다.

이러한 경우에 상법은 회사가 대표권을 부여하지 않고, 대표이사가 아닌데도 '사장'이라는 명칭을 이사 등에게 사용하게 한 회사가 그 행위에 대하여 책임을 지도록 하고 있다(회사의 책임).

즉, 주주총회에서 선임된 이사는 아니지만 회사가 대표이사 이외의 자에게 사장, 부사장, 기타 주식회사를 대표하는 권한이 있는 것처럼 명칭을 붙인 경우는, 그 자가 한 행위에 대해, 회사는 이를 모르는 선의의 제3자에 대해서는 책임을 진다.

실무에서도 등기된 이사는 아니지만 이사회나 대표이사가 비등기임원으로 그 직위 또는 직책을 사장, 부사장, 전무, 상무 등 직위를 부여하는 경우가 대부분이다.

참고로, 표현대표이사는 제3자가 그 외관을 부여한 회사에 책임을 묻는 것이지만, 표현이사는 외관부여와는 관련 없이 회사 또는 제3자가 그 명칭을 사용한 자(해당 개인)에게 책임을 묻는 것이다.

Q 대표권이 없는 전무(상무)가 외부의 거래처와 계약을 체결하고 거래를 하였다. 유효한가?

A 법상 '대표이사'에 관련된 규정은 애초에 대표권이 있음을 전제로 하고 있다. 하지만 통상적인 '이사'는 회사의 대표권이 없다. 따라서 통상의 이사에게는 표현대표이사에 관한 규정도 적용하기 어려울 수 있다. 그러나 회사 내부적으로는 이사라고 하더라도 대외적으로 특별한 표시를 하면 그 표시에 의해 회사에 책임이 발생할 가능성이 있다.

예를 들면, 직위나 직책을 바탕으로 대외적 거래를 한 경우, 즉 전무나 상무의 명칭을 붙였을 때에는 대표이사에 준하여 표현대표이사의 책임이 발생한다.

또한 표현이사는 이사가 아니지만 회장(명예회장)·사장·부사장·전무·상무 등 기타 업무를 집행할 권한이 있는 것으로 인정될 만한 명칭을 사용하여 회사의 업무를 집행한 자를 이사로 보는 것을 말한다. 또한 업무집행지시자 등(표현이사)은 그의 회사에 대한 책임(상법 399조)·제3자에 대한 책임(상법 401조) 및 주주의 대표소송

(상법 403조)과 관련하여 그 적용에 있어서 이사로 본다(상법 401조의2 1항).

판례는 이사가 아니면서 명예회장·회장·사장·부사장·전무·상무·이사 기타 업무를 집행할 권한이 있는 것으로 인정될 만한 명칭(본부장, 기획조정실장 등)을 사용하여 회사의 업무를 집행한 표현이사는(상법 401조의2 1항 3호. 사실상의 임원이라 하기도 한다), 명칭 자체가 영향력 행사의 근거가 되므로 회사에 대한 자신의 영향력을 이용하여 이사에게 업무집행을 지시한 자(상법 401조의2 1항 1호. 업무집행지시자라 한다) 및 이사의 이름으로 직접 업무를 집행한 자(상법 401조의2 1항 2호. 무권대행자라 한다)와 달리 영향력 행사라는 별도의 요건은 불필요하다고 본다(대법원 2009. 11. 26. 2009다39240).

그리고 표현이사는 표현대표이사와 달리 회사의 책임을 묻는 것이 아니므로(해당 개인에게 책임을 묻는다), 회사에 의한 외관부여나 상대방의 신뢰는 요건이 아니다. 따라서 책임의 청구권자는 회사나 제3자가 된다.

Q 회사가 공동대표이사를 채택함에 있어 반드시 정관에 공동대표이사 규정이 필요한지?

A 회사는 공동대표이사를 둔다는 정관 규정의 유무를 불문하고 수인의 대표이사 중 공동대표이사를 선정할 수 있다.

따라서 공동대표이사에 관한 정관의 규정이 없어도 대표이사를 이사회에서 선정하는 회사는 이사회 결의로 선정하여 등기하면 된다.

판례도 정관으로 수인의 대표이사가 공동으로 회사를 대표할 것을 특별히 정하지 않은 이상, 이사회가 공동대표이사제도를 폐지하는 결의를 함에 있어서 반드시 정관변경의 절차를 거쳐야 되는 것은 아니라고 판시하고 있다(대법원 1993. 1. 26. 92다11008).

Q 공동대표이사 중 1인에게 다른 공동대표이사가 공동대표권을 위임할 수 있는가?

A 판례에 따르면 일반적·포괄적인 대표권의 위임은 실질적으로 단독대표를 가능하게 하는 것이어서 공동대표의 취지에 반하므로 허용되지 않는다. 포괄적으로 대표권을 위임하면 실질적으로 단독대표가 가능하게 해 공동대표의 취지에 반하므로 허용될 수 없다(대법원 1989. 5. 23. 89다카3677). 그러나 공동대표권 행사의 개별적 위임, 즉 특정거래 또는 일정한 종류의 거래에 대하여 공동대표권 행사를 위임할 수 있는지의 여부에 대해서는 학설은 나누어진다.

외부적 의사표시는 공동대표이사 상호간의 내부적 의사결정만 공동으로 하면, 개별적 위임이 가능하다(대법원 1996. 10. 25. 95누14190)

제6절
사외이사

(1) 개요

이사회의 구성원인 이사는 '사내이사'와 '사외이사'로 그리고 '그 밖에 상무에 종사하지 아니하는 이사(기타비상무이사라고도 한다)'로 구분하고 있으며(상법 317조 1항 8호), '기타비상무이사'와 '사외이사'는 법상의 결격요건의 유무에 따른 구분이라고 할 수 있다.

사외이사는 사내이사와 달리 해당 회사의 상무(常務)에 종사하지 아니하는 이사로서 일정한 법적 결격사유에 해당하지 않아야 한다(상법 382조 3항, 542조의8). 따라서 상무에 종사하지 않으므로 대표이사는 될 수가 없다.

사외이사와 사내이사는 그 직무와 역할이 구분되기는 하지만 이사회 일원으로서 주주총회에서 선임되고 회사의 업무집행에 대한 의사결정 및 다른 이사의 업무집행에 대한 감독·감시 등에서는 동일한 권한과 책임을 가진다.

사외이사와 기타비상무이사는 회사의 상무에 종사하지 않는 것은 동일하나, 그 자격(결격사유)의 유무에 차이가 있다. 이러한 사외이사와 기타비상무이사도 주주총회에서 선임된다.

따라서 기타비상무이사를 사내이사 또는 사외이사로, 사외이사를 사내이사 또는 기타비상무이사로 이사 종류를 변경하여 선임한 후에, 등기하기 위해서는 원칙적으로 주주총회의 결의가 필요하다. 다만, 등기실무상 정관에 정함의 따라 주주총회에서 선임된 이사 중에서 이사회에서 이사 종류(사내이사와 기타비상무이사)를 정한 경우에도 등기는 가능하다. 상법상 사외이사가 될 수 없는 요건을 두고 있어, 임기 도중이라도 결격사유에 해당되는 경우에는 곧바로 사외이사로서의 자격을 상실하게 된다(상법 382조 3항, 542조의8 2항).

(2) 회사의 사외이사 수(數)와 구성요건

가. 사외이사의 원수(員數)

상법상 비상장회사의 사외이사의 수에 대하여 정하고 있지 않으나, 감사위원회를 둘 경우에는 반드시 사외이사의 수를 전체 감사위원의 3분의 2 이상으로 구성해야 한다(상법 415조의2 2항). 또한 주식회사의 기관인 대표이사는 반드시 사내이사만이 될 수 있으므로, 최소 1인의 사내이사가 필요하고, 따라서 이사회의 이사 전원을 사외이사로만 구성할 수는 없다.

사외이사에 대한 상장회사의 특례로서 최근 사업연도 말 현재의 자산총액이 2조원 미만인 상장회사는 일정한 경우를 제외하고(자산 1천억원 미만으로 코스닥시장 및 코넥스시장에 상장한 벤처기업, 회생절차 개시 또는 파산선고를 받은 상장회사, 부동산투자회사법상의 기업구조조정 부동산투자회사, 해산을 결의한 상장회사), 이사 총수의 4분의 1 이상을 사외이사로 선임해야 한다(상법 542조의8 1항, 상법 시행령 34조 1항).

최근 사업연도 말 자산총액이 2조원 이상인 상장회사(상법시행령 34조 2항)는 사외이사는 3인 이상, 이사 총수의 과반수를 사외이사로 선임해야 하고(상법 542조의8 1항, 상법 시행령 34조), 또한 특례 감사위원회(상법 542조의11, 542조의12)를 설치해야 하며, 감사위원은 총 위원의 3분의 2 이상을 사외이사로 구성해야 한다(상법 415조의2 2항)

나. 구성요건 미달과 보충

상장회사는 사외이사의 사임·사망 등 (회사가)사전에 예상할 수 없는 사유로 인하여 사외이사의 수가 이사회의 구성요건(사외이사가 이사총수의 4분의 1 또는 자산 2조원 이상인 상장회사는 사외이사 3인 이상이면서 이사 총수의 과반수)에 미달하게 되면 그 사유가 발생한 후 처음으로 소집되는 주주총회(임시총회나 정기주주총회를 불문한다)에서 요건에 합치되도록 사외이사를 선임해야 한다(상법 542조의8 3항).

즉 사업년도 중간에 임기만료되는 사외이사 등과 같이 미리 퇴임시기를 예상할 수 있는 퇴임사유는 선임유예의 대상이 아니다. 이러한 경우에는 사업년도 중간에 임기만료되어 그 수가 부족할 것이 예측되므로 임기를 조정하여 미리 선임하거나 임기만료 전에 임시주주총회를 소집해 선임해야 한다.

상장회사가 사업연도 중간에 사외이사의 사임으로 사외이사 구성비율에 미달하더라도 법률(3인) 또는 정관에서 정한 이사의 원수(員數)에 미달하지 않는 한 퇴임이사(임기의 만료나 사임으로 퇴임한 사외이사가 새로운 사외이사가 취임할 때까지 그 권리의무를 가진다)에 관한 규정(상법 386조 1항)이 적용되지 않는다.

(3) 사외이사 후보추천위원회와 임원후보추천위원회

자산총액이 2조원 이상인 상장회사는 사외이사후보추천위원회를 설치한 후 그 후보자를 추천해야 하고, 이 후보추천위원회는 사외이사가 전체 위원의 과반수가 되도록 구성해야 한다(상법 542조의8 4항). 따라서 자산 2조원 이상인 상장회

[이사의 종류와 구분] 이사는 상무(常務)에 종사하는지 여부 및 사외이사인지 여부에 따라 구분되며, 각각 구분하여 등기해야 한다(상법 317조 2항 8호).
 - 사내이사 : 사외이사가 아닌 이사로서 회사의 상무에 종사하는 이사
 - 사외이사 : 회사의 상무에 종사하지 아니하고, 상법 382조 3항 및 542조의8의 규정에 의해 주주총회에서 선임된 이사이며, 법상의 결격요건이 있다.
 - 기타 비상무이사 : 사외이사가 아닌 이사로서 회사의 상무에 종사하지 아니하는 이사

사의 사외이사는 후보추천위원회의 추천을 받아 선임해야 한다.

금융회사는 주주총회 또는 이사회에서 임원을 선임하려는 경우 임원후보추천위원회의 추천을 받은 사람 중에서 임원(사외이사, 대표이사, 대표집행임원, 감사위원에 한정)을 선임해야 한다(금융회사지배구조법 17조 1항). 동 위원회는 3인 이상의 위원으로 구성하며(금융회사지배구조법 17조 2항), 임원후보추천위원회의 위원은 본인을 임원 후보로 추천하는 동 위원회의 결의(의안)에서 의결권을 행사하지 못한다(금융회사지배구조법 17조 5항).

(4) 사외이사의 임기제한 등

상법 시행령과 금융회사지배구조법상 상장회사의 사외이사는 해당 상장회사(또는 금융회사)에서 6년을 초과하거나, 그 계열회사를 합산하여 9년을 초과하여 사외이사로 재직한 자는 상장회사(또는 금융회사)의 사외이사로 재직할 수 없다(상법 시행령 34조 5항 7호, 금융회사지배구조법 6조 7호).

따라서 상장회사가 사외이사를 임기만료 등에 따라 다시 재선임(연임)할 경우에는 반드시 임기제한 규정에 따른 결격사유의 해당여부를 확인하고 선임해야 한다.

이때 해당 상장회사(또는 금융회사)의 사외이사와 계열회사의 사외이사를 동일한 시기에 겸직한 기간은 중복하여 계산하지 않는다.

개정된 상법 시행령 따라 상장회사의 주주총회 소집공고에는 이사 후보자의 체납사실 여부, 부실기업 경영진 여부, 법령상 결격사유 유무를 기재해야 하는데(상법 시행령 31조), 주주총회 소집통지서에는 ①후보자 성명, 생년월일, 사외이사 후보자 여부, 최대주주와의 관계, 추천인, 체납사실 여부, 부실기업임원 재직여부, 법령상 결격사유(법령에서 정한 취업제한 사유 등 이사(사외이사 및 기타비상무이사 포함)와 감사의 결격사유 유무) 여부 및 ② 후보자의 주된 직업, 약력(세부경력), 해당법인과의 최근 3년간 거래내역을 함께 기재해야 한다(상법 542조의4, 상법 시행령 31조).

(5) 상장회사의 사외이사 선·해임 및 퇴임 신고

사외이사는 다른 이사와 마찬가지로 주주총회에서 보통결의로 선임(상법 382조 1항)하며, 상법상 이사 종류를 구분하여 등기해야 하므로(상법 317조 2항 8호), 주주총회에서 선임 의안 상정시 사내이사, 사외이사, 기타 비상무이사를 구분하여 선임한다(등기 실무상 정관으로 정하여 이사회에서 이사 종류를 구분할 수 있도록 한 경우에는 예외가 인정된다).

사외이사에게도 이사 해임에 관한 법리가 동일하게 적용되고, 회사는 언제든지 위임계약을 해지할 수 있으므로, 주주총회의 특별결의로 언제든지 이사를 해임할 수 있다(상법 385조 1항).

회사가 이사와의 임용계약상 임기 중에는 해임되지 않는다는 특약을 한 경우에도 민법상 위임계약은 각 당사자가 언제든지 해지할 수 있어(민법 689조 1항), 해임결의가 가능하다.

그러나 판례에 따르면 정관에서 이사의 해임사유와 절차를 따로 규정할 수 있고, 이 경우에는 이사의 중대한 의무위반 또는 정상적인 사무집행 불능 등의 특별한 사정이 없는 이상, 정관에서 정하지 아니한 사유로 이사를 해임할 수 없다(대법원 2013. 11. 28. 2011다41741).

사외이사는 임기 도중이라도 결격사유에 해당되면 곧바로 사외이사로서의 자격을 상실하게 되므로, 소집통지서에 결격사유가 있는 것으로 기재할 경우에는 이미 그 자격이 상실되는 것에 유의해야 한다.

상장회사는 사외이사를 선·해임하거나 임기만료 외의 사유로 퇴임한 경우에는 그 내용을 선임·해임 또는 퇴임한 날의 다음 날까지 금융위원회(금융감독원)와 거래소에 신고해야 한다(자본시장법 165조의17 3항).

(6) 주주총회의 소집시 이사의 구분

주주총회 소집통지의 내용으로 주주총회일, 총회장소(소집지), 회의의 목적사항을 통지하여야 한다.

총회의 목적사항은 총회에서 결의할 의안을 말하며, 주주는 총회에서 무엇을 결의할 것인지 알 수 있는 정도로 기재하면 된다(예, 이사 선임의건, 재무제표 승인의 건 등). 다만 집중투표를 하는 회사는 선임할 이사(감사)의 수를 기재해야 한다(상법 382조의2, 서울고법 2010.11.15.,2010라1065).

상장회사는 주주총회의 소집통지·공고에는 특칙이 있으며, 상장회사가 이사(사내이사)나 감사의 선임을 목적으로 주주총회의 소집통지·공고를 하는 경우에는 후보자의 성명, 약력, 추천인 등 후보자에 관한 사항, 사외이사 등의 활동내역과 보수에 관한 사항을 통지·공고해야 하고(상법 542조의4 2항, 3항), 실무는 이사 등기시 이사종류를 구분함에 따라 사내이사 후보 및 사외이사 후보와 기타비상무이사 후보를 구분· 기재하여 통지·공고한다.

그러나 비상장회사는 주주총회의 소집통지 단계에서 선임할 이사 후보를 반드시 사내이사·사외이사·기타비상무이사 등 3종류로 구분하여 통지할 의무는 없다는 하급심 판례도 있다(서울고등법법원 2010. 11. 15. 2010라1065).

[금융회사의 특례 사외이사 선임기준]
금융회사는 사외이사를 3인 이상 두어야 하며(금융회사지배구조법 12조 1항), 사외이사의 수는 이사 총수의 과반수가 되어야 한다. 다만, 자산 3천억원 이상의 상호저축은행, 금융투자업자, 보험회사, 종합금융회사 등의 금융회사는 이사 총수의 4분의 1 이상을 사외이사로 해야 한다(금융회사지배구조법 12조 2항).
금융회사는 사외이사의 사임·사망 등의 사유로 사외이사의 수가 금융회사지배구조법(동법 12조 1항 및 2항)에 따른 이사회의 구성요건에 미치지 못하게 된 경우에는 그 사유가 발생한 후 처음으로 소집되는 주주총회(보험업법 2조 7호에 따른 상호회사인 보험회사의 경우 사원총회를 포함)에서 그 요건을 충족하도록 해야 한다(금융회사지배구조법 12조 3항).

☑ [사외이사 결격사유]

[상법 제382조 제3항]

① 회사의 상무에 종사하는 이사·집행임원 및 피용자 또는 최근 2년 이내에 회사의 상무에 종사한 이사·감사·집행임원 및 피용자
② 최대주주가 자연인인 경우 본인과 그 배우자 및 직계 존속·비속
③ 최대주주가 법인인 경우 그 법인의 이사·감사·집행임원 및 피용자
④ 이사·감사·집행임원의 배우자 및 직계 존속·비속
⑤ 회사의 모회사 또는 자회사의 이사·감사·집행임원 및 피용자
⑥ 회사와 거래관계 등 중요한 이해관계에 있는 법인의 이사·감사·집행임원 및 피용자
⑦ 회사의 이사·집행임원 및 피용자가 이사·집행임원으로 있는 다른 회사의 이사·감사·집행임원 및 피용자

[상법 제542조의8 제2항_상장회사 특례]

⑧ 미성년자, 금치산자, 한정치산자 또는 파산선고를 받고 복권되지 아니한 자
⑨ 금고이상의 형을 선고받고 그 집행이 끝나거나 집행이 면제된 후 2년이 지나지 아니한 자
⑩ 상법 제542조의8 제2항 제4호의 법률을 위반하여 해임되거나 면직된 후 2년이 지나지 아니한 자
⑪ 상장회사의 주주로서 의결권 없는 주식을 제외한 발행주식총수를 기준으로 본인 및 그와 대통령령으로 정하는 특수한 관계에 있는 자(특수관계인)가 소유하는 주식의 수가 가장 많은 경우 그 본인(최대주주) 및 그의 특수관계인
⑫ 누구의 명의로 하든지 자기의 계산으로 의결권 없는 주식을 제외한 발행주식총수의 10% 이상의 주식을 소유하거나 이사·집행임원·감사의 선임과 해임 등 상장회사의 주요 경영사항에 대하여 사실상의 영향력을 행사하는 주주 (주요주주) 및 그의 배우자와 직계 존속·비속

[상법 시행령 제34조 제5항]

⑬ 그 밖에 사외이사로서의 직무를 충실하게 수행하기 곤란하거나 상장회사의 경영에 영향을 미칠 수 있는 자로서 대통령령으로 정하는 자

1. 해당 상장회사의 계열회사의 상무에 종사하는 이사·집행임원·감사 및 피용자이거나 최근 3년 이내에 계열회사의 상무에 종사하는 이사·집행 임원·감사 및 피용자였던 자

2. 다음 각 목의 법인 등의 이사·집행임원·감사 및 피용자[사목에 따른 법무 법인, 법무 법인(유한), 법무조합, 변호사 2명 이상이 사건의 수임·처리나 통일된 형태를 갖추고 수익을 분배하거나 비용을 분담하는 형태로 운영되는 법률사무소, 외국법자문법률사무소의 경우에는 해당 법무법인 등에 소속된 변호사, 외국법자문사]이거나 최근 2년 이내에 이사·집행임원·감사 및 피용자였던 자

가. 최근 3개 사업연도 중 해당 상장회사와의 거래실적의 합계액이 자산총액(최근 사업연도 말 현재의 대차대조표상의 자산총액) 또는 매출총액(최근 사업연도 말 현재의 손익계산서상의 매출총액. 이하 이 조에서 동일)의 10% 이상인 법인

나. 최근 사업연도 중에 해당 상장회사와 매출총액의 10% 이상의 금액에 상당하는 단일의 거래계약을 체결한 법인

다. 최근 사업연도 중에 해당 상장회사가 금전, 유가증권, 그 밖의 증권 또는 증서를 대여하거나 차입한 금액과 담보제공 등 채무보증을 한 금액의 합계액이 자본금(최근 사업연도 말 현재의 대차대조표상의 자본금)의 10% 이상인 법인

라. 해당 상장회사의 정기주총일 현재 그 회사가 자본금(해당 상장회사가 출자한 법인의 자본금)의 5% 이상을 출자한 법인

마. 해당 상장회사와 기술제휴계약을 체결하고 있는 법인

바. 해당 상장회사의 감사인으로 선임된 회계법인

사. 해당 상장회사와 주된 법률자문·경영자문 등의 자문계약을 체결하고 있는 법무법인, 법무법인(유한), 법무조합, 변호사 2명 이상이 사건의 수임·처리나 그 밖의 변호사 업무수행 시 통일된 형태를 갖추고 수익을 분배하거나 비용을 분담하는 형태로 운영되는 법률사무소, 외국법자문법률사무소, 회계법인, 세무법인, 그 밖에 자문용역을 제공하고 있는 법인

3. 해당 상장회사 외의 2개 이상의 다른 회사의 이사·집행임원·감사로 재임 중인 자
4. 해당 상장회사에 대한 회계감사 또는 세무대리를 하거나 그 상장회사와 법률자문·경영자문 등의 자문계약을 체결하고 있는 변호사(소속 외국법자문사를 포함), 공인회계사, 세무사, 그 밖에 자문용역을 제공하고 있는 자
5. 해당 상장회사의 발행주식총수의 1% 이상에 해당하는 주식을 보유(자본시장법 제133조 제3항에 따른 보유)하고 있는 자
6. 해당 상장회사와의 거래(약관의 규제에 관한 법률 제2조 제1호의 약관에 따라 이루어지는 해당 상장회사와의 정형화된 거래 제외) 잔액이 1억원 이상인 자
7. 해당 상장회사에서 6년을 초과하여 사외이사로 재직했거나 해당 상장회사 또는 그 계열회사에서 각각 재직한 기간을 더하면 9년을 초과하여 사외이사로 재직한 자

(7) 사외이사의 겸직

가. 겸직의 제한

상장회사의 사외이사는 해당 상장회사 외의 2개 이상의 다른 회사의 이사·집행임원·감사로 재임할 경우, 사외이사 결격요건에 해당하게 되어 그 자격을 상실한다. 즉, 당해 회사 외에 상법상의 회사로서 다른 1개 회사의 등기된 이사·집

행임원·감사만을 겸직할 수 있다(상법 시행령 34조 5항 3호).

이 경우 '2개 이상의 회사'는 상법상 상행위나 그 밖의 영리를 목적으로 하여 설립된 법인인 5종류의 회사로 합명회사, 합자회사, 유한책임회사, 주식회사, 유한회사를 말하고, 이들 회사에서 이사·집행임원·감사로서 등기된 경우만을 의미하는 것으로 해석한다(상법 169조, 170조).

따라서 회사가 아닌 법인, 즉 민법상의 재단법인, 사단법인 등에서 이사나 감사로 재직 중인 경우에는 겸직 회사의 수 계산에 포함하지 않는다. 예를 들어 상법이 아닌 공인회계사법 23조(설립), 24조(회계법인의 등록), 26조(이사 등), 27조(자본금등)에 따라 설립된 회계법인(설립근거 법률이 다른 세무법인, 법무법인 등 포함)에서 이사, 감사로 재임하는 경우에 그 설립법인이 상법상의 회사 종류라면, 겸직제한의 대상에 포함되는 것으로 보아야 한다.

이러한 겸직관련 회사를 상법상의 회사로 한정하는 것은 명확한 근거는 없으나 상법에 그 정의 규정이 없고, 명문으로 달리 해석할 근거도 없어 실무상 상법상의 회사로 한정하고 있다.

나. 임용계약 및 임기의 개시

(사외)이사의 지위는 주주총회에서 선임결의와 피선임자의 승낙만 있으면 취득한다. 승낙은 묵시적으로도 할 수 있으므로, 아무런 명시적인 의사표시가 없더라도 이사회에 출석하거나, 스스로 회사에 임용계약 체결을 요구한 경우, 이사 선임을 승낙한 것이 되어 별도의 임용계약 체결 여부와 상관없이 (사외)이사의 지위를 취득한다.

판례는 주주총회에서 이사나 감사를 선임할 때, 주주총회의 선임결의와 그 선임자의 동의만 있으면, 피선임자는 대표이사와 별도의 임용계약을 체결하였는지 여부와 관계없이 이사나 감사의 지위를 취득하는 것으로 본다(대법원 2017. 3. 23. 2016다251215).

Q 사외이사로서 이사회에 참석하고 업무집행 행위는 하지 않았다. 그래도 책임을 져야 하는 것이 있는가?

A 사외이사의 권리와 의무의 준수 및 책임의 유무는 이사의 행위 자체를 가지고 판단하므로 사외이사는 항상 적법하고 공정하게 회사의 이익을 추구하는 방향으로 스스로 판단하고 행동해야 한다.

사외이사는 직접적으로 업무집행에는 관여하지 않으므로 위법·부당한 주주총회의 결의 또는 이사회의 결의를 집행하였다는 이유로 책임을 추궁당하는 경우는 많지 않을 것이다.

회의체기관인 이사회는 그 결의로써 회사의 의사를 결정하고, 그 결의는 구성원인 사외이사가 해당 이사회에서 특정 의안에 대한 표결을 통해 형성하게 된다. 다만 법령·정관위반행위 또는 임무를 게을리 한 행위가 이사회결의에 의한 경우에는 그 결의에 찬성한 이사도 회사에 대하여 연대책임을 부담한다(상법 399조 2항).

따라서 이사가 주주총회 또는 이사회 결의에 따르더라도 그 결의의 내용이 위법·부당한 경우에 그 결의에 찬성한 사외이사나 그 업무집행에 관여한 이사는 책임을 면할 수 없다.

특히 이사의 업무집행행위가 배임과 같은 형사범죄를 구성할 수도 있으며, 이 경우 역시 주주총회의 결의나 이사회의 결의가 있었다고 해서 형사책임이 면제되는 것이 아니다(대법원1989.10.13, 89도1012).

따라서 그러나 사외이사는 이사회의 결의에 관해서는 책임을 져야 하기 때문에 이사회에서의 다수의견에 무조건 따르지 말고, 업무집행에 선행하는 결의와 상정되어 있는 안건이 위법·부당한 업무집행이 되지 않도록 적법성과 타당성을 독자적으로 판단하고, 이사회 결의에서 반대할 경우에, 그 내용을 반드시 의사록에 남겨야 한다.

Q 상장회사(A社)의 사외이사가 퇴임한 후 새로운 상장회사(B社)의 사외이사로 취임하기로 되어 있었으나, A社가 사외이사를 선임하지 못함에 따라 퇴임이사 규정이 적용되어, 해당 사외이사는 사외이사로서 권리와 의무를 유지하게 되면, 그 다른 상장회사(A社)의 사외이사는 2개사 겸직제한에서 회사로 계산해야 하는지?

A 상장회사의 사외이사는 해당 상장회사 외의 2개 이상의 다른 회사의 이사·집행임원·감사로 재임할 경우, 사외이사 결격요건에 해당하게 되어 그 자격을 상실하게 되고(상법 시행령 34조 5항 3호), 따라서 상장회사의 사외이사가 될 수 없다.

사외이사도 퇴임이사 규정이 적용되며, 이에 따라 퇴임한 사외이사는 새로 선임된 사외이사가 취임할 때까지 사외이사의 권리의무를 유지한다(상법 386조 1항). 따라서 다른 회사의 사외이사로서 지위가 여전히 인정되는 것이다. 그러므로 사외이사의 결격사유를 판단할 경우 해당 회사의 이사로서 인정된다.

만약 사외이사가 퇴임에도 불구하고 퇴임이사 규정에 따라 사외이사로 인정되어 재직하는 경우에 이에 관한 명문의 규정이나 해석은 없으나, 재임하는 회사로 계산해야 하고, 이로서 겸직제한의 회사 수에 초과하는 경우에는 사외이사 결격요건을 적용받아야 할 것이다(상법 542조의8 2항 7호 및 상법 시행령 34조 5항 3호).

그러므로 실무적으로 퇴임이사로 재직하게 되지 않도록 그 퇴임하고자 하는 회사에 대하여 법원에 일시 사외이사의 선임을 청구하는 등의 노력을 해 줄 것을 요청하여 사임처리가 될 수 있도록 해야 할 것이다.

제7절
집행임원

(1) 개요

상법상 주식회사는 업무집행기관으로 대표이사에 갈음하여 집행임원(대표집행임원)을 둘 수 있다(집행임원 설치회사). 이 집행임원제도는 집행임원이 이사회로부터 업무에 관한 의사결정권과 집행권을 위임받아 이를 결정·집행하고, 이사회는 집행임원의 이러한 결정 및 집행을 감독하게 된다.

상법상의 집행임원은 이사회에서 선임하고, 집행임원은 자격에 제한도 없고, 이사 중에서 선임할 수 있지만 이사가 아닌 자로 선임할 수 있다는 점에서 이사와 겸직이 가능하다.

또한 일정한 권한 내의 업무를 집행하는 회사의 독립된 업무집행기관이며, 이는 상법상 기관이라는 것과 선임시 모든 집행임원을 반드시 등기해야 하는 것과 직무권한과 책임도 이사와 동일한 점에서 과거에 집행임원으로 불리던 비등기임원(등기되지 않은 부사장, 전무, 상무 등)과 다르다.

상법상의 집행임원을 둔 회사는 대표집행임원을 두기 때문에 대표이사를 두지 못한다(상법 408조의2 1항).

회사와 상법상 집행임원의 관계는 민법상의 위임에 관한 규정을 준용하기 때문에(상법 408조의2 2항), 회사와 집행임원과의 관계는 회사와 이사와의 관계와 같이 위임관계이다.

실무적으로는 상법상의 집행임원을 두는 경우에 정관 개정이 필요한데, 회사 정관상 대표이사에 관한 규정을 두고 있으므로 이를 모두 대표집행임원에 관한 규정으로 개정해야 하기 때문이다.

> ☑ [비등기임원과 집행임원]
>
> 실무상 비등기임원을 집행임원으로 부르기도 하는데 이는 상법상의 집행임원 제도와 다르다.
>
> 판례는 사실상의 임원인 비등기임원은 주주총회에서 선임되지도 않았고, 또한 등기되지도 않기 때문에 위임계약에 의한 임원이 아니라 고용계약에 의한 근로자라고 보고 있다(대법원 2003. 9. 26, 2002다64681).
>
> 상법은 주주총회에서 선임되지 아니한 소위 비등기임원에 관하여는 임원으로 규정하지 않고, 주주총회에서 선임된 이사만을 임원으로 규정하면서, 비등기임원 중 일정 범위의 자에 대하여는 이들도 이사와 같은 책임을 지도록 하는데,
> ① 회사에 대한 자신의 영향력을 이용하여 이사에게 업무집행을 지시한 자
> ② 이사의 이름으로 직접 업무를 집행한 자
> ③ 이사가 아니면서 명예회장·회장·사장·부사장·전무·상무·이사 기타 업무를 집행할 권한이 있는 것으로 인정될 만한 명칭을 사용하여 회사의 업무를 집행한 자 등이 그 지시하거나 집행한 업무에 관하여 회사에 대한 책임(상법 399조)·3자에 대한 책임(상법 401조) 및 주주의 대표소송(상법 403조)의 적용에 있어서 이를 이사로 본다(상법 401조의2).

(2) 집행임원과 정관 반영

회사가 집행임원제도를 채택하기 위해서는, 이사회가 1인 또는 수인의 집행

임원을 선임하면 되고, 그 밖에 정관의 근거규정 또는 주주총회 결의로 집행임원제도를 채택해야 하는 것은 아니다. 그러나 실제로는 회사가 집행임원제도를 채택하려면, 대표집행임원을 두어야 하므로 회사 정관상 대표이사(대표이사의 선임, 임기, 의장, 이사회와 관계 등)에 관한 규정은 사전에 이를 개정해야 하고, 이러한 정관변경은 주주총회 특별결의가 필요하다.

따라서 상법상의 집행임원제도를 채택한 회사는 대표이사를 두지 못하므로, 정관의 대표이사에 관한 규정을 삭제하고 대표집행임원에 대한 규정을 두어야 한다.

(3) 집행임원의 겸직

집행임원이 업무집행기관으로 대표이사에 갈음하여 업무집행을 하는 점에서 '상무에 종사하지 아니하는 이사'인 사외이사는 그 개념상 집행임원을 겸직할 수 없다(상법 382조 3항, 542조의8).

반면, 사내이사의 집행임원 겸직에 대하여, 집행임원은 업무집행기능을 담당하고 이사는 업무감독기능을 담당하는 점 때문에 견해의 대립이 있으나, 상법상 이를 금지하는 명문의 규정이 없어 허용되는 것으로 해석한다.

따라서 집행임원을 채택한 회사는 사내이사로 등기된 자를 이사회에서 집행임원으로 선임하여, 사내이사 겸 집행임원으로 등기할 수도 있다.

(4) 집행임원의 수

상법상 이사는 원칙적으로 3인 이상이어야 한다(상법 383조 1항). 그러나 상법은 집행임원의 수에 대하여 아무런 규정을 두지 않으므로 1인의 집행임원을 두는 것도 가능하다.

(5) 집행임원의 임기와 임기연장

집행임원의 임기는 정관에 다른 규정이 없으면 2년을 초과하지 못하므로(상법 408조의3 1항), '정관에 다른 규정이 없으면'이라는 법규정의 문구상, 집행임원의 임기는 이사의 임기와 달리 정관으로 정하면 2년을 내에서도 정할 수 있고(예, 1년), 2년을 초과하여 3년 등으로도 할 수 있다.

정관에 집행임원의 임기를 확정적으로 규정하면(2년으로 한다 또는 1년으로 한다)에는 이사회에서 집행임원을 선임할 때 임기를 따로 정할 필요가 없다(확정임기형). 그러나 정관에 집행임원의 임기를 '1년 또는 2년으로 한다'와 같이 규정한 경우에 이사회는 집행임원을 선임할 때 매번 임기도 함께 정해야 한다.

집행임원의 임기는 정관에 그 임기 중의 최종의 결산기에 관한 정기주주총회가 종결한 후 가장 먼저 소집하는 이사회의 종결시까지로 정할 수 있다(상법 408조의3 2항).

(6) 집행임원의 선임과 등기

집행임원은 이사회가 선임·해임하고(상법 408조의2 3항), 그 선임방법에 관하여 상법상 아무런 규정이 없지만, 이사회 결의의 일반적인 결의요건인 이사 과반수의 출석(의사정족수)과 출석이사의 과반수(의결정족수)로 한다. 그러나 정관으로 그 비율을 높게 정할 수 있다(상법 391조 1항).

정관에 '그 임기 중의 최종 결산기에 관한 정기주주총회가 종결한 후 가장 먼저 소집하는 이사회의 종결 시까지로 정할 수 있다(상법 제408조의3 제2항)'에 따른 임기연장 규정내용을 반영하게 되면, 예를 들어 12월결산 회사인 경우 집행임원의 임기가 1월 25일 종료되어도 정기주주총회가 종결한 후 처음으로 소집하는 이사회일이 3월 20일이면 그 때까지 임기가 연장된다. 이사와 달리 집행임원은 선임권자가 이사회이므로 정기주주총회 이후 개최되는 '이사회의 종결시까지'로 규정하고 있다.

위임인은 언제든지 위임계약을 해지할 수 있으므로 이사회는 정당한 이유 없이도 집행임원을 해임할 수 있다. 집행임원 및 대표집행임원은 이사·감사와 같이 등기사항이며, 2인 이상의 대표집행임원이 공동으로 회사를 대표할 것을 정한 경우에는 공동집행임원도 등기사항이다(상법 317조 2항).

(7) 대표집행임원

집행임원은 주주총회 또는 이사회가 결정한 사항을 집행하고, 정관 또는 이사회 결의에 의해 위임된 업무집행에 관하여 의사결정권한을 갖는데(상법 408조의4), 집행임원의 선임·해임권은 회사의 중요한 결정사항이므로 이사회가 대표집행임원에게 이를 위임할 수 없다.

대표집행임원의 자격은 집행임원이면 되고, 그 밖의 특별한 자격의 제한은 없다. 2인 이상의 집행임원 선임시에 대표집행임원의 선임, 대표집행임원은 대표이사에 관한 규정과 표현대표이사에 관한 규정을 준용하고 있다(상법 408조의5).

(8) 집행임원의 보수결정

상법상 이사의 보수는 정관에 그 액을 정하지 아니한 때에는 주주총회 결의로 이를 정하는데(상법 388조), 집행임원의 보수도 정관의 규정이나 주주총회의 승인에 의하여 정하는 것을 원칙으로 하지만 (정관의 규정이 없거나 주주총회의 승인이 없는 경우)이사회는 집행임원의 선임·감독기관으로서 집행임원의 보수결정권을 가진다(상법 408조의2 3항 6호).

만약 이사회가 집행임원 전원에 대한 보수총액 또는 한도액을 정하고, 이를 대표집행임원이 각 집행임원에게 배분하도록 위임하는 것은 상법(408조의2 3항 6호) 위반으로 무효라고 할 수 있다.

(9) 집행임원의 의무

가. 선관주의의무와 충실의무

회사와 집행임원과의 법률관계는 회사와 이사와의 마찬가지로 위임관계이므로, 집행임원은 회사에 대하여 선관주의의무(민법 681조) 뿐만 아니라 회사에 대하여 충실의무도 부담한다(상법 408조의9, 382조의3).

나. 이사회에 대한 보고의무

집행임원은 이사회로부터 업무집행에 관하여 감독을 받고(상법 408조의2 3항 2호), 집행임원은 3개월에 1회 이상 업무의 집행상황을 이사회에 보고해야 하며(상법 408조의6 1항), 이러한 정기적인 보고 외에도 이사회의 요구가 있는 때에는 언제든지 이사회에 출석하여 요구한 사항을 보고해야 한다(상법 408조의6 2항). 이사는 대표집행임원으로 하여금 다른 집행임원 또는 피용자의 업무에 관하여 이사회에 보고할 것을 요구할 수 있다(상법 408조의6 3항, 이사와 달리 감사는 이러한 보고 요구권이 없다).

집행임원이 이사를 겸직하지 않는 경우에, 집행임원은 이사회의 구성원이 아니므로 이사회 출석할 권한이 없으나, 업무 집행상황의 보고 등을 위하여 이사회로부터 승낙을 받으면 출석하여 발언을 할 수 있다.

다. 감사·감사위원회에 대한 보고의무

감사·감사위원회에 대한 이사의 보고의무(상법 412조의2)는 집행임원에게 준용되므로(상법 408조의9), 집행임원은 감사·감사위원회에 대해 보고의무를 부담한다.

(10) 준용규정에 의한 의무

집행임원은 회사의 업무집행을 한다는 점에서 상법상 이사에 관한 규정이 준용한다. 집행임원은 비밀유지의무(상법 382조의4), 정관 등의 비치·공시의무(상법 396조), 경업금지의무(상법 397조), 회사의 사업기회유용금지(상법 397조의2), 자기거래금지의무(상법 398조) 등도 부담한다(상법 408조의9).

또한 업무집행지시자 등의 책임(상법 401조의2), 이사의 위법행위 유지청구권(상법 402조), 주주의 대표소송(상법 403조), 대표소송과 소송 참가·소송고지(상법 404조), 제소주주의 권리의무(상법 405조), 대표소송과 재심의 소(상법 406조), 다중대표소송(상법 406조의2), 직무집행정지·직무대행자 선임(상법 407조), 직무대행자의 권한(상법 408조), 감사의 직무와 보고요구·조사의 권한(상법 412조), 이사의 보고의무(상법 412조의2)의 규정도 준용한다(상법 408조의9).

(11) 집행임원의 이사회 소집청구

집행임원은 필요하면 회의의 목적사항과 소집이유를 적은 서면을 이사(소집권자가 있는 경우에는 그 소집권자)에게 제출하여 이사회 소집을 청구할 수 있다(상법 408조의7 1항). 집행임원이 '필요하면'이란 집행임원이 자기의 업무집행을 위하여 필요한 경우이며, 집행임원이 업무를 집행하는데 이사회의 승인이 필요한 경우에는(회사와의 거래를 위한 이사회 승인 등. 상법 398조·408조의9), 그러한 업무집행을 위하여 이사회 소집을 청구할 수 있다.

(12) 집행임원의 책임

가. 회사에 대한 손해배상책임

집행임원이 고의 또는 과실로 법령 또는 정관에 위반한 행위를 하거나 그 임무를 게을리한 경우에는 그 집행임원은 집행임원설치회사에 대하여 손해를 배상할 책임이 있다(상법 408조의8 1항). 상법 법문상 '그 집행임원… 손해를 배상할 책임'이라고 규정하고 있어, 모든 집행임원이 아니라 고의 또는 과실로 법령 또는 정관에 위반한 행위를 하거나 그 임무를 게을리한 집행임원만이 연대하여 손해를 배상할 책임이 있다고 해석한다.

나. 제3자에 대한 손해배상책임

집행임원이 고의 또는 중대한 과실로 그 임무를 게을리한 때에는 그 집행임원은 제3자에 대하여 손해를 배상할 책임이 있다(상법 408조의8 2항).

다. 다른 임원과의 연대책임

집행임원이 회사 또는 제3자에 대하여 손해를 배상할 책임이 있는 경우에 다른 집행임원·이사 또는 감사도 그 책임이 있는 때에는 다른 집행임원·이사 또는 감사와 연대하여 배상할 책임이 있다(상법 408조의8 3항).

만일 회사에 수인의 집행임원이 집행임원회를 두고 그 회의에서 결정한 행위로 인해 제3자에게 책임을 지는 경우에는 집행임원회 결정에 찬성한 집행임원도 연대책임을 진다(상법 408조의8 3항).

(13) 집행임원의 책임 감면·제한

가. 주주 전원의 동의에 의한 집행임원의 책임 면제

이사의 책임감면에 관한 규정은 집행임원에게 준용됨에 따라(상법 400조, 408조의9), 집행임원의 회사에 대한 손해배상책임은 주주전원의 동의에 의하여 면제될 수 있다(상법 400조 1항). 이사의 책임감면과 마찬가지로 이때 주주 전원의 동의는 묵시적 의사표시의 방법으로도 할 수 있고, 반드시 명시적, 적극적으로 이루어질 필요는 없으며(대법원 2002. 6. 14. 2002다11441), 주주총회 등의 결의를 거치지 않고 주주들이 개별적으로 동의하였더라도 주주 전원이 동의하면 된다. 정관에 최근 1년간의 보수액의 6배(사외이사 3배) 초과하는 금액에 대한 책임제한의 예외사유(상법 400조 2항)가 있는 경우에도 주주 전원이 동의하면 책임이 면제(감경)된다.

다만, 상장회사의 경우에 현실적으로 주주 전원의 동의를 받는 것은 불가능하다.

나. 집행임원의 책임 제한

회사는 정관에서 정하는 바에 따라 집행임원의 회사에 대한 손해배상책임을, 집행임원이 불법행위를 한 날 이전 최근 1년간의 보수액(상여금 및 주식매수선택권의 행사로 인한 이익 등을 포함)의 6배를 초과하는 금액에 대하여 면제(감경)할 수 있다(상법 400조 2항). 집행임원은 대표이사에 갈음하여 대표집행임원이 될 수 있고 또한 회사를 대표하여 업무를 집행하는 기관이므로 사내이사의 책임제한기준을 적용해야 할 것이다.

집행임원이 고의 또는 중대한 과실로 손해를 발생시킨 경우 및 경업금지(상법 397조), 회사의 기회 및 자산의 유용금지(상법 397조의2), 집행임원과 회사 간의 거래(상법 398조)의 경우에는 책임제한규정이 적용되지 않는다(상법 400조 2항).

집행임원에게도 당연히 경영판단원칙이 적용되지만, 정기총회에서 재무제표의 승인을 한 후 2년 내에 다른 결의가 없으면 회사는 이사와 감사의 책임을 해제하는 규정은 준용하지 않는다(상법 450조).

(13) 기타 준용규정

집행임원은 업무집행을 한다는 점에서 상법상 이사에 관한 규정이 준용한다. 집행임원은 이사의 위법행위 유지청구권(상법 402조), 주주의 대표소송, 대표소송과 소송참가·소송고지, 제소주주의 권리의무, 대표소송과 재심의 소, 직무집행정지·직무대행자 선임, 직무대행자의 권한에 대한 규정을 준용한다(상법 403조~408조, 408조의9).

Q 회사가 상법상의 집행임원제도를 채택하려면 어떠한 절차를 거쳐야 하는지?

A 상법상의 집행임원제도는 회사가 도입 여부를 결정해야 하는데(상법 408조의2 1항), 먼저 회사는 집행임원을 두기 위해 정관에 규정해 둘 수도 있고, 주주총회의 결의나 이사회의 결의로 둘 수 있다.

다만 집행임원을 둔 회사의 경우 대표이사를 둘 수 없기 때문에 실무적으로 정관에 대표이사에 관한 규정(대표이사의 선임, 임기, 의장, 이사회와 관계 등)을 두고 있는 회사는 회사 정관을 정비해야 한다(상법 408조의2 1항). 정관변경 시 '대표이사'에 대한 규정을 '대표집행임원' 관련 규정으로 개정하는 것이 가능하며, 이러한 정관변경은 주주총회 특별결의가 필요하다.

회사가 상법상의 집행임원을 두려면, 이사회 결의로 1인 또는 수인의 집행임원을 선임할 수 있으며(상법 408조의2 3항 1호), 2명 이상의 집행임원을 선임한 경우에는 이사회 결의로 회사를 대표할 대표집행임원을 선임해야 하고, 만약 회사가 1인의 집행임원을 두면 그자가 대표집행임원이 된다(상법 408조의5).

따라서 회사가 상법상이 집행임원을 두려는 경우에 ①정관 정비를 통해 대표이사 관련 규정을 대표집행임원 관련 규정으로 개정하고, ②그 후 이사회 결의로 대표집행임원 및 집행임원 선임한 후, ③이사회 결의 이후 집행임원에 대한 등기절차를 진행하면 된다.

Q 상법상의 집행임원제도를 채택한 회사에서 집행임원 사임시 퇴임이사 규정을 적용할 수 있는지?

A 이사가 임기의 만료나 사임에 의하여 퇴임함으로 말미암아 법률 또는 정관에 정한 원수를 채우지 못하게 되는 경우, 그 퇴임한 이사는 새로 선임된 이사(후임이사)가 취임할 때까지 이사로서의 권리의무가 있다는 규정(상법 386조 1항)은 집행임원에는 준용되지 않는다.

제8절
비등기임원

(1) 개요

등기임원은 주주총회 결의로 선임된 이사를 말하는데, 회사는 주주총회에서 선임하지는 않았지만 전무, 상무, 상무보, 이사보 등의 명칭을 사용하는 비등기임원을 두고 있다. 이러한 이사는 그 명칭에 관계없이 법률상의 이사가 아니며, 또한 이사회 구성원도 아니므로 이사회 참석할 경우 의결권을 행사 할 수 없으나 의장의 지시에 따라 해당업무에 대한 설명 등의 발언은 할 수 있다.

과거 상법상의 집행임원제도가 도입되기 전에는 비등기임원을 집행임원으로 부르기도 하였는데, 판례는 주주총회에서 선임되지도 않았고, 또한 등기되지도 않기 때문에 위임계약에 의한 임원이 아니라 고용계약에 의한 근로자라고 판시하였다(대법원 2003. 9. 26. 2002다64681).

그런데 사장·전무·상무·이사 기타 회사의 업무를 집행할 권한이 있는 것과 같은 직위를 가지고 대외적인 업무를 할 경우에는 그 책임을 져야 한다. 그리고 임기는 임의로 결정되기도 하지만 고용계약에 의한 '근로자'이기 때문에, 해임할 경우에 부당해고에 관한 노동관련 법률을 규율받게 된다.

(2) 선임절차

회사는 등기임원 이외에 주주총회에서 선임하지 않은 비등기이사(등기되지 않은 이사)를 더 많이 두기도 하는데, 이사회의 결의나 대표이사가 선출(선임)하는 것이 통상이다. 이들은 선임이 되어도 등기부에 등재되는 것은 아니지만, 흔히 직위를 나타내는 사장·부사장·전무·상무·상무보·이사 등의 명칭을 사용한다.

(3) 비등기임원의 법적지위

등기된 임원은 회사와는 근로관계가 아닌 위임관계에 갖게 된다. 일반적으로 등기된 임원은 근로자가 아니어서 해임하여도 부당해고의 문제가 발생하지 않고 노동관련 법률의 규율도 받지 않지만, 비등기임원은 해고 등의 경우 고용계약에 의한 '근로자'이기 때문에 노동관련 규제를 받게 된다.

판례에 따르면, 명칭만 임원(이사등)이고 실질적으로 대표이사의 지휘감독을 받는 근로자로 볼 수 있다면 법적으로 근로자의 지위가 인정된다(대법원 2003. 9. 26. 2002다64681).

(4) 비등기임원의 책임

상법상 업무집행관여자의 책임(상법 401조의2 1항)은 주식회사의 법률상 이사가 아니면서 사실상 회사경영에 결정적인 권한과 영향력을 행사하는 자도 이사와 동일한 책임을 지도록 하기 위한 것으로 법률상 이사의 책임과 비교하여 실질상 이사의 책임 또는 배후이사의 책임이라고도 한다.

이사가 아니면서 명예회장·회장·사장·부사장·전무·상무·이사 기타 업무를 집행할 권한이 있는 것으로 인정될 만한 명칭(사실상의 이사)을 사용하여 회사의 업무를 집행한 자(상법 401조의2 1항 3호)가 그 지시하거나 집행한 업무에 관하여는 등기된 법적 이사와 동일한 책임을 진다.

즉, 이들 비등기이사(표현이사, 업무집행지시자 등)의 행위는, 회사에 대한 책임(상법 399조)·제3자에 대한 책임(상법 401조)·주주의 대표소송(상법 403조)과 관련해서는 이사로 본다(상법 401조의2).

따라서 회사에 대한 책임에 관하여, 고의나 과실로 법령 또는 정관에 위반한 행위를 하거나 그 임무를 게을리한 경우에는 그 (비등기)이사는 회사에 대하여 연대하여 손해를 배상할 책임(상법 399조 1항)과 제3자에 대한 책임과 관련하여 고의 또는 중대한 과실로 그 임무를 게을리한 때에는 제3자에 대하여 연대하여 손해를 배상할 책임(상법 401조 1항)을 부담하게 된다.

이러한 비등기임원(사실상의 임원)의 책임은 회사의 책임을 인정하기 위한 것이 아니라 비등기임원의 개인 책임(회사나 제3자에 대한 손해배상)을 추궁하기 위한 것이므로 회사의 직위명 사용에 대한 허락 유무나 상대방의 명칭신뢰 여부는 문제가 되지 않으며, 계열회사에 대한 담보제공이나 지배주주와의 불공정거래 등이 이에 해당한다.

(5) 비등기임원의 책임 감면

상법상 업무집행관여자의 책임에 관한 규정(401조의2 1항)은 회사에 대한 책임(상법 399조)·제3자에 대한 책임(상법 401조)·주주의 대표소송(상법 403조)은 준용하지만, 이사의 회사에 대한 책임의 감면(상법 400조)는 준용하지 않는다. 따라서 업무집행관여자의 책임면제와 관련한 명문의 규정은 두고 있지 않아 총주주의 동의가 있더라도 책임을 면제할 수 없다고 본다.

Q 등기이사와 비등기이사의 차이점 등은 무엇인가?

A 상법상 이사(감사)는 주주총회의 선임결의를 거쳐 등기되는 등기이사나 감사만을 지칭하지만, 실무상 임원의 호칭은 등기이사 뿐만 아니라 비등기임원(부사장·전무·상무·상무보·이사대우 등)도 포함하는 경우가 많다.

이러한 비등기이사는 이사회 결의 또는 대표이사 등에 의해 선임되며, 실무상의 호칭을 '상무, 이사, 전무'등으로 부르기도 하지만, 이들은 주주총회에서 선임되지 않아 상법상의 이사가 아니다.

따라서 회사로부터 이사라는 직함을 형식적·명목적으로 부여받은 것에 불과해 상법상 이사로서의 직무권한을 행사할 수 없다(대법원 2003. 9. 26. 2002다64681).

과거 상법상의 집행임원제도가 도입되기 전에는 비등기임원을 집행임원으로 부르기도 하였지만, 주주총회에서 선임되지도 않았고, 또한 등기되지도 않기 때문에 위임계약에 의한 임원이 아니라 고용계약에 의한 근로자라는 것이 판례의 입장이다(대법원 2003. 9. 26. 2002다64681).

즉, 등기이사 및 감사는 주주총회에서 선임되어, 이사 또는 감사로서 등기된 자이지만, 실제로 등기여부는 중요치 않을 수도 있다. 선임의 효력은 주주총회에서 결의하고 의장이 확인하여 결의요건을 충족하였음을 선포한 순간부터 발생한 것이다. 이렇게 주주총회에서 선임된 이사 및 감사를 등기하지 않을 경우, 과태료 대상이 된다.

등기이사 등의 임원은 자본금 10억미만의 주식회사(소규모회사)가 아니라면 (등기)이사 3인 이상 및 감사는 1인 이상 두어야 하지만, 소규모회사는 정관으로 그 수를 늘려서 규정한 다음 그 수만큼 선임할 수 있다.

등기이사는 이사회의 구성원으로서 회사의 중요한 경영사항을 결정하는 이사회에서 의결권(투표권)과 발언권을 행사할 수 있지만, 비등기임원은 이사회 구성원이 아니므로 의결권을 행사할 수 없고, 다만 이사회 의장의 요청이나 허용

등에 의해 발언할 수 있다.

또한 등기이사는 주주총회에서 해임되지만 비등기임원은 이사회 또는 대표이사가 그 직위를 해임할 수 있다. 다만 비등기임원은 주주총회에서 선임되지도 않았고 또한 등기되지도 않기 때문에 위임계약에 의한 임원이 아니라 고용계약에 의한 근로자로 본다. 또한 등기이사와 회사의 관계를 위임계약(언제든지 해약이 가능)으로 보나, 비등기임원과 회사와의 관계는 고용계약 등으로 볼 수 있어 노동 관련 법규로 보호받을 수 있다. 즉 비등기임원은 고용계약에 의한 근로자이므로(대법원 2003. 9. 26, 2002다64681)의 해임 또는 해고시에는 노동법 관련 부당해고의 문제가 발생할 수 있다. 따라서 비등기이사는 등기이사와 달리 해임되더라도 해임으로 인한 손해배상청구권(상법 385조 1항)이 보장되지 않는다.

판례에 따르면 근로자로 판단함에 있어 등기임원이라도 그 직함이나 명칭과 상관없이 사용자의 구체적인 지휘감독을 받았는지 및 근무형태의 실질로 판단하기 때문에, 실질적으로 대표이사로부터 구체적인 지휘감독을 받아 근로했다면 법적으로 근로자로 인정될 수 있다.

법적책임에 있어 비등기이사(업무집행지시자 등, 표현이사)의 행위는, 회사에 대한 책임(상법 399조)·제3자에 대한 책임(상법 401조)·주주의 대표소송(상법 403조)과 관련해서는 이사로 본다(상법 401조의2).

Q 회사의 비등기이사이다. 등기임원(이사)도 아닌데 임원에 대한 책임을 져야 하는가?
A 상법상 주식회사의 임원(이사, 감사)은 주주총회의 선임결의를 거쳐 등기된 이사나 감사만을 지칭하지만 실무에서는 이사회 결의 또는 대표이사 등에 의해 비등기임원에게 부사장, 전무, 상무보 등의 명칭을 부여하고 있는데, 법상 이들은 근로자에 해당한다.

즉, 주주총회에서 선임되지 않았지만 회사로부터 이사(전무, 상무, 상무보 등)라는 직함을 형식적·명목적으로 부여받은 것에 불과한 자는 상법상 이사로서의 직무권한을 행사할 수 없다(대법원 2003. 9. 26. 2002다64681).

이렇게 등기이사가 아니면서 명예회장·회장·사장·전무·이사 기타 업무를 집행할 권한이 있는 것으로 인정될 만한 명칭을 사용하여 회사의 업무를 집행한 사실상 임원(표현이사, 업무집행지시자 등) 등은 그의 회사에 대한 책임 및 제3자에 대한 책임과 관련해서도 등기이사와 같은 책임을 질 수도 있다(상법 401조의2 1항).

따라서 명칭 등의 외관부여와는 관련 없이 회사 또는 제3자가 그 명칭을 사용한 자(즉, 표현이사 개인에게)에게 책임을 묻는 구조이므로 비등기임원이지만 회사의 업무를 수행하다가 법률상 책임을 져야 하는 경우가 있을 수도 있다.

그러므로 표현이사가 법령 또는 정관에 위반한 행위를 하거나 그 임무를 게을리하여 회사에 손해를 미쳤거나(상법 399조), 고의 또는 중대한 과실로 인하여 그 임무를 게을리하여 제3자에게 손해를 입힌 때에는(상법 401조) 회사나 제3자에게 손해를 배상하여야 한다(계열회사에 대한 담보제공이나 표현이사에 대한 금전대여, 지배주주와의 불공정거래).

이러한 비등기임원은 주주총회에서 선임되지도 않았고, 또한 등기되지도 않기 때문에 위임계약에 의한 임원이 아니라 고용계약에 의한 근로자이므로(대법원 2003. 9. 26, 2002다64681), 만일 회사가 이러한 비등기임원을 정당한 사유 없이 해임하는 경우 회사는 부당해고 문제를 부담할 수 있다.

제3장

이사의 의무와 책임

제1절
이사 및 사외이사의 의무

(1) 개요

상법상 이사는 회사와 위임관계에 있고, 선관주의의무와 함께 다른 이사의 업무집행에 대한 감시의무를 지며, 회사를 위하여 그 직무를 충실하게 수행해야 할 충실의무를 진다. 이외에도 경업금지 의무, 자기거래금지 의무, 이사회출석 의무 등과 함께 이사에게는 직무상 지득한 회사의 영업비밀을 누설해서는 안 될 비밀준수 의무도 있다.

또한 이사가 부담하는 책임에는 회사에 대한 책임과 제3자에 대한 책임이 있으며, 이는 이사가 법령 또는 정관에 위반한 행위를 하거나 임무를 해태한 때(게을리 한 때)에는 회사에 대하여 연대하여 손해배상책임을 지고(상법 399조), 이사가 고의 또는 중대한 과실로 그 임무를 해태한 때에는 그 이사는 제3자에 대하여 연대하여 손해를 배상할 책임을 지도록 하는 것이다(상법 401조 1항).

법상 사외이사도 이사이므로, 이사의 의무와 권리 등과 구분하여 사외이사에 대하여 별도로 규정하고 있지 않다.

(2) 이사의 선관주의의무와 충실의무

가. 선관주의의무(duty of care)

회사와 이사 간에는 위임에 관한 민법 규정(수임인의 선관의무)이 준용되므로(민법 681조, 상법 382조 2항), 이사는 회사에 대해 선량한 관리자의 주의로써 사무를 처리할 의무를 진다(대법원 2002. 3. 15. 2000다9086). 선량한 관리자의 주의의무를 줄여 선관주의의무(duty of care)라고 하며, 선관의무 또는 주의의무라고 하기도 한다.

선관주의의무는 이사 개인의 능력이나 주관적 사정은 참작하지 않고, 객관적 기준에 따라 같은 지위에 있는 합리적인 사람을 기준으로 하기 때문에, 이사의 지적수준이나 업무능력은 고려하지 않고 통상의 신중한 자를 기준으로 선관주의의무를 판단한다.

이 의무는 사내이사, 사외이사, 기타비상무이사와 함께(상법 317조 2항), 명목상의 이사(무보수 또는 명예직)를 포함하여 모든 이사가 부담한다.

선관주의의무에는 감시의무(상법 393조 2항, 3항), 이사회에 대한 보고의무(상법 393조 4항), 기업비밀유지의무(상법 382조의4) 등이 있다.

판례의 사례로 보면 이사가 선량한 관리자의 주의의무를 다하지 아니한 경우로는 상호신용금고 대표이사가 충분한 담보를 확보하지 아니하고 동일인 대출한도를 초과하여 대출함으로써 상호신용금고가 그 대출금을 회수하지 못한 경우(대법원 2002. 6. 14. 2002다11441; 대법원 2002. 2. 26. 2001다76854), 배당가능이익이 없음에도 있는 것으로 재무제표가 분식되어 주주에 대한 이익배당과 법인세의 납부가 이루어진 경우(대법원 2007.11.30. 2006다19603), 주식회사의 이사가 다른 업무담당이사의 업무집행이 위법하다고 의심할 만한 사유가 있음에도 이를 방치한 경우(대법원 2007. 12. 13. 2007다60080), 주식회사의 이사 내지 대표이사가 개인적으로 지급의무를 부담해야 할 사저(私邸) 근무자들의 급여를 회사자금으로 지급하도록 한 경우(대법원 2007. 10. 11. 2007다34746) 등이 있다.

나. 충실의무

상법상 이사의 충실의무 규정(상법 382조의3)에는 이사가 법령과 정관의 규정에 따라 회사를 위하여 그 직무를 충실하게 수행해야 함을 규정하고 있다. 이 규정을 이사의 충실의무라고 하며, 이러한 충실의무(상법 382조의3)로는 경업거래금지(상법 397조), 회사기회의 유용금지(상법 397조의2), 자기거래금지(상법 398조) 등이 있으며, 판례도 또한 이사의 충실의무 위배를 인정하고 있다(대법원 2016. 8. 24. 2016다222453).

판례는 '이사의 직무상 충실의무 및 선관의무(대법원 1985. 11. 12. 84다카2490), 선량한 관리자로서의 주의의무 내지 충실의무(대법원 2011. 10. 13. 2009다80521)' 등과 같이 판시하고 있어 2가지 의무를 구별하지는 않는 것으로 보인다.

다. 감시·감독 의무

상법상 이사의 감시의무를 적극적으로 규정하고 있지 않지만, 이사의 선관주의의무에는 감시의무(duty to monitor)도 포함된다. 이사회가 이사의 직무집행을 감독하는 이사회의 감독권(상법 393조 2항)과 함께, 이사는 다른 이사의 업무집행을 감시할 의무가 있다. 이러한 감시의무는 회사에서 대표이사나 각 이사가 내부적인 사무분장에 따라 각자의 업무분야를 전담하여 처리하는 경우에도 이들은 다른 이사의 업무집행에 관한 감시의무를 부담한다.

따라서 이사(대표이사)는 다른 대표이사를 비롯하여 업무담당이사로서 자신이 전담하는 업무분야가 아니더라도 다른 이사들이 담당하고 있는 업무 전반에 관한 업무집행을 감시할 권한과 책임이 있다.

업무를 담당하지 않는 비업무담당이사(평이사라 한다)에 대해, 판례는 평이사가 이사회에 부의된 사항에 대한 감시의무(수동적·소극적 감시의무) 뿐만 아니라 이사

[임무해태] 이사가 직무를 수행하면서 선량한 관리자로서의 주의의무를 다하지 못해 회사에 손해를 입히거나 손해발생을 방지하지 못하는 경우를 의미한다.

회에 부의되지 아니한 회사의 업무전반에 관한 일반적 감시의무(능동적·적극적 감시의무)에 대하여도 감시의무를 부담하는 것으로 판시하고 있다(대법원 2006. 7. 6. 2004다8272).

이러한 일반적 감시의무(능동적·적극적 감시의무)에 관련하여 판례는, 이사회에 상정된 의안에 대하여 찬부의 의사표시를 하는 데 그치지 않고 다른 업무담당이사의 업무집행이 위법하다고 의심할 만한 사유가 있음에도 불구하고 이를 방치한 때에는 이로 말미암아 회사가 입은 손해에 대하여 배상책임을 면할 수 없는 것으로 보고 있다(절충설이고 통설 ; 대법원 2007. 9. 20. 2007다25865 ; 대법원 2004. 12. 10. 2002다60467,60474).

라. 이사의 보고의무

이사는 대표이사로 하여금 다른 이사 또는 피용자(보수의 유무, 기간의 장단을 불문하고 사용자가 선임하여 그 지휘·감독하에 사용자가 경영하는 사업에 종사하는 자)의 업무에 관해 이사회에 보고할 것을 요구할 수 있고(상법 393조 3항), 이사는 3개월에 1회 이상 업무의 집행상황을 이사회에 보고해야 하므로(상법 393조 4항) 이사회는 적어도 3개월에 1회 개최된다.

다만, 상법상의 집행임원(비등기임원을 말하는 것이 아니다)을 둔 회사는 집행임원이 3개월에 1회 이상 업무의 집행상황을 이사회에 보고해야 하고(상법 408조의6 1항), 따라서 상법상의 집행임원을 둔 회사에서 이사회 일원인 이사는 이러한 보고의무가 없는 것으로 해석한다.

선관주의의무는 대륙법계(독일, 일본 등)의 위임관계에 따른 의무이고, 충실의무는 영미법계(미국, 영국 등)의 신인의무에 따른 의무로 설명하기도 하는데, 충실의무는 선관주의의무와 다른 것으로 보는 '이질설에 따르면 충실의무에 따라 이사는 회사와의 이익충돌시 항상 회사의 이익을 우선적으로 고려해야 하고, 선관주의의무와 달리 그 위반에 고의·과실이 필요하지 않고, 위반에 대한 책임범위도 회사에 대한 손해배상에 그치지 않고 이사가 얻은 이득도 반환해야 한다.

마. 이사회출석의무

이사는 이사회에 출석하여 의결권을 행사할 의무를 진다. 다만, 단순한 불출석은 임무해태가 아니고(수원지방법원 2001. 12. 27. 98가합22553), 정당한 사유 없는 불출석만 임무해태에 해당하여 손해배상책임의 대상이 된다. 정당한 사유 없는 불출석이 장기화되면 해임사유로 될 수도 있다.

바. 비밀유지의무

이사는 재임 중일 때뿐만 아니라 퇴임 후에도 직무상 알게 된 회사의 영업상 비밀을 누설해서는 안된다(상법 382조의4). 유의해야 할 것은 이사는 퇴임 후에도 비밀유지의무(비밀준수의무 또는 수비의무(守祕義務)라고 하기도 한다)를 준수해야 하는 점이며, 이는 상법상 대리상(代理商)의 영업비밀준수의무와 같다.

재무제표 등 공시제도에 따라 공시된 후에는 더 이상 영업비밀이 아니지만, 회계장부는 소수주주권의 대상이므로 영업비밀에 속한다(대법원 2004. 9. 23. 2002다60610).

비밀유지의무(守祕義務)의 범위는 적법한 권리관계와 사실관계이고, 범죄행위나 기타 위법행위는 비밀유지를 해야 하는 대상이 아니다. 주주도 제3자와 같이 비밀유지 대상이나, 이사 및 감사 간에는 비밀유지의무가 없다.

[이사회의 감독권과의 비교]
이사회는 이사의 직무의 집행을 감독한다(상법 393조 2항). 이사회가 가진 이사의 직무집행에 대한 감독권은 이사회의 일원인 이사가 이사회 결의를 통해 하는 것이고, 개별 이사의 감시권과는 다른 것이다.
이사의 감시권은 직접적인 시정권이 아니라 이사 상호간의 위법, 부당함을 발견하면 감독, 감사 기관을 통해 시정하도록 하는 것(이사회의 소집, 감사에 대한 제보 등)이다.

☑ [주주의 단독주주권과 소수주주권]

단독주주권은 주주가 단 1주만을 가져도 주주로서 권리를 행사할 수 권리인 반면, 소수주주권은 발행주식총수 중 일정비율에 해당하는 주식을 가진 주주만이 행사할 수 있는 권리를 말한다. 상법상 상장회사는 주주가 상법의 일반요건과 특례요건 중 어느 하나를 충족하면 소수주주권을 행사할 수 있다.

소수주주권으로 주주제안권(상법 363조의2 1항/1,000분의 10(542조의6 2항)), 주주총회소집청구권(상법 402조/1,000분의 15(542조의6 1항)), 집중투표청구권(상법 382조의2 1항/100분의 1(542조의7 2항)), 이사·감사 해임청구권(상법 385조 2항·415조)/1만분의 50 (542조의6 3항)), 회계장부열람청구권(상법 466조 1항/1만분의 10(542조의6 4항)), 업무·재산상태검사청구권(상법 467조 1항/1,000분의 15(542조의6 1항))은 발행 주식총수의100분의3 이상을 요하고,

총회검사인선임청구(상법 367조 2항/1,000분의 15(542조의6 1항)), 유지 청구권(상법 402조/10만분의 50(542조의6 5항)), 대표소송제기권(상법 403조·467조의2·424조의2·324조·542조 /1만분의 1(542조의6 6항))은 발행 주식총수의 100분의 1이상이 필요하며,

해산판결청구권(상법 520조/1,000분의 15(542조의6 1항))은 100분의 10 이상이 필요하다. 이러한 지분요건을 상장회사의 경우 특례규정이 적용된다.

주요 소수주주권	지분요건(일반)	상장회사 특례(지분요건 & 기간요건)		6개월 보유요건
		자본금 1천억원미만	자본금 1천억원이상	
주주총회 소집청구권	3%	1.5%	1.5%	O
주주제안권	3%	1%	0.5%	O
이사·감사·청산인 해임청구권	3%	0.5%	0.25%	O
회계장부열람권	3%	0.1%	0.05%	O
이사등 위법행위유지청구권	1%	0.05%	0.025%	O
대표소송 제기권	1%	0.01%	0.01%	O
집중투표청구권	3%	3%	1%	X

> ※ 지분요건 계산시 비율산정의 대상주식은 주주제안권과 집중투표청구권의 경우에는 의결권있는 발행주식총수를 기준으로 하며, 다른 소수주주권은 기준을 발행주식총수로 한다.
>
> 주주의 단독주주권으로서 그리고 회사채권자의 권리로서 주주명부 등의 서류에 대한 열람·등사청구권이 있고, 주주의 자격을 가지는지의 여부는 열람·등사 청구권의 행사시를 기준으로 판단한다.
> 회계장부의 열람권(상법 466조 1항)은 소수주주권인데 반해, 재무제표 등의 열람권은 단독주주권이다.

사. 내부통제시스템 구축의무와 준법지원인

최근 사업연도 말 현재의 자산총액이 5,000억원 이상인 상장회사는 법령을 준수하고 회사경영을 적정하게 하기 위하여 임직원이 그 직무를 수행할 때 따라야 할 준법통제에 관한 기준 및 절차인 '준법통제기준(compliance program)'을 정해야 하며(상법 542의13 1항), 이 준법통제기준의 준수여부를 점검하고 그 결과를 이사회에 보고해야 하는 '준법지원인'을 1인 이상 두어야 한다(상법 542의13 2항·3항). 은행, 보험회사 등 다른 법률에 따라 내부통제기준 및 준법감시인을 두어야 하는 상장회사는 제외한다(상법 시행령 39조).

판례는 고도로 분업화되고 전문화된 대규모 회사에서 공동대표이사와 업무담당이사들이 내부적인 사무분장에 따라 각자의 전문분야를 전담하여 처리하는 것이 불가피한 경우라 할지라도 그러한 사정만으로 다른 이사들의 업무집행에 관한 감시의무를 면할 수는 없고, 그러한 경우 무엇보다 합리적인 정보 및 보고시스템과 내부통제시스템을 구축하고 그것이 제대로 작동하도록 배려할 의무가 이사회를 구성하는 개별 이사들에게 주어진다고 판시하고 있다(대법원 2008. 9. 11. 2006다68636).

대표이사와 업무담당이사들이 회사 내부적으로 사무분장을 하여 각자 담당분야를 전담해 업무집행을 하는 경우에도, 이들 각 이사들은 다른 이사들의 업무집행에 관한 감시의무가 면제되지 않는 것이다.

(3) 이사의 경업거래의 규제

가. 경업금지의무

상법상 충실의무의 하나인 경업금지의무는 그 내용에 따라 경업금지(거래금지)와 겸직금지로 구분해 경업금지의무(競業禁止義務), 경업피지의무(競業避止義務)라고 하며, 이사는 미리 이사회의 승인이 없으면 자기 또는 제3자의 계산으로 회사의 영업부류에 속한 거래를 하거나 동종영업을 목적으로 하는 다른 회사의 무한책임사원이나 이사가 되지 못한다(상법 397조 1항, 408조의9).

금지되는 경업거래는 '(이사가) 자기 또는 제3자의 계산으로 하는 회사의 영업부류에 속한 거래'이다. 제3자의 계산으로 하는 거래에는 이사가 제3자의 위탁을 받아 하는 거래와 제3자의 대리인으로서 하는 거래가 모두 포함된다. 이사가 별도의 회사를 설립하여 경업거래를 하는 경우에도 적용대상이다.

이 때의 '계산'이란 거래로 인한 경제적 이익을 말하며, 해당 경업거래에 의한 이익이 해당 이사에게 귀속되는 경우뿐만 아니라 제3자에게 귀속되는 경우라 하더라도 금지의 범위에 포함된다.

이사회의 승인(사전승인이 필요하다)에 있어서 해당 이사는 회사의 이익과 대립될 수 있는 중요한 부분으로, 거래상대방·거래내용·가액·수량·시기·조건 등 거래에 관한 자기의 이해관계 및 그 거래에 관한 중요한 사실들을 개시할(밝히고 할) 필요가 있다(대법원 2007. 5. 10. 2005다4284).

이 때 회사의 영업부류에 속한 거래는 정관에 기재된 사업목적에 국한되는 것이 아니고, 회사가 사실상 영위하는 모든 거래를 포함한다. 이는 회사의 목적사업에 관한 거래로서 시장에서 경합관계가 생기게 되어 회사와 이사 간에 이익충돌의 여지가 있는 거래이다.

또한 현재 또는 장래에 회사의 이익이 될 수 있는 회사의 사업기회를 자기 또는 제3자의 이익을 위하여 이용할 수 없을 뿐만 아니라(회사기회유용금지의무, 상법

397조의2, 408조의9), 이사 등이 회사와 거래 등을 할 경우에 이사회의 승인은 사전에 받아야 하기 때문에 추인이 허용되지 않는다고 해석한다(자기거래금지 의무, 398조, 408조의9).

판례에 따르면 이사의 경업금지는 해당 회사의 이사가 동종영업을 영위하고 있는 다른 회사의 이사가 됨으로써 영업상의 기밀 등을 이용하여 회사의 이익을 침해하고 자기 또는 제3자의 이익을 추구하는 것을 방지하기 위해 부담하는 의무이며(대법원 1990.11.2. 90마745), '경업피지의무'는 이사가 그 지위를 이용하여 자신의 개인적 이익을 추구함으로써 회사의 이익을 침해할 우려가 큰 경업을 금지하여 선량한 관리자의 주의로써 회사를 유효적절하게 운영해야 한다(대법원 2018. 10. 25. 2016다16191).

경업금지의무는 이사(상법 397조 1항)와 집행임원(상법 408조의9)이 적용대상이며, 이사가 퇴직 후에 경업(競業)에 종사하는 것은 허용된다. 다만, 회사와 이사 간의 경업금지계약에 따라 퇴직 후 일정 기간 동안의 경업을 금지할 수 있다

경업에 관한 이사회 의안결의와 관련하여 해당 의안에 대해 특별이해관계에 있는 이사는 그 승인을 위한 이사회 결의에서 의결권을 행사할 수 없다(상법 391조 3항). 이사회 결의 시에 의결정족수 계산에서 특별이해관계인에 해당하는 이사의 수는 출석한 이사의 수에 산입하지 않는다(상법 371조 2항). 특별이해관계 있는 이사는 이사회에서 의결권을 행사할 수는 없을지라도 의사정족수 산정의 기초가 되는 이사의 수에는 포함되는 반면, 결의의 성립에 필요한 출석이사에는 산입되지 않는 것이다(대법원 1991. 5. 28. 90다20084).

예를 들어 3명으로 이사회를 구성하는 회사에서 이사 중 대표이사와 특별이해관계 있는 이사 등 2명이 출석하여 의결한 경우에 이사 3명중 2명이 출석해 과반수 출석의 요건은 충족하였고, 결의사항은 특별이해관계 있는 이사가 행사한 의결권을 제외하더라도 결의에 참여할 수 있는 유일한 출석이사인 대표이사의 찬성이면 과반수의 찬성이 되므로 그 결의는 적법한 것이 된다.

경업으로 인하여 회사에 손해가 발생하면 이를 승인한 이사는 회사에 대한 책임의 책임을 진다(상법 399조 2항).

나. 겸직금지의무

이사는 이사회 승인이 없으면 동종영업을 목적으로 하는 다른 회사의 이사(또는 무한책임사원)이 되지 못한다(상법 397조 1항). 상법은 회사와 이사간에 이해의 충돌을 발생시킬 여지가 많은 이사의 경업과 이사와 회사간의 자기거래에 대하여 규정하고 있는데, 경업금지는 '회사의 영업부류'에 속하는 거래를 전제로 하고 있고, 겸직금지도 '동종영업'을 전제로 하고 있으며, 2가지 모두 이사회의 승인이 있으면 허용되며, 이를 위반하였을 때에는 회사에 대한 손해배상은 물론, 경업금지위반에는 회사의 개입권이 인정되고 있다.

이에 판례에 따르면 이사는 경업대상이 되는 회사의 이사, 대표이사가 되는 경우뿐만 아니라 그 회사의 지배주주가 되어 그 회사의 의사결정과 업무집행에 관여할 수 있게 되는 경우에도 자신이 속한 회사 이사회의 승인을 얻어야 한다(대법원 2018. 10. 25. 2016다16191).

겸직 금지대상이 되는 동종영업이란 경업에서의 회사의 영업부류와 같은 의미이고, 반드시 현재 영업을 수행하는 회사가 아니라도 동종영업을 목적으로 하는 회사에 해당한다.

회사의 영업부류에 속하는 거래는 회사가 실제에 경영하는 사업과 경합하며, 회사와 이사간에 이익의 충돌을 가져올 가능성이 있는 거래를 말한다.

이사가 경업피지의무에 위반한 때에는 회사의 개입권의 행사를 인정하고 있다. 개입권이란 이사회의 결의에 의한 회사의 일방적인 의사표시로 경업행위를 한 이사가 그 거래에서 얻은 경제적 효과를 회사에 귀속시키는 특수한 권리이며, 회사는 이사회의 결의에 의해 이사의 거래가 자기의 계산으로 한 경우에, 이를 회사의 계산으로 한 것으로 보고, 제3자의 계산으로 경우에는 그로 인한 이득의 양도를 이사에게 청구할 수 있다(상법 397조 2항).

다. 회사의 기회 및 자산의 유용 금지

이사(사외이사, 기타비상무이사 포함한다)나 상법상의 집행임원는 이사회의 승인 없이 현재 또는 장래에 회사의 이익이 될 수 있는 회사의 사업기회를 자기 또는 제3자의 이익을 위하여 이용해서는 안된다(상법 397조의2 1항).

만약 이사가 이사회 승인을 얻어 회사의 사업기회를 이용하였으나, 회사에 손해가 발생한 경우 승인해 준 이사는 선관주의의무와 충실의무를 이행하지 않은 경우에 회사에 손해배상책임을 부담한다. 이때 회사의 손해액은 회사가 그 사업기회를 이용하여 사업을 하였더라면 얻을 수 있었던 이익이며, 이사회 승인 없이 회사기회유용을 한 이사와 회사기회 유용을 승인한 이사가 손해배상책임의 주체가 될 수 있고, 연대하여 손해배상책임을 부담하도록 하고 있다(상법 397조의2 2항).

이러한 회사의 기회유용은 이사가 회사와는 어떤 거래행위도 없지만, 오히려 회사의 이익이 될 수 있는 거래기회를 침탈하여 회사와 거래하려던 상대방과 거래행위를 하는 경우에도 적용된다.

만약 이사가 회사의 사업기회를 이용하려면 이사회에서 이사 3분의2 이상의 찬성으로 결의해야 한다(상법 397조의2). 이사회의 승인 결의는 사전승인을 뜻한다. 자본금이 10억원 미만의 소규모회사로서 이사가 1인 또는 2인일 경우(상법 383조 1항), 이사회가 없으므로 주주총회의 승인을 받아야 한다(상법 383조 4항).

회사의 사업기회는 ① 직무수행 과정에서 알게 되거나 회사정보를 이용한 사업기회, ② 회사가 수행하고 있거나 수행할 사업과 밀접하게 관계있는 사업기회를 말하고(상법 397조의 2), 이러한 소위 '일감몰아주기'는 회사가 현재 수행해오던 사업을 제3자에게 이전하여 수행하게 하는 것이 대표적이다.

즉, 회사가 현재 수행하고 있는 사업과 밀접한 관계가 있는 사업기회 뿐만 아니라 장래 수행할 사업과 밀접한 관계가 있는 사업기회 모두 회사의 사업기회이다. 이사가 회사로부터 얻은 직접적인 정보뿐 아니라 회사의 비용으로 외부로부터 얻은 정보도 회사의 정보에 해당한다.

이는 이사와 일정한 관계에 있는 자로서 주요주주, 특수관계인도 적용대상으로 규정한 상법 제398조(이사 등과 회사 간의 거래)의 자기거래금지 규정과 다르다.

상법상 회사의 기회 및 자산의 유용금지 규정(상법 397조의2 1항)에 위반하여 회사에 손해를 발생시킨 이사 및 승인한 이사는 연대하여 손해를 배상할 책임이 있으며, 이로 인하여 이사 또는 제3자가 얻은 이익은 손해로 추정하고 있다(상법 397조의2 2항). 사업기회를 이용하려는 해당 이사는 특별이해관계인으로서 이사회에서 해당 의안에 대해서는 의결권을 행사할 수 없다(상법 391조 3항).

이사회의 승인은 개별적인 사업기회마다 해야 하고, 포괄적 승인은 원칙적으로 허용되지 않지만, 예외적으로 예측가능하고 정형화된 동종의 거래에 대하여는 일정기간을 정한 포괄승인이 이론적으로는 가능하다고 보고 있지만, 사업기회의 특성상 동종유형은 나타나기 어려울 것이다. 그 승인은 묵시적인 방법도 가능하다. 참고로 자기거래의 경우에는 동종유형이나 동일유형의 거래는 기간과 한도 등을 정하여 포괄승인하는 것은 가능하다고 해석한다.

라. 자기거래 금지의무 등

상법상 '이사 등의 자기거래'는 '이사 등이 자기 또는 제3자의 계산으로 회사와 하는 거래'를 의미하고, 이사 등이 회사와 거래를 하는 경우, 소위 이사의 자기거래는 공정을 기하기 위해 이사회 승인이 얻도록 하고 있다(상법 398조).

여기서 '이사등'은 상법 규정에 열거된 자(사내이사, 사외이사, 기타 비상임이사 등과

[사업기회이용에 대한 이사회 승인]
이사는 이사회의 승인을 받으면 회사의 사업기회(현재 또는 장래에 회사의 이익이 될 수 있는 기회)를 자기 또는 제3자의 이익을 위하여 이용할 수 있다(상법 397조의2 1항의 반대해석). 사업기회이용에 대한 승인기관은 원칙적으로 이사회가 되고, 자본금 10억 미만의 소규모회사가 1인 또는 2인의 이사만을 둔 때에는 주주총회의 승인을 받아야 한다(상법 383조 4항).

주요주주 등. 상법 398조)를 가리키고, '거래'는 자본거래와 손익거래를 포함한 모든 재산상의 행위를 가리킨다고 설명하는 것이 통설이다. 일반적으로 자기거래는 회사의 제품·기타 재산의 양수, 회사에 대한 자기제품 및 기타 재산의 양도, 회사가 이사의 채무를 보증하거나 회사로부터의 금전차입 등을 들 수 있다.

이는 이른바 '회사재산 빼돌리기'라는 사익추구를 일삼는 탈법적 거래를 방지하기 위해 엄격한 이사회 승인과 동시에 거래내용과 절차의 공정성에 요구하고 있는 것이다.

'이사의 자기거래'에 대한 이사회의 승인은 거래가 있기 전에 사전승인을 해야 하며 이사회의 사후추인은 인정되지 않는다.

상장회사의 경우에는 회사가 이사, 감사, 주요주주 및 특수관계인, 업무집행지시자(상법 401조의2 1항), 집행임원을 상대방으로 하는 거래를 하거나 신용공여 행위를 원칙적으로 금지하고 있다(상법 542조의9).

신용공여는 금전등 경제적 가치가 있는 재산의 대여, 채무이행의 보증, 자금지원적 성격의 증권 매입, 그 밖에 거래상의 신용위험이 따르는 직접적, 간접적 거래를 말하며, 원칙적으로 상법 시행령(복리후생을 위한 이사·집행임원·감사에 대한 금전대여 등으로서 대통령령으로 정하는 신용공여 등)에서 정한 일정한 거래는 허용된다.

다만 대주주인 이사를 위한 보증 등은 자기거래(물품공급, 금전차용 등)에 해당하고, 따라서 보증을 서기 전 미리 이사회 재적이사의 3분의 2이상의 찬성으로 승인을 받아야 한다(상법 398조, 상법 시행령 35조).

① 자기거래의 규제 대상

규제대상인 자기거래의 주체로 이사나 주요주주 외에 그의 특수관계인으로서, 이들과 일정한 혈연관계에 있는 자와 지분관계에 있는 자도 규제대상에 포함하고 있다.

이사는 거래 당시의 등기이사를 말하며, 사내이사·사외이사 여부는 물론 상근·비상근 여부를 불문하고, 퇴임이사(퇴임 이후에도 이사로서 권리의무를 가진 이사. 상법 386조 1항)도 포함된다.

상장회사는 보다 강화되어 적용되며, 주요주주(발행주식 10%이상 소유 또는 이사나 감사 선임·해임 등에 영향력을 행사하는 주주) 및 그 특수관계인, 이사 및 업무집행관여자(상법 401조의 2 1항), 감사(감사위원)에게 신용공여를 하거나 이들을 위한 신용공여를 제한하고 있다(상법 542조의9, 상법 시행령 35조).

② 이사회의 승인시기와 요건

이사등 자기거래 규제 대상에 해당하는 자가 자기 또는 제3자의 계산으로 회사와 거래하는 경우에 이사회의 자기거래 승인을 받기 위해서는 미리 이사회에 해당 거래에 관한 중요사실을 밝히고 이사회의 승인을 받아야 한다.

이사등과 회사 간의 거래에 대한 이사회의 승인은 이사의 3분의 2 이상의 수로써 승인받는다(상법 398조).

특별이해관계가 있는 이사는 이사회에서 의결권을 행사할 수는 없으나 의사정족수 산정의 기초가 되는 이사의 수에는 포함되고, 다만 결의성립에 필요한 출석이사에는 산입하지 않는다(대법원 2009. 4. 9. 2008다1521).

자기거래에 대한 이사회의 승인은 상법상 '미리 (이사회에서 해당 거래에 관한 중요사실을 밝히고) 이사회의 승인을 받아야 한다.'라고 규정함으로써, 사전승인만을 허용하는 취지로 해석한다.

이때의 이사는 임기 중의 이사뿐만 아니라 퇴임이사(상법 386조 1항), 일시이사(상법 386조 2항), 직무대행자(상법 407조 1항) 등을 포함한다.

자기거래의 당사자인 이사는 그 거래에 특별이해관계를 가지게 되므로 '자기거래 승인을 위한 이사회결의에서 특별한 이해관계가 있는 자'에 해당되어 의결권을 행사할 수 없다.

③ 자기거래를 위반한 이사의 책임

이사가 이사회의 승인 없이 회사와 거래를 하거나 불공정한 거래를 한 경우에, 이는 법령위반의 행위이므로 회사에 대하여 손해배상책임을 지고(상법 399조), 형사책임도 부담한다(대법원 1989. 1. 31. 87누760). 만약 이사회 승인에도 불구하고 거래가 불공정하여 회사에 손해를 가한 경우에 이는 임무해태에 해당한다. 법령을 위반한 자기거래는 경영판단원칙이 적용되지 않는다.

이사회가 승인한 자기거래로 인하여 회사가 손해를 입은 경우, 자기거래 승인결의에 찬성한 이사는 회사에 대하여 연대하여 손해배상책임을 지고(상법 399조 2항·3항), 이 경우에 이사회의 승인결의에는 경영판단원칙이 적용된다. 또한 회사는 자기거래를 위반한 행위를 한 이사를 해임할 수 있고, 해당 이사는 형법상 배임죄로 처벌될 수 있다(상법 622조 1항, 형법 355조 2항·356조).

자기거래를 한 이사나 결의에 찬성한 이사의 책임을 면제하려면 주주전원의 동의가 있어야 한다(상법 400조 1항). 또한 회사가 정관으로 정하여 이사가 법령·정관에 위반한 행위를 하거나 그 임무를 게을리한 날 이전 최근 1년간의 보수액(상여금 및 주식매수선택권의 행사로 인한 이익 등을 포함)의 6배(사외이사의 경우는 3배)를 초과하는 금액에 책임을 면제할 수 있는 규정(상법 398조)은 자기거래를 위반한 경우에는 적용되지 않는다(상법 400조 2항).

이에 반해 단순히 자기거래를 승인한 이사는 고의 또는 중대한 과실로 손해를 발생시킨 경우가 아니라면 책임제한규정의 적용대상이 된다는 견해도 있다.

주요주주란 개인 주주 및 법인주주로서, '누구의 명의로 하든지 자기의 계산으로 의결권 없는 주식을 제외한 발행주식총수의 10% 이상의 주식을 소유하거나 이사·집행임원·감사의 선임과 해임 등 상장회사의 주요 경영사항에 대하여 사실상의 영향력을 행사하는 주주(상법 542조의8 2항 6호)'를 말한다.

(4) 상장회사에 대한 신용공여 특칙

가. 신용공여의 금지

상장회사는 이사와 회사간의 자기거래 제한(상법 398조)을 확대하여 이사뿐만 아니라 주요주주 등 이해관계자와의 일정 거래를 금지 또는 제한하고 있다(상법 542조의9).

상장회사는 신용공여가 원칙적으로 금지되는데 ①주요주주 및 그의 특수관계인, ②이사(상법 401조의2 1항 업무집행지시자 등을 포함한다) 및 집행임원, ③감사를 상대방으로 하거나 그를 위한 신용공여는 이사회의 승인이나 공정성 여부를 불문하고 금지된다(상법 542조의9 1항).

이때 회사와 거래가 금지되는 신용공여는 금전 등 경제적 가치가 있는 재산의 대여, 채무이행의 보증, 자금 지원적 성격의 증권 매입, 그 밖에 거래상의 신용위험이 따르는 직접적·간접적 거래로서 상법 시행령으로 정하는 거래(담보를 제공하는 거래, 어음의 배서, 출자의 이행을 약정하는 거래 등을 말한다. 상법 542조의9·상법 시행령 35조). 이에 위반한 자는 5년 이하의 징역 또는 2억원 이하의 벌금에 처한다(상법 624조의2).

다만 예외적으로 상장회사가 이사 등에게 하는 신용공여로서

① 복리후생을 위한 이사 또는 감사에 대한 금전대여 등으로서 대통령령으로 정하는 신용공여(학자금, 주택자금 또는 의료비 등 복리후생을 위하여 회사가 정하는 바에 따라 3억원의 범위 안에서 금전을 대여하는 행위를 말한다),
② 다른 법령에서 허용하는 신용공여(자본시장법상 금융투자업자가 대주주 및 그의 특수관계인에게 할 수 있는 신용공여 등),
③ 그 밖에 상장회사의 경영건전성을 해칠 우려가 없는 금전대여 등으로서 대통령령으로 정하는 신용공여[회사의 경영상 목적을 달성하기 위하여 필요한 경

우로서 법인인 주요주주(그의 특수관계인을 포함한다)를 상대로 하거나 그를 위하여 적법한 절차에 따라 행하는 신용공여)는 예외적으로 허용된다(상법 542조의 9 2항, 상법 시행령 35조).

또한 법인인 주요주주에 대한 신용공여는 허용되지만, 개인인 주요주주에 대한 신용공여는 허용되지 않으며, 주요주주의 법인인 특수관계인에 관하여, 법인이 지배하는 특수관계인에 대한 신용공여는 허용되고[법인(특수관계법인 포함)출자지분 〉 개인(특수관계인 포함)출자지분], 개인이 지배하는 특수관계인에 대한 신용공여는 허용되지 않는다.

나. 대규모 상장회사의 제한행위

최근 사업연도 말 현재의 자산총액이 2조원 이상인 상장회사는 주요주주(10%이상 소유한 자와 이사·집행임원·감사의 선임과 해임 등 상장회사의 주요 경영사항에 대하여 사실상의 영향력을 행사하는 주주) 등과 그의 특수관계인 및 그 상장회사의 특수관계인(상법 시행령 제34조 제4항의 특수관계인)을 상대방으로 하거나 그를 위하여 일정한 거래를 할 경우에 이사회의 승인을 받아야 한다(상법 542조의9 3항, 상법 시행령 35조 4항~7항).

승인이 필요한 거래는

① 단일 거래규모가 대통령령으로 정하는 규모 이상인 거래(해당 회사의 최근 사업연도 말 현재의 자산총액 또는 매출총액의 10% 이상),
② 해당 사업연도 중에 특정인과의 해당 거래를 포함한 거래총액이 대통령령으로 정하는 규모 이상이 되는 거래(해당 회사의 최근 사업연도 현재의 자산총액 또는 매출총액의 5% 이상)를 말한다(상법 542조의9 1항에 따라 금지되는 거래는 제외한다).

이 경우 해당 상장회사는 이사회의 승인 결의 후 처음으로 소집되는 정기주주총회에 해당 거래의 목적, 상대방, 그 밖에 대통령령으로 정하는 사항(거래의 내용, 일자, 기간 및 조건, 해당 사업연도 중 거래상대방과의 거래유형별 총거래금액 및 거래잔액)을 보고해야 한다(상법 542조의9 4항, 상법 시행령 14조 8항).

이러한 제한행위에 대하여 이사회의 승인을 받지 않고 한 거래행위의 사법상 효력에 대하여는 이사회결의 없는 자기거래의 효력, 즉 상법 제398조 위반의 효력과 같다고 보고, 이에 위반한 자는 5천만원 이하의 과태료가 부과된다(상법 635조 3항 4호). 또한 회사는 손해가 있으면 위반한 자에 대하여 손해배상의 책임을 물을 수 있다.

다만 상장회사가 경영하는 업종에 따른 일상적인 거래로서 ① 약관에 따라 정형화된 거래로서 대통령령으로 정하는 거래, ② 이사회에서 승인한 거래총액의 범위 안에서 이행하는 거래는 이사회의 승인을 받지 아니하고 할 수 있다. ②에 해당하는 거래에 대하여는 그 거래내용을 주주총회에 보고하지 아니할 수 있다(상법 542조의9 5항).

Q 다른 이사가 회사에서 심하게 공사(公私)구분을 못하고 있는데도, 대표이사가 이를 묵인하고 있는 경우에 대처방법은?

A 이사는 선량한 관리자의 주의의무(상법 382조 2항, 민법 681조)와 충실의무(상법 382조의3)를 부담하기 때문에 이사 자신의 개인적 이익을 추구해 회사의 이익을 침해할 수 없으며, 항상 회사에 최대 이익이 되도록 해야 한다.

이사의 충실의무는 간단히 말하면 '자기와 회사의 이익이 상충되는 경우에 회사의 이익을 우선시해야 할 의무'라고 할 수 있다. 직원이나 종업원은 고용계약에 따라 재량범위가 한정되기 때문에, 애초에 '자신과 회사의 이익이 상충되는' 상황은 발생하기 어려울 수 있다. 따라서 직원은 고용주의 지휘명령에 따라 업무를 수행하면 되는 것이다.

그러나 이사는 구체적인 직무에 있어 상당한 재량권을 가진다. 이 경우에 회사 금전이나 편의 등을 이용하여 여러 활동을 하지만, 이는 회사를 위해 엄격하게 집행해야 한다.

이러한 의미에서 이사가 공사구분을 못하고 회사에 손해를 끼치면, 그 이사는 물론 이를 바로잡지 않은 다른 이사도 '감독의무'를 위반하게 된다. 만약, 회사를 위해 일하는 척하며 개인의 이익을 챙기고 있다면 이는 '충실의무위반'이 될 것이다.

경우에 따라서는 회사의 최대주주인 대표이사(사회일반에서는 오너라고 하기도 한다)가 묵인하고 있는 경우, 결국 손해는 최대주주인 대표이사가 보게 되고, 그 대표이사가 묵인하고 있으므로 괜찮다고 생각할 수 있지만, 이러한 행위가 발생하면 이사들의 책임이 면제되지 않는다. 이사로서 다른 이사의 위법행위가 있다면 바로 잡을 수 있도록 이사회를 소집하는 등 그 해결방법을 찾아 노력해야 한다.

판례도 이사가 다른 업무담당이사의 업무집행이 위법하다고 의심할 만한 사유가 있음에도 이를 방치한 경우에는 선량한 관리자의 주의의무를 다하지 아니한 것으로 보고 있다(대법원 2007. 12. 13. 2007다60080).

Q 이사로서 대표이사의 업무집행에 대하여 관여하거나 간섭할 수 있는가? 또한 다른 이사와도 의견이 다를 경우 어떻게 해야 하나?

A 대부분의 회사는 내부적 업무분장에 따라 대표이사 이외의 이사에게도 대내적인 업무집행권을 부여하고 있다(업무담당이사, 사내이사 등).

이사가 업무담당이사로서 회사 내에서 각각의 해당 분야(영업담당, 생산담당, 재무담당, 인사담당 등)의 중책을 맡아 전문지식 등을 집중적으로 활용하여 회사를 경영하게 된다. 이러한 체제하에서 자기의 업무영역은 위임된 범위 내에서만 스스로 결정하여 집행하고, 다른 이사에게 간섭이나 다른 이사의 업무에 관여하는 것을 꺼리는 수가 있다.

그러나 이러한 다른 이사의 업무영역에 관여하고 싶지 않다고 생각하는 것은 주식회사의 이사로서는 바람직한 모습이 아니다.

법률적으로 이사는 회사 전체를 감독할 의무를 진다고 할 수 있기 때문에, 일부 다른 업무담당이사의 업무라고 해서 해당 이사에게 전적으로 맡겨두어서는 안된다. 각 이사는 감시·감독을 위해 서로 관여하는 것이 당연하기 때문에 필요한 경우, 제대로 업무가 집행되는지 확인할 필요가 있다. 대표이사의 업무집행 사항도 마찬가지이며, 법률상 대표이사는 이사회에서 결정하거나 위임된 범위 내에서 업무집행을 하는 것에 지나지 않는다.

[대법원 2007. 9. 20. 2007다25865 ; 대법원 2004. 12. 10. 2002다60467·60474]
주식회사의 이사는 이사회의 일원으로서 이사회에 상정된 의안에 대하여 찬성과 반대의 의사표시를 하는 데 그치지 않고, 담당업무는 물론 다른 업무담당이사의 업무집행을 전반적으로 감시할 의무가 있으므로, 주식회사의 이사가 다른 업무담당이사의 업무집행이 위법하다고 의심할 만한 사유가 있음에도 불구하고 이를 방치한 때에는 이사에게 요구되는 선관주의의무 내지 감시의무를 해태한 것이므로 이로 말미암아 회사가 입은 손해에 대하여 배상책임을 면할 수 없다.

특히 이사회는 이사간 의견이 다를 경우 회의에서 충분한 논의와 토의를 거쳐 회사에 최선의 이익이 되는 방향을 찬반으로 결정하고, 반대한 이사는 의사록에 그 반대한 사실을 기재하면 된다.

Q 회사가 탈세를 하고 있는 것으로 보인다. 이사로서 어떻게 해야 하는가?

A 회사의 탈세는 명백한 범죄행위이다. 만약 법령을 위반하여 조세부담을 감소시키는 탈세가 발각되면 강력한 제재가 뒤따른다. 강력한 형사처벌 외에도 가산세를 추징당하고 벌금을 부과받을 수도 있다.

탈세를 하는 이유로 '우리 회사만은 걸리지 않을 것이라거나 또는 이번 한번만이니까 괜찮다'라고 생각할 수도 있지만, 이러한 탈세범죄는 결국 드러나게 된다고 보면 된다.

회사는 거래과정에서 거래상대방이 있기 때문에, 이러한 내용을 상대방이나 타인 등이 알지 못하거나 완전히 숨길 수 있는 사안이 아니다.

이러한 회사의 위범행위에 대해 이사는 감시·감독의무를 부담하고 있으므로, 탈세에 대한 내용을 다른 이사에게 알리고 이사회를 소집하는 등 이를 시정하기 위한 조치를 취해야 한다. 이러한 회사의 행위를 바로잡지 못할 경우에 이사는 자기책임을 다하지 못한 것이 되고, 이는 회사의 재산을 위태롭게 할 수도 있으므로 이에 대한 대응이 반드시 필요하다.

Q 이사가 개인적인 사적모임에서 회사의 기밀을 발설한 경우 그 책임은 어떻게 되는가?

A 이사는 재임 중 뿐만 아니라 퇴임 후에도 직무상 알게 된 회사의 영업상 비밀에 관하여 그 비밀을 지킬 의무가 있다(상법 382조의4). 이는 이사가 부담하는 선관주의 의무에 따른 것으로 회사의 비밀을 유지하고 관리해야 하는 의무이

다(수비의무(守祕義務)라고도 한다).

이는 비밀유지계약이나 이사(취업)규정 등에 명문규정이 없어도 이사가 당연히 지는 의무이다.

이러한 비밀유지의무(守祕義務) 이외에도 영업상의 비밀을 개인적인 이익을 위하여 이용하지 않아야 하는 비밀이용금지의무도 함께 부담한다(통설).

따라서 이사가 사적모임에서 개인적인 이유로 또는 술에 취하여 회사의 기밀을 누설한 경우에도 그 책임을 면하기 어렵고, 그로 인해 회사나 제3자에게 손해가 발생한 경우에는 그 손해배상책임을 져야 한다(상법 399조, 401조). 이사가 이러한 비밀유지의무를 위반하는 것은 법령위반행위이므로 경영판단의 원칙을 적용해 보호받을 수가 없다.

또한 이사가 퇴임한 후에도, 재임 중에 알게 된 특수한 정보와 기술, 지식과 경험, 거래처와의 신뢰관계, 영업 노하우, 기술을 공개하거나 이를 이용하여 별도의 회사를 설립 또는 경쟁관계에 있는 회사에 취업하는 등의 방법으로 회사 설립 전에 재임하였던 회사의 영업비밀을 누설(이용)해서는 안된다.

이사의 회사에 대한 책임은 주주전원의 동의로 면제할 수 있는데(상법 400조 1항), 정관에 책임감경 규정이 있더라도, 이사가 회사의 비밀을 이용하는 등 비밀유지의무를 위반하는 경우처럼 고의 또는 중대한 과실로 회사에 손해를 야기한 경우에는 해당 규정을 적용하지 못한다(상법 400조 2항).

이러한 비밀유지의무의 범위는 적법한 권리관계와 사실관계로 제한되고, 범죄행위나 기타 위법행위는 지켜야 할 범위에 포함되지 않으므로, 의무를 위반한 이사는 주주총회 결의로 해임할 수도 있다. 주주도 제3자와 같이 수비(守祕)대상이지만, 특별한 경우가 아니라면 대개 이사 상호간 또는 이사와 감사 사이에는 비밀유지의무가 적용되지 않는다.

Q 이사의 경업거래가 제한하고 있는데, 경업거래란 무엇인가?

A 경업거래는 이사라면 자기 또는 제3자의 이익을 위해서 회사의 '영업(사업)의 부류에 속하는 거래'를 하는 것을 말한다. 이 때 영업부류에 속하는 거래라는 것은 그 경업행위에 영리적 또는 상업적 성격이 있는 것을 말하며, 영리적 성격이 없는 행위는 포함되지 않는다.

예를 들어 이사가 회사가 판매하고 있는 제품과 완전히 같은 물품을 독자적으로 판매하는 행위가 경업거래에 해당한다.

이사는 회사의 경영을 맡고 있으므로 회사의 거래처나 노하우, 기업비밀 등을 알고 있다. 그런데 이런 입장에 있는 이사가 회사의 경쟁상대가 되어 거래를 하면 거래처를 빼앗는 등 회사의 이익을 해칠 위험이 크다고 할 수 있다. 따라서 이사가 이러한 경업거래를 하는 경우에는 사전에 회사의 승인이 필요하다. 이를 경업금지의무라고 한다. 이에 위반하였을 때에는 회사에 대한 손해배상은 물론, 경업금지위반에 따른 회사의 개입권 행사를 인정하고 있다.

Q 경업거래를 하려면 구체적으로는 어떠한 절차가 필요한가?

A 경업거래(競業去來)를 하려면 사전에 이사회의 승인을 얻어야 한다. 이사회의 승인은 사전에 해야 하며, 추인은 허용되지 않는 것으로 해석한다. 경업을 하고자 하는 이사는 특별한 이해관계인으로서 해당 이사회 결의에서 의결권을 행사하지 못한다(상법 391조 3항, 368조 4항).

이사가 경업피지의무에 위반하여 거래를 한 때에도 그 상대방과의 거래 자체는 유효하며, 상대방이 그 거래에 관하여 이사회의 승인을 얻지 아니하였다는 것을 알고 있는 경우에도 같다.

따라서 이사는 경업행위를 하면 어떠한 영향이 회사에 발생하는 알 수 있는 자료(거래처, 목적물, 수량, 가액, 거래기간, 이익의 전망 등)을 미리 파악해 이를 이사회에 제출해야 하고, 이사회는 그 자료를 잘 검토하여 승인 여부를 결정해야 한다.

Q 경업(競業)하는 업종은 어떻게 판단하는 것인가?
A 주식회사의 이사는 이사회의 승인이 없으면 자기 또는 제3자의 계산으로 회사의 영업부류에 속한 거래를 하거나 동종영업을 목적으로 하는 다른 회사의 무한책임사원이나 이사가 되지 못하는 경업금지의무를 부담한다.

따라서 기본적으로 회사의 목적사업(정관에 규정되어 있다)과 일치하는 업종의 사업이라면 당연히 경업금지의 대상이 된다. 공급업체나 판매위탁업체가 동일한 경우 등 어떤 형태로든 지금의 회사와 경쟁하게 되면 경업금지의무를 위반한다고 할 수 있다.

다만, 영업부류에 속하는 거래란 정관상의 사업목적에 국한하지 않고 사실상 회사의 영리활동 대상이 되는 것은 모두 포함되고, 제한되는 경업의 범위는 반드시 동종영업에 국한되는 것으로 해석하는 것이 아니며, 회사의 영업에 대하여 대체재 또는 시장분할 효과를 가져오는 영업도 회사의 이익을 침해할 수 있어 그 범주에 넣어야 한다는 견해도 있다.

한편, 제조하는 물품이 다른 것이라고 해도 구입처나 판매처 등에서 경쟁을 한다면 양자는 경업관계에 있다고 하여 이사는 그 사업을 회사(이사회)의 승인없이 할 수 없다. 또한 사용인 겸직이사의 경우 회사의 내부규정(취업규칙 등)으로 겸직자체가 금지되고 있다면 동종업종(同業)은 물론 다른 업종라고 해도 회사의 승인없이는 당연히 해당 사업을 할 수 없다.

회사(영업주)의 업무에 전념해야 하는 상업사용인(특정한 영업주에 종속되어 대외적인 영업업무에 종사하는 자로서 예를 들어 부분적 포괄대리권을 갖는 상업사용인이라고 할 수 있는 부장, 과장 등) 등도 겸직이 금지되고 있지만, 이들은 상업사용인은 영업주의 허락

없이는 동종영업인지 여부를 불문하고 경업과 겸직을 금지하고 있다(상법 17조).

Q 이사가 자회사의 대표이사가 되는 경우에 동종업종으로 보아 이사회 승인을 받아야 하나?

A 회사가 하는 사업의 자금차입이나 영업을 확장시키기 위해 그 사업을 영위하는 자회사를 만들기도 하는 등 모회사와 자회사는 동종영업을 하기도 한다. 그런 자회사의 대표이사가 모회사의 이사를 겸직하는 경우도 있고, 또한 업무를 제휴한 회사가 당해 회사의 이사를 제휴회사의 이사로 취임시키는 경우가 있다.

이와 같이 자회사이지만 동종업종을 영위하고 그 자회사의 대표이사가 모회사의 이사를 겸직하게 되는 경우에는 경업금지 의무를 위반하게 될 수도 있기 때문에 이사회의 사전승인이 필요하다.

Q 이사회의 승인을 필요로 하는 '이익상반거래(이해상충거래)'란 무엇인가?

A 이익상반거래는 '회사와 이사의 이익이 대립하는 거래'를 말하며, 이는 이사가 자기의 업무를 수행하는 과정에서 회사의 이익에 해(害)를 입히면서 자신이나 제3자의 이익을 추구하는 행위를 말한다.

판례에 따르면 이사와 회사 사이의 이익상반거래(또는 이해충돌거래)에 대한 승인은 정관으로 정하여 주주총회 승인사항으로 정하는 등의 특별한 사정이 없는

[대법원 2010. 3. 11. 2007다71271] 상법 제398조(이사 등과 회사 간의 거래)가 이사와 회사 사이의 거래에 관하여 이사회의 승인을 얻도록 규정하고 있는 취지는, 이사가 그 지위를 이용하여 회사와 직접 거래를 하거나 이사 자신의 이익을 위하여 회사와 제3자 간에 거래를 함으로써 이사 자신의 이익을 도모하고 회사 및 주주에게 손해를 입히는 것을 방지하고자 하는 것이므로, 이사와 회사 사이의 거래라고 하더라도 양자 사이의 이해가 상반되지 않고 회사에 불이익을 초래할 우려가 없는 때에는 이사회의 승인을 얻을 필요가 없다.

한, 이사회의 전결사항이다(대법원 2007. 5. 10. 2005다4284)

회사가 이사로부터 금원(금전)을 차용하는 행위는 이사와 회사와의 사이에 이해상반되는 거래행위이고, 이사를 위하여 회사가 그 채무를 연대보증 하였다면 이는 이사와 회사 사이의 이익상반되는 거래행위이므로 이사회의 승인이 필요하다(대법원 1980. 7. 22. 80다828).

또한 주식회사의 대표이사가 개인적으로 사용할 목적으로 회사명의의 수표를 발행하거나 타인이 발행한 약속어음에 회사명의의 배서를 해주어 회사가 그 지급책임을 부담·이행하여 손해를 입은 경우도 이해상반하는 거래행위에 해당한다(대법원 1989. 1. 31. 87누760).

이사와 회사의 거래에서 이해가 상반되지 않고 회사에 불이익을 초래할 우려가 없는 경우에는 '이사 등과 회사 간의 거래'(상법 398조)에 따른 이사회의 승인이 필요하지 않다.

Q 총회를 앞두고 주주에게 금전을 제공하여 이익공여를 해 버리면 이사나 감사는 어떤 책임을 지게 되는지?

A 회사가 주주의 권리행사와 관련하여 재산상의 이익을 공여하는 것을 금지하고 있다(상법 467조의2).

이익공여는 특정한 주주에게 재산상의 이익의 공여하는 것으로 규정상 '주주의 권리행사와 관련하여' 제공하는 것으로, 회사의 대표이사가 직접 공여하거나, 이사, 감사, 지배인 기타 사용인이 공여하는 것도 회사의 자금으로 하는 경우에는 이익공여 금지대상에 해당된다.

[악의 또는 중과실] 법적으로 어떤 사정을 모르는 것을 선의라고 하고, 알고 있는 것을 악의라고 한다. 도덕적인 의미로의 선악을 의미하는 것은 아니다. 또한 중과실은 중대한 과실의 약자로 주의의무 위반의 정도가 심한 부주의한 것을 말한다.

이 경우 주주의 권리는 의결권, 대표소송제기권, 주주총회결의취소의 소권, 검사인선임청구권과 같은 공익권과 주식매수청구권과 같은 자익권도 포함된다.

이익을 공여한 이사와 감사는 민·형사상 책임을 질 수 있다.

법 규정상 '누구에게든지'에게 이익을 공여하는 것이 금지되므로 주주(총회꾼) 뿐만 아니라 주주 이외의 주주의 친지, 자회사 등 주주와 특별한 관계에 있는 자도 포함해야 한다.

또한 이익공여가 금지되는 '재산상의 이익'이란 금전 기타의 경제적 이익으로서 금품이나 동산·부동산·유가증권 기타의 물건 또는 서비스, 향응, 정보의 제공뿐만 아니라 채무의 면제나 신용의 제공이 모두 포함된다.

특정 주주에게 무상으로 재산상의 이익을 공여한 때에는 주주의 권리행사에 관련하여 재산상의 이익공여를 한 것으로 추정되며, 이를 위반하여 이익이 공여된 경우 이익을 공여받은 자는 그 이익을 회사에 반환해야 한다(상법 467조의2 3항).

이를 위반하여 이익을 공여한 이사는 회사에 대해 연대하여 손해배상책임을 지고(상법 399조 1항), 이사가 아닌 회사직원이 이익을 공여한 때에도 이사는 감시의무의 해태를 이유로 손해배상의 책임을 부담할 수 있다.

감사는 이사나 사용인의 이익공여를 막지 못한 때에는 임무해태가 되어 감사도 손해배상책임을 질 수 있다(상법 414조 1항). 그러나 주주권 행사의 결과, 성립된 행위의 효력에는 영향이 없다.

구체적으로 회사의 이사·감사·직무대행자·지배인 기타 사용인 등이 주주의 권리행사와 관련하여 회사의 계산으로 재산상의 이익을 공여한 때에는 1년 이하

[대법원 2014.7.11. 자 2013마2397 결정]
주주제로 운영하는 골프장(주식회사)이 경영권 분쟁이 있는 상황에서 임원 선임을 위한 주주총회를 개최하면서 의결권을 행사한 주주에게 골프장 예약권 또는 20만원 상당의 상품권을 제공한다고 하면서 투표를 권유하였고, 이에 68%의 주주가 응하여 회사가 원하는 이사가 선임된 사안에서 판례는 선물의 액수가 단순히 의례적인 정도에 그치지 않고 사회통념상 허용되는 범위를 넘어서는 것이며 투표결과에 영향을 미친 것으로 볼 수 있다는 점에서 주주의 권리행사에 영향을 미치기 위한 의도로 상법 제467조의2에 위반하는 공여행위에 해당한다고 보았다.

의 징역이나 또는 300만원 이하의 벌금에 처한다(634조의2 1항). 이익을 수수하거나 제3자에게 이를 공여하게 한 자도 동일한 형사책임을 부담한다(634조의2 2항).

Q 모든 이사가 주주총회 의사록에 서명 또는 날인을 하지 않아도 되는가?

A 주주총회의 의사록에는 의사의 경과요령과 그 결과를 기재하고 '의장과 출석한 이사'가 기명날인 또는 서명해야 하고(상법 373조), 감사의 경우는 서명하지 않는다. 따라서 주주총회에 참석한 이사는 반드시 총회 의사록에 기명날인 또는 서명을 해야 한다. 주주총회 의사록은 총회결의가 있었음을 인정할 중요한 증거가 되므로 매우 중요하다.

판례는 실제로 총회를 개최하지 않았더라도 1인주주에 의하여 의결이 있었던 것으로 주주총회 의사록이 작성되었다면 특별한 사정이 없는 한, 그 내용의 결의가 있었던 것으로 본다(대법원 1993. 6. 11. 93다8702 ; 대법원 1993. 2. 26. 92다48727).

Q 주주총회 진행에 협조하겠다는 주주(총회꾼 등)가 금품을 요구하고 있다. 금전을 제공해도 되는가?

A 총회꾼은 소량을 주식을 소유한 주주가 대부분으로, 주주총회 진행과정에 회사를 공격하거나 협력하기도 하며, 그 대가로서 회사에 부당하게 금전을 요구하는 자라고 할 수 있다. 그런데 이러한 총회꾼에게 금품 등을 제공할 경우에 처벌될 수 있다.

[총회꾼] 주주의 의결권을 비롯한 각종 권리행사를 빌미로 회사에 부정한 경제적 대가를 요구하고, 그 요구를 회사가 받아들이지 않으면 주주총회를 방해하는 등의 행위를 하는 자이다. 또한 회사가 그 요구에 따르면 회사에 유리하게 주주총회가 진행되도록 협조하는 등의 행위도 하기도 한다. 일단 이익을 얻은 총회꾼은 그것을 바탕으로 매년 총회를 앞두고, 그리고 회사에 새롭게 금전을 요구하는 사례가 많다.

상법상 회사는 누구에게든지 주주의 권리행사와 관련한 재산상의 이익공여(금전, 물품, 신용, 용역의 제공이나 채무의 면제·포기, 향응, 정보제공 등)를 금지(상법 467조의2)하고 있다.

법상 회사가 주주나 총회꾼의 요구에 따라 금전을 지급하거나, 주주권행사와 관련해 그 가액이 사회통념상 허용되는 범위를 넘어 이익을 제공할 경우 이익공여죄로서 처벌될 수 있다(대법원 2014. 7. 11. 2013마2397).

회사의 대표이사가 직접 이익을 공여하는 것은 물론이고 이사, 감사, 지배인 기타 사용인이 공여하는 것도 회사의 자금이 투입되는 경우에는 금지대상에 해당된다.

형식적으로 이사가 (개인이) 주주에게 지급해도 공여한 금액의 금전이 업무추진비나 상여 등의 명목으로 실질적으로, 이사에게 주어지고 있다면, 회사의 재산으로 공여한 것이 되어, 이익공여죄가 성립한다. 또한 제공한 금품 등에 비해 회사가 받은 이익이 현저하게 적을 때에는 주주의 권리행사에 관하여 재산상의 이익공여를 한 것으로 보며, 이사는 위반하여 공여한 이익액을 회사에 반환해야 한다(상법 467조의2 3항).

민사상 총회꾼에게 이익공여한 이사는 회사에 대해서 손해배상책임이 있고, 총회꾼에 지급한 것과 동액의 금전지급 의무를 부담하게 한다.

일본에서는 통상의 「일반주주」와 비교하여, 「특수주주」라고 하기도 한다.

Q 주주총회 개최장소로 소집통지 한 후 어쩔 수 없이 변경해야 할 경우에 어떻게 해야 하나?

A 주주총회 소집지는 정관으로 정한 소집장소가 있으면 그곳에서, 달리 정함이 없으면 본점소재지 또는 그 인접지에서 개최해야 한다(상법 364조).

그런데 주총 개최를 예정하고 있던 장소가 총회 직전에 여러 사정으로 폐쇄되는 등 총회 개최장소를 변경해야 할 필요가 발생하기도 한다. 총회가 임박한 상황에서 해당 총회가 소집통지된 장소에서 개최하는 것이 사실상 불가능하여 변경할 수밖에 없는 불가피한 경우에 소집권자는 변경된 장소와 시간을 충분히 알리고, 주주가 새로운 총회장에 참석하는 데 불편함이 없도록 적절하고 필요한 조치를 취해야 한다.

회사가 총회 개최장소를 변경해야 할 경우에, 총회일까지 상당한 기간이 남은 경우에는 이사회결의나 대표이사의 위임받은 내용을 통해 주주총회 개최에 적절한 다른 장소로 변경하고, 재소집통지 및 공고정정 등을 통해 장소변경을 알리고 주주총회를 개최할 수 있다.

이사회 결의에서 대표이사에게 총회 대체지로 구체적인 장소나 정관상 개최지의 최소행정구역 내에서 대강의 범위를 정해 위임해 놓는다면 이사회를 개최하지 않고 대표이사가 변경된 총회장소에 대한 소집공고 내용 등을 정정할 수 있다.

판례에 따르면 통지 또는 공고된 소집장소에서 주주총회를 개최하는 것이 불가능하여 소집장소를 변경해야 하는 경우, ① 주주총회 소집권자(상법 362조, 원칙적으로 이사회, 대표이사에게 구체적인 범위를 정해 위임하는 것도 가능)가 대체 장소를 정한 다음, ② 당초의 소집장소에 출석한 주주들로 하여금 변경된 장소에 모일 수 있도록 상당한 방법으로 알리고, ③ 주주들의 이동에 필요한 조치를 다한 경우에는 별도의 소집 절차 없이 주주총회 소집장소를 변경할 수 있으며(대법원 2003.

7. 11. 2001다45584), 주주총회가 공고되었던 바와 다른 시간, 장소에서 개최되었던 사안에서 회사가 변경된 시간, 장소를 상당한 방법으로 충분히 주지시켰고, 이동에 필요한 조치를 다 하였다는 점을 들어 주주총회가 적법한 것으로 판시한 바 있다(서울중앙지방법원 2019. 8. 21. 2019카합21023 ; 서울고등법원 2019. 12. 12. 2019라20999).

따라서 당초의 통지된 회의장으로 찾아오는 주주들이 쉽게 변경된 회의장을 찾아올 수 있도록 안내문(홈페이지 안내 등 포함), 입간판 등을 세우고 안내원을 배치하는 등 가능한 방법을 강구해야 한다. 또한 변경된 총회장으로 걸어가기 먼 거리이면 교통편도 마련하고 개회시간도 조금 늦추어야 할 것이다.

Q 주주총회는 반드시 개최해야 하는지? 개최하지 않을 경우 책임이 있는가?

A 정기주주총회는 상법에 따라 회사가 매년 1회 일정한 시기(매결산기)에 소집하는 총회이며, 필요에 따라 수시로 임시총회를 개최할 수 있다(상법 365조). 상법상 (대표)이사는 재무제표 등을 주주총회에 제출하여 승인을 받아야 하며(상법 449조), 정기주주총회와 임시주주총회는 개최 시기에 따른 구분이며, 그 권한 등은 차이가 없다. 이러한 주주총회를 소집하지 않는 것은 이사로서의 법령위반이 된다.

이에 따라 주주총회는 주주가 회사의 의사를 결정하는 기관으로서, 이사가 주주총회에서 재무제표(이익처분의 결정 포함)와 각 사업년도의 사업활동 등을 보고하고, 이 보고를 기초로 주주가 의견을 교환해 회사의 의사를 결정한다.

주주총회는 주주가 자신의 의사를 표시할 수 있는 장(場)으로서 회사의 최고의사결정기관으로서, 주주가 의견을 교환하여 의사결정을 해야 하지만 현실적으로 회사의 상당수는 주주총회에서 내실있는 토론보다는, 회사의 보고나 승인사항이 얼마나 신속·원활하게 처리되는지에 관심을 가진다. 실제로도 주주총회를 큰 혼란없이 빨리 종료시키는 것만이 총회 담당자의 목표가 되는 경우도 있다.

주식회사는 원칙적으로 결산을 확정하는 권한을 가진 주주총회나 이사회의 승인을 받지 않으면 결산도 확정할 수 없고, 잉여금의 배당(이익배당)도 할 수 없다(다만, 외부감사인의 적정의견이고, 감사 또는 감사위원 전원의 동의 등 일정조건 충족시 이사회 승인이 가능하며, 이 경우 주주총회에 재무제표 내용을 보고해야 한다. 상법 449조의2 2항).

Q 주주총회에 이사, 감사, 사외이사, 새로 선임될 이사·감사의 후보자 등이 반드시 참석해야 하는가?

A 상법상 주주총회에 감사(또는 감사위원회 대표)는 감사보고와 총회에 제출되는 서류와 의안에 관한 법령 및 정관의 위반 여부에 관한 진술의무를 이행하기 위하여 참석하고(상법 413조), 일반적으로 대표이사가 주주총회의 의장을 하기 때문에 의장으로서 참석하나, 상법상 다른 이사나 사외이사, 새로 선임되는 이사 등에게는 주주총회의 참석의무를 부여하고 있지는 않다.

또한 이사나 사외이사의 주주총회 참석 여부가 총회의 성립이나 효력에 영향을 미치는 것은 아니며, 총회 불참시에도 상법상 별도의 제재사항도 없다. 감사위원회를 채택한 회사에서 사외이사인 감사위원회 위원장의 경우에, 감사와 마찬가지로 주주총회 감사보고 등에 대한 의견진술의 의무(상법 413조, 447조의4)를 부담하므로 총회에 참석해야 하지만, 반드시 감사위원 전원이 출석해야하는 것은 아니며 감사위원장 유고시 다른 감사위원이 출석하여 감사보고를 할 수도 있다.

이사나 사외이사로 재직 중인 자를 후보자로 하여 주주총회에서 선임(연임)안건을 상정할 경우에도 후보자인 이사나 사외이사가 반드시 총회에 출석해야 하는 것은 아니다.

제2절
이사의 회사에 대한 책임과 제3자에 대한 책임

(1) 이사의 회사에 대한 책임

가. 개요

상법은 이사가 고의·과실로 법령 또는 정관에 위반한 행위를 하거나 그 임무를 게을리 한 경우(임무해태)에, 그 이사는 회사에 대하여 연대하여 손해를 배상할 책임이 있음을 규정하고 있다(상법 399조).

이사는 회사와 위임관계에 있고 선량한 관리자의 주의의무와 충실의무를 부담하기 때문에(상법 382조 2항, 382조의3, 민법 681조), 그 의무위반으로 회사에 손해가 발생한 때에는 채무불이행의 일반원칙에 따라 회사에 이를 배상할 책임을 지게 된다(민법 390조). 이와 함께 불법행위에 의한 손해발생의 경우에 이로 인한 책임도 져야 한다(민법 750조).

판례는 주식회사의 이사 또는 감사의 회사에 대한 임무해태로 인한 손해배상책임은 일반불법행위 책임이 아니라 위임관계로 인한 채무불이행 책임이므로 그 소멸시효기간은 일반채무의 경우와 같이 10년이라고 보아야 한다고 판시하고 있다(대법원 1985. 6. 25. 84다카1954; 대법원 2006. 8. 25. 2004다24144).

나. 법령위반 행위

이사의 회사에 대한 손해배상책임은 '이사가 고의 또는 과실로 법령 또는 정관에 위반한 행위를 하거나 그 임무를 게을리한 경우(상법 399조)'에 발생하며, 법령에 위반한 행위로는 경업피지의무 위반(상법 397조), 이사회의 승인없이 한 이사의 자기거래(상법 398조), 자기주식취득의 제한위반(상법 341조), 배당가능이익이 없음에도 위법배당 의안의 총회제출(상법 462조 1항 ; 대법원 2007. 11. 30. 2006다19603), 인수인과 통모하여 현저하게 불공정한 발행가액으로의 주식인수(상법 424조의2 3항), 규정에 위반하여 재산상의 이익을 공여한 경우(상법 467조의2) 등 상법에 위배되는 경우뿐만 아니라, 회사의 업무를 집행하면서 회사자금으로 한 뇌물공여는 '법령에 위반한 행위(상법 399조)'이며(대법원 2005. 10. 28. 2003다69638), 기타 특별법이나 법규명령에 위반하는 경우까지 모두 포함한다.

이 경우 '법령'이란 이사로서 임무를 수행함에 있어서 준수해야 할 의무를 개별적으로 규정하고 있는 상법 등의 제반규정과 회사가 기업활동을 함에 있어서 준수해야 할 제반규정이다(대법원 2005. 10. 28. 2003다69638).

다. 법령위반에서의 법령

법령 또는 정관에 위반한 행위에서 '법령'은 이사의 의무를 규정하거나 직무집행에 있어 준수해야 할 상법 등 모든 법률과 기타 법규명령을 의미하며, 행정지침이나 내부규정은 이에 포함되지 않는다고 본다.

판례 역시 이사가 회사에 대하여 손해배상책임을 지는 사유가 되는 법령에 위반한 행위는 이사로서 임무를 수행함에 있어서 준수해야 할 의무를 개별적으로 규정하고 있는 상법 등의 제규정과 회사가 기업활동을 함에 있어서 준수해야 할 제반규정을 위반한 경우가 포함되는 것으로 넓게 인정하고 있다(대법원 2005. 10. 28. 2003다69638).

판례에 따르면 법령위반행위에 대하여는 경영판단의 원칙이 적용될 여지가 없으며, 법령위반행위의 '법령'은 일반적인 의미에서의 법령, 즉 법률과 그 밖의 법규명령으로서의 대통령령, 총리령, 부령 등을 의미하고, 종합금융회사 업무운용지침, 외화자금거래취급요령, 외국환업무·외국환은행신설 및 대외환거래계약 체결 인가공문, 외국환관리규정, 종합금융회사 내부의 심사관리규정 등은 이에 해당하지 않는다(대법원 2006. 11. 9. 2004다41651, 41668).

라. 이사회 결의와 책임

법령·정관의 위반은 이사가 고의 또는 과실로 법령·정관에 위반한 행위를 하거나 그 임무를 게을리 한 때에 회사에 대하여 손해배상의 책임을 부담하는 것이다.

그러나 이사에 의한 법령·정관에 위반한 행위 또는 임무를 게을리 한 행위(임무해태)가 복수(複數)의 이사에 의하여 행하여진 경우(이사회 결의에서 찬성한 경우 등)에는 그 이사는 연대하여 책임을 진다(상법 399조).

이사회결의에 찬성한 이사로서 책임을 지는 것은 결의사항 자체가 법령·정관에 위반하거나 임무를 게을리한 경우에 해당되는 경우에 국한되며, 결의사항 자체에는 그러한 하자가 없으나 이사의 업무집행과정에서 법령·정관위반이나 임무를 게을리한 경우가 있는 데 불과한 경우에는 찬성한 이사에게 책임을 물을 수 없다.

이사의 임무해태로 인한 회사의 손해배상청구권은 일반소멸시효기간인 10년이 지나면 소멸시효가 완성된다(민법 162조 ; 대법원 1985. 6. 25. 84다카1954, 대법원 2006. 8. 25. 2004다24144).

판례는 회사의 이사가 회사의 이익을 위하여 회사자금을 당시 대통령에게 뇌물로 공여한 사안에서 "회사가 기업활동을 함에 있어서 형법상의 범죄를 수단으로 하여서는 안되므로 뇌물공여를 금지하는 형법규정은 회사가 기업활동을 함에 있어서 준수해야 하는 것으로서, 이사가 회사의 업무를 집행하면서 회사의 자금으로서 뇌물을 공여하였다면 이는 법령에 위반된 행위에 해당된다고 할 것이고(상법 399조) 이로 인하여 회사가 입은 뇌물액 상당의 손해를 배상할 책임이 있다고 판시하였다(대법원 2005. 10. 28. 2003다69638).

마. 이사의 회사에 대한 책임감경

회사에 대한 책임감경은 이사에게 적용되며, 집행임원 및 감사에게도 준용된다(상법 408조의9, 상법 415조). 등기된 이사이면 사내이사, 사외이사를 불문하며, 다만, 등기되지 않은 업무담당이사, 사실상의 이사, 업무집행관여자 등에게는 준용되지 않는다.

바. 책임감경의 방법

회사가 정관에 그 근거를 두고 이사와 감사의 회사에 대한 책임을 감경할 수 있다. 회사는 이사와 감사의 책임을 최근 1년간의 보수액의 6배(사외이사의 경우 3배)를 초과하는 부분에 대해서는 정관의 규정으로 면제할 수 있는 것이다.

감사의 책임 면제 또는 감경(상법 415조, 400조 1항, 2항)을 비롯하여 임무해태로 인한 회사에 대한 책임(상법 414조 1항), 제3자에 대한 책임(상법 414조 2항) 등은 이사의 책임과 같다.

사. 적용의 예외

상법은 명문의 규정으로 정관에 의한 책임감경이 이사의 고의·중과실로 인한 경우와 경업금지(상법 397조), 회사기회유용금지(상법 397조의2), 자기거래금지(상법 398조)를 위반하는 경우에는 적용되지 않는다(상법 400조 2항).

주주전원에 의한 책임면제의 경우(상법 400조 1항)에는 이러한 제한규정이 없으므로 이사의 고의·중과실 등의 경우에도 주주전원이 동의하는 경우에는 책임이 면제된다. 다만 현실적으로 상장회사의 경우 주주전원의 동의를 받는 것은 불가능하다.

(2) 이사의 제3자에 대한 책임

가. 개요

이사 또는 이사회의 결의에 의해 ①고의나 중대한 과실(중과실)로 그 임무를 게을리 한 때(임무해태), ②제3자의 손해, ③이사의 행위와 제3자 손해의 인과관계가 있을 경우에 그 이사 또는 관여된 이사는 제3자에 대하여 연대하여 손해배상책임을 부담한다(상법 401조).

이러한 고의 또는 중과실은 제3자에 대한 가해행위는 있을 필요는 없고, 이사가 회사에 대해 임무를 게을리 한 것에 고의 또는 중과실이 있으면 된다.

이때 '고의'란 이사가 임무해태가 있음을 알고 있는 경우를, '중과실'은 조금만 주의를 기울였다면 알거나 알 수 있었음에도 불구하고 현저한 부주의로 인하여 알지 못한 경우를 말한다.

나. 손해의 범위와 제3자의 범위

이사의 임무해태로 인한 손해는 제3자가 직접 입은 손해인 직접손해와 먼저 회사가 입은 손해(허위의 주식청약서나 재무제표를 믿고 인수한 주식 등)로 인해 다시 제3자가 입은 손해인 간접손해(회사재산의 막대한 횡령 등으로 인한 회사재산의 감소로 채권회수가 불가능하게 된 회사채권자의 손해 등)로 구분하며, 제3자에는 회사와 책임을 지는 이사 이외의 자를 말하고, 이사에게 책임을 추궁할 수 있는 이러한 제3자에는 회사채권자는 물론 주주(주식인수인)도 그 범위에 포함되는 것으로 보고 있다(통설).

책임의 범위에 대해서는 제3자가 입은 손해와 임무해태와의 사이에 상당인과관계가 인정되면 직접손해·간접손해 어느 것이나 포함된다고 보며, 직접손해에는 주주도 포함되며, 간접손해에는 주주가 포함되는지의 여부에 대해 학설 대립이 있으나, 판례는 주주의 간접손해가 제3자에 대한 책임(상법 401조)에서 말하는 손해의 개념에 속하지 아니하므로 이사에게 손해배상을 청구할 수 없다고 본다(대법원 2003.10.24. 2003다29661).

다. 임무를 게을리 한 때(임무해태)

임무해태란 이사의 회사에 대한 책임에서와 달리 법령·정관의 위반도 포함되기 때문에 '그 임무를 게을리 한 때'란 이사가 충실의무, 경업금지의무, 회사기회유용금지를 비롯하여 상법 등에서 규정하는 각종 이사의 의무를 위반하는 경우와 이사가 회사에 부담하는 선관주의의무를 위반한 경우를 들 수 있으며, 회사에 손해를 가하거나 미연에 손해를 방지하지 못한 경우를 의미한다.

임무해태의 범위에는 각종의 사기적 행위를 비롯해서 이사가 회사의 대규모 분식회계에 가담, 부실한 정보의 제공, 회사의 방만경영, 회사재산의 보관의무 위반, 업무담당이사의 위법한 업무집행을 방임(대법원 1985.6.25. 84다카1954) 등 각종의 감독 및 감시의무 위반, 기타 다른 대표이사에 대한 감시의무위반(대법원 2008.9.1.1. 2006다68636), 회사채무의 불이행 등이 포함된다.

라. 책임의 원인

비상근이사·비상임이사나 사외이사가 고의 또는 중대한 과실(중과실)로 인하여 그 임무를 게을리(임무해태)하고 그 결과 제3자에게 손해가 생기면 이를 배상할 책임을 진다(상법 401조 1항).

고의는 임무를 게을리하고 있음을 알고 있는 경우를 말하며, 중과실은 알 수

임무해태는 이사가 직무수행과 관련하여 선량한 관리자의 주의를 게을리함으로써 회사에 손해를 가하거나 손해를 방지하지 못한 경우를 말하며, 2011년 상법 개정전에는 임무해태라고 표현하였다. 이는 이사가 회사의 업무를 집행하는 과정에서도 발생하지만 법령이나 정관을 위반하지 않아도 일어날 수 있다.
또한 이사가 다른 이사의 위법행위나 임무해태에 대한 감시를 게을리하여 회사의 손해를 막지 못하면 임무해태가 된다.

있었는데도 불구하고 현저한 부주의로 알지 못한 경우를 가리킨다. 고의·중과실의 입증책임은 이사의 책임을 추궁하는 제3자에게 있다.

 책임의 원인이 이사회결의에 의한 것인 때에는 그 결의에 찬성한 이사도 연대책임을 진다. 이사회결의에 참가한 이사로서 이의를 한 기재가 의사록에 없는 자는 그 결의에 찬성한 것으로 추정하여(상법 401조 1항, 399조 2항·3항) 연대책임을 부담하게 한다.

이사의 제3자에 대한 책임은 기본적으로는 이사의 회사에 대한 책임의 요건과 같으나, 중과실이 요구되는 점에서 경과실만으로 책임을 부담하는 이사의 회사에 대한 손해배상책임과는 차이가 있다.

책임의 요건에 대한 입증책임은 이사에게 손해배상책임을 구하는 원고(제3자)에게 있고, 제3자에 대한 책임은 법정책임으로 보아 채권의 일반 소멸시효인 10년이 적용된다는 것이 판례의 입장이다(대법원 2006.12.22. 2004다63354 ; 대법원 2008.2.14. 2006다82601)

Q 이사의 위반행위로 인한 제3자에 대한 책임에서, 이사의 제3자에 대한 책임이란?

A 이사의 임무 위반행위로 인해 회사 이외의 제3자(주주나 회사채권자, 기타 이해관계인)에게 손해가 발생한 경우에 이사는 그 제3자에 대해서도 특별히 책임을 부담한다(상법 401조). 본래라면, 이사와 제3자간에는 직접적인 계약관계가 없기 때문에 이사는 제3자에 대해서 민법상의 불법행위책임을 부담할 뿐인 것이다. 그러나 주식회사는 경제적·사회적으로 깊은 이해관계를 가지게 되고, 그 활동은 이사등 임원의 직무집행 활동에 크게 좌우된다.

이사의 임무해태가 있으면 회사뿐만 아니라 제3자에게도 중대한 손해를 초래할 위험이 있다. 그래서 상법은 이사가 제3자에 대하여 직접 손해배상책임을 지는 경우가 있음을 인정하고 있다.

또한 이사의 임무해태로 인해서 제3자에게 손해가 발생한 경우, 법에서 인정한 이사의 제3자에 대한 책임과 민법상의 불법행위책임이 모두 인정되기도 한다. 이 경우 제3자는 자신에게 유리한 쪽을 선택하여 주장할 수 있을 것이다.

Q 이사는 어떠한 경우에 제3자에 대한 책임을 지는가?

A 이사의 임무해태 행위에 대해 악의(알면서도) 또는 중과실(중대한 부주의)이 있는 경우, 이에 따른 제3자가 입은 손해를 배상할 책임을 부담한다. 제3자에 대한 가해행위(加害行爲) 그 자체에 대하여 고의나 과실이 없었다고 해도 임무를 게

회사에 대한 자신의 영향력을 이용하여 이사에게 업무집행을 지시한 업무집행지시자는 회사에 대한 책임(상법 399조), 제3자에 대한 책임(상법 401조), 주주대표소송(상법 403조)의 적용에 있어서 이사로 본다. 따라서 임무해태로 인한 이사의 손해배상책임, 제3자에 대한 손해배상책임에 있어서 이사와 연대책임을 지게 된다. 이사의 이름으로 직접 회사의 업무를 집행한 자도 이러한 책임을 지게 된다(상법 401조의2).
이사가 아니면서 업무집행 권한이 있는 것처럼 명칭을 사용하는 표현이사도 이사와 같은 책임을 진다(상법 401조의2 1항 3호).

을리 한 것에 대해(법령이나 정관을 위반한 것을 포함하여) 악의 또는 중과실이 있으면 이사의 책임이 인정되고 있다.

Q 이사가 책임을 부담해야 할 손해의 범위는 어떻게 되는가?

A 제3자에게 손해가 발생한 경우로는, 우선 이사의 임무해태 행위에 의해 제3자가 직접손해를 입는 경우(직접손해)가 있다. 반면, 이사의 임무해태 행위로 인해 회사가 1차적으로 손해를 입고, 그 결과 제3자가 2차적으로 손해를 입은 경우(간접손해)가 있다.

예를 들어, 이사의 임무해태로 인해 회사가 파산하였기 때문에 회사에 금전을 대여하고 있던 자가 대금을 회수할 수 없게 된 경우에 이는 간접손해의 사례라고 할 수 있다. 제3자를 강하게 보호할 필요가 있기 때문에 이사는 직접손해뿐만이 아니라 간접손해에도 제3자가 입은 손해에 대해 책임을 지게 된다.

Q 주식회사의 업무담당이사로서 담당업무로 인해 회사에 중대한 손해를 끼쳤다. 어떻게 책임을 져야 하는지?

A 대부분 영리를 추구하는 회사의 사업환경은 늘 시시각각 변화한다. 이사가 이 모든 것을 예측하여 사업을 할 수는 없다. 그렇기 때문에 이사 등 경영진에게 그 모든 결과와 위험에 대하여 책임을 지도록 하는 것은 너무 가혹하다.

이사가 주의의무, 충실의무를 위반한 경우에는 법적책임을 질 수 있다. 주의의무는 이사가 선의로서, 비슷한 지위에 있는 통상의 신중한 자가 유사한 상황

[불법행위] 고의(일부러) 또는 과실(부주의)로 타인의 권리나 이익을 침해하여 손해를 입혔을 때에 불법행위가 된다. 법은 피해자의 손해를 배상할 책임을 가해자에게 부담하게 하고 있다.

에서 행하는 정도의 주의로써, 회사에 최상의 이익이 된다고 합리적으로 믿는 방법으로 그의 업무를 수행하는 것을 뜻하고, 충실의무는 이사가 회사의 이익과 상충되는 행위를 해서는 안 되는 것을 말하며, 이해가 상충할 경우에는 회사에 이익이 되도록 행위해야 한다(상법 382조의3).

이사가 이러한 의무를 위반하게 되면 회사에 대해 손해배상책임을 지게 된다. 이사가 그 직무집행에 있어 경영진의 입장에서 경제상황에 대응하여, 유동적이고 불확실한 사정을 종합하여 회사를 위한 정책적인 판단을 해야 하는 경우가 많고, 이러한 회사경영은 엄청난 경쟁과 위험이 도사리고 있기 때문에 다소 모험적인 선택과 그에 따른 위험은 따르기 마련이다.

따라서 법은 이사에게 부여된 재량권의 범위를 벗어나지 않고, 이사가 경영진으로서 합리적인 선택의 범위 내에서 성실하게 행동한 경우, 그 행동이 결과적으로 회사에 손해를 끼쳤다고 해도, 그것만으로 책임을 추궁하지는 않는다.

또한 경영자가 주관적으로 회사의 최대이익을 위해 성실하게 경영상 판단을 하였고, 그 판단과정이 공정하다고 할 절차적 요건을 갖추었다면, 그 결과 잘못된 판단으로 기업에 손해가 발생하였다고 하더라도 경영자의 경영상 판단을 존중하여 그로 인한 책임을 면하도록 하는 경영판단원칙으로도 보호를 받을 수 있다.

따라서 이사가 담당업무로 인해 회사에 손해를 끼쳤다고 하더라도 그 재량의 범위 내에서 절차에 따른 경우라면 법적인 책임이 없지만, 위법한 행위로 인하여 회사에 손해가 발생하도록 한 경우에는 그 책임을 져야 한다.

인사담당 이사의 고의나 중과실로 폭행 전과가 있는 부적격자인 직원에게 마케팅이나 민원담당 업무를 맡겼는데 이 업무 부적격의 직원이 거래상대방이나 고객을 폭행하여 손해를 입힌 경우, 인사담당 이사도 상법 제401조에 따라 손해배상책임을 부담함은 물론, 마케팅 또는 민원담당 부서로 인사 이동된 폭행전력 부적격 직원을 관리·감독하는 마케팅 또는 민원담당 이사도 인사 관리상 중과실이 있다면 제3자에 대한 책임(상법 401조)도 져야 할 것이다(민법 756조 2항의 '사용자 배상책임 중 감독자의 책임'에 따른 책임도 져야 한다).

Q 아무래도 추후 문제가 될 수 있는 의안이 이사회에 상정될 예정인데, 이사로서 이사회에 불참하면 책임이 면제되는지? 또한 이사회에서 의안을 가결할 때 반대하였지만, 그래도 책임져야 하는 경우가 있는지?

A 일반적으로 생각하면 이사회에 불참하여 논의와 협의를 하지 않은 경우에 이사는 책임을 지지 않는다고 생각할 수도 있다.

상법상 이사회가 이사의 직무집행을 감독하도록 하고 있어(상법 393조 2항), 이사가 다른 이사의 직무집행을 감독하기 위해서는 이사회에서 의결권 행사를 통해 해야 한다. 이러한 이사는 자기가 담당하는 업무는 물론 다른 이사의 업무집행을 전반적으로 감시할 의무가 있고 이러한 의무는 등기된 이사라면 상근이사나 비상근이사를 불문하고 이사회 일원으로서 그 의무를 부담한다.

추후 문제가 될 의안이 이사회에 상정되는 것을 알고도 이사가 정당한 사유없이 이사회에 불출석하여 이사회 성립을 어렵게 하거나 다른 이사들의 위법부당한 결의를 저지하지 못하고 방치한 경우 임무를 해태한 것으로 볼 수 있다(대법원 2004. 3. 26. 2002다29138 ; 대법원 2008. 12. 11. 2005다51471).

또한 이사는 이사회에 상정된 의안에 대하여 찬성과 반대의 의사표시를 하는데 그치지 않고, 자기담당업무는 물론 다른 업무담당 이사의 업무집행을 전반적으로 감시할 의무가 있고(대법원 2008. 12. 11. 2005다51471 ; 수원지방법원 2001. 12. 27. 98가합22553 ; 서울고법 2003. 11. 20 2002나6595), 이사는 이사회에 출석하여 의결권을 행사할 의무가 있지만, 질병이나 출장, 긴급한 용무 등의 정당한 사유로 인한 불출석은 임무해태에 해당하지 않아(정당한 사유 없는 불출석만 임무해태에 해당) 손해배상책임을 부담하지 않는다. 정당한 사유 없는 이사회 불출석이 장기화되면 해

이사가 회사에 대한 주의의무를 고의 또는 중대한 과실로 위반하고 그 결과 제3자에 대한 손해배상책임(상법 401조)을 져야 하는 경우로는 재무관리와 관계된 분야에서는 분식회계와 허위공시 내지 부실공시행위가 있다(대법원 2012.12. 23. 2010다77743).

임사유로도 될 수 있다.

따라서 이사는 문제가 될 여지가 있는 의안이 이사회에 부의되면, 정당한 사유로 불참할 수 있는 경우가 아니라면, 이사회에 출석하여 논의와 협의를 통해 적절한 조치를 취해야 하고, 그러지 않은 경우에 감시의무 위반의 책임을 질 수 있다.

이사회 결의로서 법령이나 정관에 위반한 행위 또는 임무해태가 있을 경우 그 결의에 찬성한 이사도 그 책임을 부담하기 때문에(상법 399조 2항), 이사가 이사회 결의에 참가하여 그 의사록에 이의를 제기하였다는 기재(즉, 반대의 의사표시를 한 기재)가 없으면 그 결의에 찬성한 것으로 추정한다(상법 399조).

따라서 이사회에서 아무리 의견을 제시해도 받아들여지지 않을 경우에, 해당 의안에 대하여 반대의견을 제기한 것을 의사록에 남겨 두어야 책임을 면할 수 있다.

Q 다른 이사가 자신의 이익을 위해 회사의 일처리를 하는 배임행위를 알게 되었다. 어떻게 대처해야 하는가?

A 이사의 배임행위는 법령위반이며, 상법상의 특별배임죄가 성립할 수도 있다(상법 622조(발기인, 이사 기타의 임원등의 특별배임죄)). 업무상 배임죄는 타인의 사무를 처리하는 자가 그 임무를 위배하여 재산상의 이득을 취하거나 제3자로 하여금 재산상의 이익을 취하여 회사에 손해를 가한 경우를 말한다.

다른 이사가 그러한 위법한 행위를 하고 있는 것을 발견하면 중지시켜야 한다. 회사에 대해 충실의무를 지는 이사는 그러한 배임행위를 저지하고 피해를

이사회는 이사 개인의 능력과 판단력, 신뢰를 기초로 한 회사의 기관임에 따라 이사가 직접 이사회에서 출석하여 협의하고 의견을 교환한 후 의사를 결정하는 것은 이사의 기본적인 직무이며, 선관주의의무 등을 이행하기 위한 기초적인 요건이라고 할 수 있다.
이러한 이사는 자기의 의결권을 위임하거나 대리인을 통하여 그 권리를 행사할 수 없다.

최소한으로 막기 위한 선관주의의무를 부담하고 있다.

따라서 다른 이사의 배임행위를 알면서도 적절한 조치를 취하지 않으면, 배임의 공범이 될 우려마저 있다. 이러한 의무는 대표이사가 아닌 다른 이사도 자신의 담당업무와는 관계없이 부담하므로 필요한 조치를 취해야 한다.

이사가 다른 이사의 배임행위를 그만두게 하기 위해서는, 먼저, 이사회의 소집을 요구하고, 이사회에서 논의하여 그만두게 하는 방법이 있다. 만약 대표이사가 배임행위를 경우라면, 이사회는 대표이사로서 갖고 있는 대표권이나 역할을 빼앗는 결의를 할 수도 있다. 그리고 추가로 주주총회를 소집해 해당 이사를 특별결의로서 해임시킬 수도 있다.

Q 회사 경영자가 적대적 M&A로부터 경영권을 유지하기 위해 직원들의 (회사)주식 매입에 회사자금을 지원하였다. 배임죄가 성립하는가?

A 근로복지기본법에 따라 우리사주조합원이 그 회사 주식을 취득할 수 있도록 동 조합에 회사가 출연하는 종업원지주제도를 통해 종업원의 자사주 매입을 돕기 위해 회사의 경영자가 자금지원을 결정하는 것 자체를 회사에 대한 임무위배행위라고 할 수는 없을 것이다.

그러나 판례에 따르면 회사의 경영자가 경영권 유지를 위해 회사 직원의 자사주식매입에 회사자금을 지원하면 배임죄가 성립한다.

특히 경영자의 자금지원의 주된 목적이 종업원지주제도를 통해 종업원의 재산형성을 통한 복리증진보다는 안정주주를 확보함으로써 경영자의 회사에 대한

【업무상배임】
[대법원 2006. 11. 10. 2004도5167] 이익을 취득하는 제3자가 같은 계열회사이고, 계열그룹 전체의 회생을 위한다는 목적에서 이루어진 행위로서 그 행위의 결과가 일부 본인을 위한 측면이 있다 하더라도 본인의 이익을 위한다는 의사는 부수적일 뿐이고 이득 또는 가해의 의사가 주된 것임이 판명되면 배임죄의 고의를 부정할 수 없다.

경영권을 계속 유지하고자 하는 데 있다면, 그 자금지원은 경영자의 이익을 위하여 회사재산을 사용하는 것이 되어 회사의 이익에 반하므로 회사에 대한 관계에서 임무위배행위가 된다고 판시하였다(대법원 1999. 6. 25. 99도1141).

Q 계열회사가 채무변제능력을 상실함에 따라, 회사의 이사가 담보제공 없이 회사자금을 대여하면 업무상배임죄가 성립하는가?

A 이사가 회사 손해를 예측하고도 계열회사에 금전을 대여하였다면 업무상배임죄가 성립하지만, 경영에 내재하는 불확실성 등을 고려하여, 자금대여가 회사의 더 큰 손실을 막기 위한 불가피한 선택이라는 합리성과 객관성이 있을 경우에는 배임죄에 해당하지 않는다.

계열회사의 공동이익을 판단기준으로 보면 부실계열사의 지원회사 영업에 대한 기여도, 지원이 미치는 재정적 부담의 정도, 지원에 따른 부실계열사의 회생가능성 내지 도산가능성, 지원회사에 미칠 것으로 예상되는 이익 및 불이익의 정도 등 '지원 후 지원회사가 얻을 이익'이 핵심이 된다.

따라서 계열회사에 자금대여, 채무보증, 유상증자 참여, 자산양수·양도, 합병, 분할, 채무면제 등으로 지원하면서 회사의 손해를 감수하고 부실한 계열회사를 지원한 경우에 이를 결의한 이사는 선관주의의무(善管注意義務) 위반 내지 임무해태로 인한 손해배상책임(상법 399조) 또는 형법상의 업무상 배임죄(형법 356조, 355조 2항) 책임을 질 수 있다.

판례에 따르면 회사의 이사 등이 타인에게 회사자금을 대여함에 있어 그 타

[대법원 1983. 12. 13. 83도2330] 배임의 죄는 타인의 사무를 처리하는 사람이 그 임무에 위배하는 행위로써 재산상의 이익을 취득하거나 제3자로 하여금 취득하게 하여 본인에게 손해를 가함으로써 성립하여 그 행위의 주체는 타인을 위하여 사무를 처리하는 자이며, 그의 임무위반 행위로써 그 타인인 본인에게 재산상의 손해를 발생케 하였을 때 이 죄가 성립되는 것.....

인이 이미 채무변제능력을 상실하여 그에게 자금을 대여할 경우 회사에 손해가 발생하리라는 점을 충분히 알면서 이에 나아갔거나, 충분한 담보를 제공받는 등 상당하고도 합리적인 채권회수조치를 취하지 아니한 채 만연히 대여해 주었다면, 그와 같은 자금대여는 타인에게 이익을 얻게 하고 회사에 손해를 가하는 행위로서 회사에 대하여 배임행위가 되고, 회사의 이사는 단순히 그것이 경영상의 판단이라는 이유만으로 배임죄의 죄책을 면할 수는 없으며, 이러한 이치는 그 타인이 자금지원 회사의 계열회사라 하여 달라지지 않는다고 판시하고 있다(대법원 2000. 3. 14. 99도4923).

Q 모회사(제조업)의 대표이사로부터 파산 직전에 있는 자회사에 계속 자금지원을 하라는 지시를 받았다. 담당 이사로서 어떻게 해야 하는가?

A 이사가 대표이사의 요구에 따라 안이하게 계속 자금지원을 승인하는 것은 의무위반이 될 수 있다. 자회사가 채무변제능력을 상실하여 자회사에 자금을 대여할 경우 회사에 손해가 발생하리라는 점을 알고도 지원을 계속하면, 모회사는 피해를 크게 할 우려가 있으므로 이사는 모회사의 이익을 위해 신중하게 판단해야 한다.

또한 모회사와 자회사는 법률적으로는 별개의 독립된 법인격을 가지고 있고, 자회사에 계속 지원하는 것은 공정거래법상의 부당지원행위에 해당할 수 있는데(공정거래법 23조 1항 7호), 법에는 '특수관계인 또는 다른 회사'의 개념에서 자회사를 지원객체에서 배제하는 명문의 규정이 없어 모회사와 자회사 사이의 지원행위는 공정거래법상의 부당한 자금지원행위의 규제대상으로도 된다.

따라서 안이하게 모회사 대표이사의 요구에 응할 것이 아니라, 회사의 이익에 비추어 자금지원을 반대해야 할 경우도 있다. 이사로서 자회사에 변제가능성 없는 지원을 계속하는 것을 추인하면, 선관주의의무 또는 충실의무 위반이 될 수 있다.

회사의 이사는 다른 이사에 대한 감시·감독의무도 부담하고 있으므로, 해당 내용을 다른 이사에게 알리고 이사회를 소집하는 등 이를 시정하기 위한 조치를 취해야 한다. 이러한 회사의 행위를 바로잡지 못할 경우에 이사는 자기책임을 다하지 못한 것이 된다.

Q 이사로서 법령을 몰라 상법을 위반하여 회사에 손해가 발생한 경우에 그 책임은 어떻게 되는가?

A 이사와 회사의 관계는 위임관계로 규정하고 있으므로(상법 382조의 2항, 민법 681조), 이사는 수임자로서 원칙적으로 선량한 관리자로서의 주의의무를 부담하며, 이를 위반하여 회사에 손해가 발생한 경우에는 손해배상책임을 부담하게 된다(상법 399조).

또한 충실의무를 부담하며, 이에 상법은 일반규정(상법 382조의3)으로서, 이를 구체화한 경업금지의무(상법 397조 1항), 자기거래 금지의무(상법 398조), 회사사업기회 유용금지의무(상법 397조의2) 등을 두고 있다.

상법상 이사가 규정을 위반한 경우에 일정한 손해배상책임을 부담한다. 이사의 회사에 대한 손해배상책임의 원인을 '이사가 고의 또는 과실로 법령 또는 정관에 위반한 행위를 하거나 그 임무를 게을리한 경우(상법 399조 1항)'로 규정하고 있어, 이사의 책임은 과실책임이 되어(상법 399조 1항의 '고의 또는 과실'이라는 요건),

---

[부당자금지원행위] 공정거래법상의 부당한 자금지원행위는 자금제공 또는 거래방법이 직접적이든 간접적이든 묻지 않고, '사업자가 부당하게 특수관계인 또는 다른 회사에 대하여 가지급금·대여금 등 자금을 현저히 낮거나 높은 대가로 제공 또는 거래하거나 현저한 규모로 제공 또는 거래하여 과다한 경제상 이익을 제공함으로써 특수관계인 또는 다른 회사를 지원하는 행위로서 공정한 거래를 저해할 우려가 있는 행위'를 말한다.

법령을 위반의 경우에도 이사에게 과실이 없으면 해당 이사는 손해배상책임을 부담하지 않는다.

따라서 관련 법령을 몰랐다는 사실이 의무위반이 될 수도 있다. 단순히 법령을 몰랐다고 하여 책임을 회피할 수 있는 것이 아니라 변호사나 법률전문가의 도움을 받아 필요한 모든 사항을 확인한 후 업무집행을 하였음에도 결과적으로 법령 위반으로 판명된 경우에는 이사의 과실이 인정되지 않는다고 할 것이다.

또한 '임무를 게을리 한 경우'란 선관주의의무를 위반하여 회사에 손해를 가하거나 미연에 손해를 방지하지 못한 경우를 의미하며, 이사의 법령 또는 정관 위반 행위나 임무해태행위가 이사회 결의에 의한 경우에는 결의에 찬성한 이사의 연대책임도 규정하고 있다(상법 399조 2항).

Q 대주주인 이사가 회사에 보증을 요구하고 돈을 빌리고 싶어한다. 어떻게 대응해야 하는가?

A 이사가 회사와 자기거래, 즉 주식회사의 이사(주요주주 등)가 자기 또는 제3자의 계산으로 회사와 거래를 하는 경우에 회사의 이익침해 위험을 방지하기 위해 이사회의 승인이 필요하다(상법 398조). 이를 자기거래라고 하고, 이사(주요주주 등)와 회사 간의 거래를 할 경우, 사전에 거래에 관한 중요한 사실을 밝히고 이사회의 승인(특별결의)을 받아야 한다.

이러한 자기거래는 회사의 이익을 해할 염려가 있는 모든 재산적 거래를 의미

법령을 위반한 행위로서의 사례는 경업피지의무에 위반한 경우(상법 397조), 이사회의 승인없이 한 이사의 자기거래(상법 398조), 자기주식취득의 제한 위반(상법 341조), 배당가능이익이 없는 위법배당의안의 총회 제출(상법 462조 1항), 인수인과 통모하여 현저하게 불공정한 발행가액의 주식인수(상법 424조의2 3항), 이익공여의 금지(상법 467조의2)에 위반하여 재산상의 이익을 공여한 경우 등 상법 위배뿐만 아니라, 회사자금으로 뇌물공여한 경우 등의 형법위반, 기타 특별법이나 법규명령에 위반하는 경우까지 모두 포함한다.

한다(대법원 2010. 1. 14. 2009다55808). 따라서, 유상증자와 같은 '자본거래' 뿐만 아니라 주요주주와 회사간에 이해가 상반하고 회사에 불이익을 초래할 우려가 있는 거래는 모두 자기거래 제한의 대상이 된다.

또한 상법은 금전대여 등을 신용공여라고 하며, 상장회사는 이사나 감사, 주요주주(10%이상 지분보유자 등) 등에게 이를 제공하는 것이 원칙적으로 제한이 된다(상법 542조의9 1항). 신용공여에는 금전등 경제적 가치가 있는 재산의 대여, 채무이행의 보증, 자금 지원적 성격의 증권 매입, 그 밖에 거래상의 신용위험이 따르는 직접적·간접적 거래로서 상법시행령에서 정한 일정한 거래가 모두 포함된다(상법 542조의9 1항).

다만, 이러한 신용공여가 허용되는 경우는 이사·집행임원·감사에 대하여 복리후생을 위한 금전대여로 학자금, 주택자금 또는 의료비 등 복리후생을 위하여 회사가 정하는 바에 따라 3억원의 범위에서 금전을 대여하는 행위(상법 시행령 35조 2항)가 있다.

이러한 예외적인 경우가 아닌 대주주인 이사를 위한 보증 등(개인채무의 연대보증은 이사 개인에게 이익이 되고 회사에 불이익을 주는 행위)은 자기거래(물품공급, 금전차용 등)에 해당하고(대법원 1984. 12. 11. 84다카1591), 따라서 보증을 하기 전에 미리 이사회 재적이사의 3분의 2이상의 찬성으로 승인을 받아야 한다(상법 398조). 자기거래가 이사회의 승인 없이 이루어진 경우, 이는 법령위반에 해당하고, 이사회 승인에도 거래가 불공정하여 회사에 손해를 가한 경우에는 임무해태에 해당한다.

상장회사는 최근 사업연도 말 현재의 자산총액이 2조원 이상의 경우에, 최대주주, 그의 특수관계인 및 그 상장회사의 특수관계인(상법 시행령 34조 4항의 특수관계인)과 일정한 규모 이상의 거래((상법 542조의9 3항)를 하려면 이사회 승인이 필요하며(약관에 의한 거래와 이사회 승인 거래총액 내의 거래는 제외), 상장회사는 이사회의 승인 결의 후 처음으로 소집되는 정기주주총회에, ①해당 거래의 목적, ②상대방, ③그 밖에 거래내용, 일자, 기간 및 조건, 거래유형별 총거래금액 및 거래잔액을 보고해야 하지만, 예외적으로 이사회 승인 범위 안에서 한 거래는 총회 보고에서 제외할 수 있다(상법 542조의9 4항, 5항).

상장회사는 주요주주(특수관계인 포함), 이사(상법 401조의2의 사실상 업무집행지시자 포함) 및 집행임원, 감사를 상대방으로 하거나 그를 위하여 신용공여를 할 수 없지만(상법 542조의9 1항), '경영건전성을 해칠 우려가 없는 금전대여'는 허용된다(상법 542조의9 2항 3호).
구체적으로 허용되는 신용공여를 보면
① 복리후생을 위한 이사·집행임원·감사에 대한 금전대여 등으로서 대통령령으로 정하는 신용공여(상법시행령 35조 2항에 따른 학자금, 주택자금 또는 의료비등 복리후생을 위하여 회사가 정하는 바에 따라 3억원 범위의 금전대여).
② 다른 법령에서 허용하는 신용공여(자본시장법 34조 2항의 신용공여 등)
③ 그 밖에 상장회사의 경영건전성을 해칠 우려가 없는 금전대여 등으로 회사의 경영상 목적을 달성하기 위해 법에서 인정하는 자를 상대로 하거나 그를 위하여 적법한 절차에 따라 하는 신용공여(상법 시행령 35조 3항)가 있다

Q 이사가 회사의 업무를 집행하면서 회사의 자금으로 뇌물을 공여한 것이 '법령에 위반한 행위(상법 399조)'에 해당하는가?

A 이사가 임무를 수행함에 있어서 법령에 위반한 행위를 한 때에는 그 행위 자체가 회사에 대하여 채무불이행에 해당되므로 이로 인하여 회사에 손해가 발생한 이상, 특별한 사정이 없는 한 손해배상책임을 피할 수는 없다.

회사가 기업활동을 함에 있어서 형법상의 범죄를 수단으로 하여서는 안 되므로 뇌물공여를 금지하는 형법규정은 회사가 기업활동을 함에 있어서 준수해야만 한다.

그런데 이사가 회사의 업무를 집행하면서 회사의 자금으로서 뇌물을 공여하는 것은 상법 제399조에서 규정하고 있는 법령에 위반된 행위에 해당된다고 할 것이고 이로 인하여 회사가 입은 뇌물액 상당의 손해를 배상할 책임을 지게 된다(대법원 2005. 10. 28. 2003다69638).

또한 판례는 뇌물공여를 금지하는 형법규정 위반으로 인하여 회사에 손해가 발생하였다면 특별한 사정이 없는 한 손해배상책임을 면할 수 없으므로 그러한 법령 위반행위에 대해서는 당초부터 경영판단의 원칙의 적용을 배제한다.

Q 이사로서 회사를 그만두지 않은 상태인데, 다른 회사를 만들어 창업을 해보고 싶다. 문제는 되는가?

A 이사 스스로 새로 만들려고 하는 회사가 지금 근무하고 있는 회사의 사업과 비슷하거나, 경쟁할 가능성이 있을 때에는 스스로 회사를 만들 수 있어도, 그 회사가 하는 사업(거래)은 경업행위에 해당하게 될 것이다. 이사는 상법상의 경업금지의무를 지고 있기 때문에 그러한 행위를 하기 위해서는 원칙적으로 이사로 있는 회사의 승인이 필요하다.

이는 경업금지의무(競業禁止義務) 또는 경업피지의무(競業避止義務)라고 하고, 그 내용에 따라 거래금지와 겸직금지로 구분한다.

법상 이사는 이사회의 승인이 없으면 자기 또는 제3자의 계산으로 회사의 영업부류에 속한 거래를 하거나 동종영업을 목적으로 하는 다른 회사의 이사(또는 무한책임사원)가 되지 못하고(상법 397조 1항), 이를 위반한 이사는 회사에 연대하여 회사가 입은 손해를 배상할 책임이 있다(상법 399조 1항).

이는 이사가 그 지위를 이용하여 자신의 개인적 이익을 추구하여 회사의 이익을 침해할 우려가 큰 경업을 금지하여, 이사로 하여금 선량한 관리자의 주의로써 회사를 유효적절하게 운영하여 그 직무를 충실하게 수행하도록 하기 위한 것이다(대법원 2018. 10. 25. 2016다16191).

경업거래는 자기 또는 제3자의 계산으로 하는 경우에 모두 금지된다. 이 경우에 '계산'이란 거래로 인한 경제적 이익을 말하기 때문에 경업거래 이익이 이사 자신에게 뿐만 아니라 제3자에게 귀속되는 경우에도 금지된다. 이는 그 경제적 이익의 귀속만을 기준으로 경업거래 여부를 판단하기 때문에 권리의무의 귀속주체는 문제가 되지 않는다.

회사의 영업부류에 속하는 거래는 회사가 실제로 경영하는 사업과 경쟁함으로써 회사와 이사간의 이익의 충돌을 가져올 '가능성'이 있는 거래도 포함한다.

따라서 이러한 회사를 만들 경우에 해당 이사는 이사회의 승인을 사전에 얻어야 하며, 규정과 판례를 벗어나지 않는 범위 내에서, 스스로 회사를 만들어 사업을 할 수 있다.

Q 이사가 자기거래 또는 이익상반거래를 하였을 때에는, 어떤 책임을 지는지?

A 이사(주요주주와 그 특수관계인) 등의 자기거래는 '이사 등이 자기 또는 제3자의 계산으로 회사와 하는 거래'로서(상법 398조), 자기거래에 해당한다고 인정된 거래에는 회사와 이사간의 '연대보증계약, 대여계약, 매매계약' 등이 있으며, 실무적으로 회사가 이사에게 하는 금전대여나 채무보증 등의 거래를 포함한다.

이러한 거래는 '미리' 이사회에서 해당 거래에 관한 중요사실을 밝히고(회사의 이익과 대립될 수 있는 중요한 부분으로서, 거래의 상대방·거래의 내용·가액·수량·시기·조건 등), 이사회에서 이사 3분의 2 이상의 수로서 승인을 받아야 하며, 그 거래의 내용과 절차는 공정해야 한다.

이사가 이러한 중요한 사항을 고지하지 않거나, 필요한 승인을 얻지 않고 거래를 한 경우 등 법령(상법 398조)을 위반하여 거래를 한 경우에 회사에 대하여 손해배상책임(상법 399조)을 지며, 경영판단의 원칙이나 정관으로 정한 손해배상책임 감경 규정도 적용할 수 없다.

이에 반해 이사회에서 해당 거래를 승인한 것에 불과한 이사로서는, 선관주의의무 위반이 인정되는 경우에는 손해배상책임(상법 399조)을 지게 될 것이다. 이사가 자기거래를 위반한 경우에는 해임사유가 되거나 배임죄로 해당 될 수도 있다.

소규모 회사(자본금총액 10억원 미만)로서 이사가 1인 또는 2인인 회사(상법 383조)는 이사회가 없으므로 주주총회의 승인을 받아야 한다(상법 383조 4항).

Q 주식회사의 이사로서 대표이사나 다른 업무담당이사의 업무집행이 위법하다고 의심할 만한 사유가 있는데도 이를 방치한 이사가 제3자에 대하여 손해배상책임을 지는지?

A 이사가 대표이사나 다른 업무담당이사의 업무집행이 위법하다고 의심할 만한 사유가 있음에도 이를 방치한 경우, 추후에라도 그로 인하여 제3자가 입은 손해에 대하여 배상책임을 진다.

이사의 임무는 단지 이사회에 상정된 의안에 대하여 찬성·반대의 의사표시를 하는 데에 그치지 않고, 대표이사를 비롯한 업무담당 이사의 전반적인 업무집행을 감시하는 것도 포함되므로, 대표이사나 다른 업무담당 이사의 업무집행이 위법하다고 의심할 만한 사유가 있음에도 악의 또는 중대한 과실로 인하여 감시의무를 위반하여 이를 방치한 때에는 이로 말미암아 제3자가 입은 손해에 대하여 배상책임을 면할 수 없다(대법원 2008. 9. 11. 2007다31518).

따라서 대표이사나 다른 업무담당 이사의 행위가 위법하거나 부적정하게 행해지는 것으로 의심되면 이사는 이사회 소집을 요구하여 이사회에서 이를 다루거나, 감사와 협의하는 등 적절한 조치를 취할 의무를 부담한다.

이렇게 대표이사나 다른 업무담당 이사가 이사회의 결정과 어긋나게 업무집행을 할 경우 이는 임무해태가 될 수 있다.

Q 이사 등 임원의 책임을 경감(일부 면제)시키고 싶다. 회사에 대한 책임은 어디까지 경감시킬 수 있는가?

A 이사는 주주대표 소송 등 무거운 책임에 노출될 위험이 있어, 이사가 과도하게 무거운 책임을 부담해야 하는 경우에 현실적으로 유능한 경영자가 임원으로 선임되는 것을 꺼리게 된다. 또는 과중한 책임의 부담은 이사가 소극적 경영을 하도록 할 수 있다.

상법상 이사와 감사의 책임을 총주주의 동의로도 면제할 수 있지만(상법 400조 1항) 주주가 대단히 많은 대규모 기업이나 상장회사는 주주총회 등에 주주 전원이 참석하기 어렵고, 따라서 총주주의 동의를 받아 책임을 면제하는 것이 현실적으로 불가능하다.

이에 이사와 감사의 고의 또는 중대한 과실로 인하여 회사에 손해를 발생시킨 경우를 제외하고, 이사의 법령위반 또는 임무해태로 인하여 발생한 회사의 손해에 대하여 회사는 정관으로 정하여 이사의 최근 1년간의 보수액의 6배(사외이사는 3배)를 초과하는 책임을 면제할 수 있다(상법 400조 2항).

이사와 감사의 책임을 감경하는 위해서는 정관에 규정을 두어야 하며, 배상책임 중 이사보수액의 6배 등 일정한 금액을 초과하는 부분에 대해 정관으로 정하여 경감할 수 있도록 한 것이므로, 예를 들어 정관으로 정한다고 하여 최근 1년간의 보수액의 5배(사외이사의 경우 2배 등)를 초과하는 부분을 감경하는 것으로는 규정할 수 없다(상법 400조, 415조).

이사와 감사의 보수에는 월급·급여, 연봉, 수당 등과 상여금 및 주식매수선택권의 행사로 인한 이익 등 그 명목과 관계없이 이사가 회사로부터 받은 모든 금전적 이익을 포함한다.

또한 책임감경의 기준이 되는 '최근 1년간의 보수액'은 흔히 말하는 연봉이 아니며, 상법상 '이사가 그 행위를 한 날' 이전 최근 1년간의 보수액으로 규정하고 있으므로 이사가 법령 또는 정관에 위반한 행위를 하거나 그 임무를 게을리 한 날을 기준으로 판단해야 한다.

이러한 이사와 감사의 책임감경은 충실의무를 위반한 경업 및 겸직행위(상법 397조), 회사의 사업기회 및 자산의 유용행위(상법 397조의2), 이사의 자기거래로 인한 손해발생행위(상법 398조)로 인한 손해의 경우에는 책임경감의 대상이 되지 않는다(대법원 1996. 4. 9. 95다56316)

법상의 규정은 책임감경의 방법으로 누가 책임의 경감을 결정하지 그 감경할 수 있는 주체를 명시하지 않아, 실무는 만약 이사회에서 책임감경을 결정할 경우에 이해상충문제가 발생할 수 있으므로 정관상 주주총회 보통결의로서 감경할 수 있도록 규정한 회사들이 대부분이다.

제3절
사외이사의 의무 및 책임과 권한

상법상 이사의 법적인 의무 및 책임과 권한은 이사의 종류별로 별도의 규정을 두고 있지 않으며, 이사회 구성원인 사외이사는 상법상 이사로서 그 권한과 의무 및 책임을 부담하게 되므로 사내이사와 차이가 없다.

따라서 사외이사는 사내이사와 마찬가지로 회사와 법률관계는 위임관계(상법 382조 2항)에 있으며, 회사의 수임인으로서의 지위를 가진다.

사외이사로서의 책임과 권한 등은 기본적으로 이사와 동일하고, 여기서는 주요 내용을 간단히 살펴본다.

(1) 사외이사의 의무와 책임

가. 사외이사의 일반적 의무

상법상 사외이사의 의무와 책임에 관하여 사내이사와 구분하지 않으므로, 기본적으로 사외이사의 의무와 책임은 사내이사와 동일하다. 따라서 상법상의 이사인 사외이사는 이사회 구성원의 지위에 따라 가지게 되는 일반적인 의무로서 선관주의 의무(상법 382조 2항)와 충실의무(상법 382조의3), 다른 이사에 대한 감시의무를 부담한다.

나. 선관주의의무

사외이사도 이사이므로 이사회의 구성원이 되고, 그 직무를 수행함에 있어 선량한 관리자의 주의의무를 부담한다. 이는 사외이사·회사 간에는 위임관계에 있기 때문이며(상법 382조 2항, 민법 681조), 따라서 사외이사는 자신의 직무를 수행함에 있어 법령을 준수해야 하는 의무(소극적 의무)와 항상 회사에 최선의 이익이 되는 결과를 추구해야 할 의무(적극적 의무)를 부담한다. 이러한 사외이사의 선관주의의무는 의사결정뿐만 아니라 감시의무에도 적용된다.

따라서 경업금지 의무와 자기거래금지 의무, 비밀유지 의무, 이사의 감사 또는 감사위원회에 대한 보고의무와 감시의무 등은 이사의 선관의무에서 비롯된 것으로 볼 수 있다.

특히, 사외이사에게 주의의무(duty of care)란, 사외이사 등의 이사가 경영에 관한 결정을 하기 이전에 합리적으로 판단할 수 있는 중요한 정보를 알아야 하며, 이를 바탕으로 합리적인 대안을 검토해야 할 의무를 말한다.

따라서 선관주의의무는 법상 이사의 의무로 규정된 직무의 수행뿐만 아니라, 의결권의 행사, 제소권, 기타 법상 명문의 권한행사에도 미치며, 상근·비상근 여부에 관계없이 모든 이사에게 주어지는 의무이다.

다. 충실의무

상법은 이사의 책임강화를 위해 충실의무를 규정하고 있는데, 사외이사를 비롯한 모든 이사는 법령과 정관의 규정에 따라 회사를 위하여 그 직무를 충실하게 수행해야 한다(상법 382조의3).

일반적으로 충실의무는 이사가 회사의 업무를 수행함에 있어 그에게 부여된 권한을 회사에 가장 유리하다고 믿는 바에 따라 성실하고 정당한 목적을 위하여 행사해야 한다. 또한 회사의 이익과 이사 개인의 이익이 충돌하는 경우에, 이사 개인의 이익을 희생하는 의사결정을 해야 하며, 회사의 이익과 이사 개인의 이익이 충돌하는 계약을 체결해서는 안 되는 의무이다.

즉, 사외이사는 이사회의 구성원이므로 당연히 충실의무를 부담하고, 따라서 회사와의 이익충돌시 항상 회사의 이익을 우선적으로 고려해야 하고, 선관주의 의무와 달리 그 위반에 고의·과실이 필요하지 않으며, 위반에 대한 책임범위도 회사에 대한 손해배상에 그치지 않고 이사가 얻은 이득도 반환해야 한다(충실의무와 선관주의의무와의 관계에 관한 이질설).

판례는 이사의 직무상 충실의무 및 선관의무(대법원 1985. 11. 12. 84다카2490), 선량한 관리자로서의 주의의무 내지 충실의무(대법원 2011. 10. 13. 2009다80521) 등과 같이 판시해 선관의무와 충실의무를 구분하지 않는다.

사외이사는 비록 회사의 업무를 직접 수행하지 않더라도 이사회의 구성원으로서 의사결정을 하므로 회사의 기회를 유용하거나 이사회에서 지득한 정보를 이용하여 거래(주식거래 포함)에 이용할 경우 충실의무에 위반될 수도 있다.

라. 경업·겸직금지 의무

이사는 이사회의 승인이 없으면 자기 또는 제3자의 계산으로 회사의 영업부류에 속한 거래를 하거나(경업금지의무) 동종영업을 목적으로 하는 다른 회사의 이사나 무한책임사원이 되지 못한다(겸직금지의무. 상법 397조 1항). 이사회의 일원인 사외이사도 이사의 자격을 전제로 하므로 마찬가지이다.

금지대상인 행위는 회사의 영업부류에 속하는 거래로는 회사가 실제로 행하는 사업과 시장에서 경합(경쟁)하고, 회사와 이사 간의 이해가 상충될 가능성이 있는 거래를 의미할 뿐만 아니라 정관에 기재된 회사의 목적사업과 그에 부속된 거래도 포함한다.

마. 비밀유지의무

상법상 사외이사를 비롯한 이사는 재임 중 뿐만 아니라 퇴임 후에도 직무상 알게 된 회사의 영업상 비밀을 누설하여서는 안 된다(상법 382조의4). 감사에게도 이러한 이사의 비밀유지의무가 준용되고(상법 415조), 이사회 내 위원회로서 감사위원회의 일원이 되는 사외이사와 그 외의 사외이사도 당연히 영업상의 비밀을 유지할 의무가 있다.

사외이사를 비롯한 이사는 이러한 영업상의 비밀을 누설하지 않아야 하는 수비의무(守祕義務) 뿐만이 아니라 영업상의 비밀을 개인적인 이익을 위하여 이용하지 않아야 하는 비밀이용금지의무도 함께 부담한다(통설). 특히, 사외이사는 겸직을 하게 되므로 사외이사로서는 기업비밀이 유출되지 않도록 유의해야 한다.

이때 회사의 비밀은 기업조직 또는 사업에 관한 공지되지 아니한 정보로서 당해 기업이 배타적으로 관리할 수 있고, 그 기업 또는 제3자가 경제적 가치를 가지고 이용할 수 있는 것이라고 설명한다.

이러한 비밀유지의무(守祕義務)는 사외이사로서 지득한 회사의 기업비밀을 공개하지 않아야 함은 물론 타인에 의해서도 공개되지 않도록 주의를 해야 하는 의무이며, 비밀이용금지의무의 예로는 자본시장법상의 내부자거래로서, 사외이사가 공개되지 아니한 기업정보를 이용하여 증권을 매매하거나 타인으로 하여금 증권의 매매에 이용하게 한 때에는 제재의 대상이 되며(자본시장법 443조 1항 1호), 또한 6개월 내에 주식등을 단기매매하여 차익을 얻은 때에는 회사에 반환해야 한다(자본시장법 172조).

바. 보고의무

이사의 보고의무는 이사회에 대한 보고의무(상법 412조의2)와 감사·감사위원회에 대한 보고의무로서 상법상 이사의 직무집행 감사, 보고요구(상법 412조 2항, 415조의2 6항)가 있다.

이사회에 대한 보고의무는 이사가 3개월에 1회 이상 업무의 집행상황을 이사회에 보고해야 하고(상법 393조 4항), 사외이사도 이사회에서 이사의 지위를 가지므로 보고의무를 부담하게 된다.

사외이사(이사)는 회사에 현저하게 손해를 미칠 염려가 있는 사실을 발견한 때에 부담하는 감사 또는 감사위원회에 대한 보고의무는(상법 412조의2, 415조의2 6항) 모든 업무집행과정에 대한 것이 아닌, '회사에 현저하게 손해를 미칠 염려가 있는 사실을 발견한 때'로 한정되며, 이는 이사의 위법행위를 원인으로 하여 발생한 것인가에 대한 여부는 불문한다.

회사에 '염려가 있는 사실'은 아직 발생하지 않은 손해도 보고의무의 대상에 포함되고, '손해'는 반드시 영업상의 손해뿐 아니라 영업 외에 회사에 미치는 일체의 손해를 의미한다.

보고시기는 발견한 즉시 해야 하며(상법 412조의2), 그 보고방법은 제한이 없으므로 구두 또는 서면으로 보고할 수 있다. 회사에 수인의 감사가 있으면 그 중 1인에게 보고하면 충분하며, 감사위원회에 보고하는 경우에는 위원 중 1인에게 보고하면 된다.

사외이사가 이러한 보고의무를 해태하여(게을리하여) 회사에 손해가 발생하게 되면 임무해태로 인한 손해배상책임을 지게 된다(상법 399조, 401조).

사. 감시의무

(사외)이사는 이사회의 일원으로서 의사결정을 할 뿐만 아니라 대표이사 또는 다른 이사의 행위가 법령·정관을 준수하여 적법하고 적정하게 이루어지고 있는지를 감시하는 권한과 의무를 부담한다.

상법은 이사의 감시의무를 명시적으로 규정하지는 않지만, 이사(사외이사)가 이 의무를 부담한다는 데 대해서는 이견이 없다.

이사는 대표이사로 하여금 다른 이사 또는 피용자의 업무에 관하여 이사회에 보고할 것을 요구할 수 있는 이사의 감독권에 관한 규정(상법 393조 2항)을 이사의 감시의무의 근거규정으로 보기도 한다,

이러한 감시의무의 대상이 이사회의 결의사항으로 상정되는 의안이나 그 결의사항으로 한정되는 것은 아니다. 그러나 회사의 업무집행 내지 감독기관이라 할 수 있는 이사회의 일원인 지위에서 나오는 의무이므로, 사외이사도 감시의무를 부담하게 되게 되며 감시의무를 수행함에 있어 선관주의의무와 충실의무를 다해야 한다.

이러한 감시의무는 이사회가 어떤 사항을 인식하고 그에 관하여 어떤 조치를 취해야 함에도 불구하고 아무 행동도 하지 않는 경우에 문제가 된다. 그리고 그것은 대표이사, 업무담당이사를 포함한 다른 이사나 상업사용인·피용자의 부정행위를 의심할 만한 사유가 있는 경우로만 한정되는 것이 아니다.

판례는 주식회사의 업무집행을 담당하지 아니한 평이사는 이사회의 일원으로서 이사회를 통하여 대표이사를 비롯한 업무담당이사의 업무집행을 감시하는 것이 통상적이긴 하나 평이사의 임무는 단지 이사회에 상정된 의안에 대하여 찬부의 의사표시를 하는 데에 그치지 않으며 대표이사를 비롯한 업무담당이사의 전반적인 업무집행을 감시할 수 있는 것이므로, 업무담당 이사의 업무집행이 위법하다고 의심할만한 사유가 있음에도 불구하고 평이사가 감시의무를 위반하여 이를 방치한 때에는 이로 말미암아 회사가 입은 손해에 대하여 배상책임을 면할 수 없다고 한다(대법원 1985. 6. 25. 84다카1954).

따라서 부정행위를 의심할 만한 사유가 없는 경우에도, 사외이사는 회사의 전반적인 업무를 파악할 수 있도록 적절한 정보수집 및 보고시스템의 수립 등을 통해 적극적인 감시의무를 수행해야 한다.

아. 자기거래금지 의무

이사나 주요주주 등은 미리 이사회의 승인받은 때에 한하여 자기 또는 제3자의 계산으로 회사와 거래를 할 수 있고(상법 398조), 이사회의 승인 없이 자기 또는 제3자의 계산으로 회사와 재산양수, 양도 등의 거래를 할 수 없다.

자기거래의 금지대상이 되는 이사에는 사내이사나 사외이사 또는 대표이사의 구분하지 않으므로, 사외이사도 당연히 자기거래가 금지된다. 만약 사외이사가 이사회의 승인없이 자기거래를 한 경우 그 사외이사는 회사가 입은 손해를 배상할 책임을 부담한다(상법 399조).

자기거래(회사와 이사와의 거래) 규제는 회사이익과 채권자를 보호하기 위한 것으로, 회사의 이익을 해하게 할 염려가 있는 행위 내지 회사와 이사 간의 이해충돌이 가능성이 있는 거래에 한하며, 행위의 성질상 회사와 이사 간의 이해관계가 충돌할 염려가 없는 거래행위는 제한할 필요가 없다.

특히 상장회사에 대해 주요주주 및 그 특수관계인, 이사(상법 401조의2에서 규정하는 업무집행지시자 포함), 감사와의 신용거래(금전 등 경제적 가치가 있는 재산의 대여, 채무이행의 보증, 자금 지원적 성격의 증권 매입, 담보제공 행위, 어음 배서행위, 출자약정하는 행위 등의 상법 시행령 35조 1항에서 규정하는 거래)를 금지하고 있으며(상법 542조의9 1항), 이사회의 승인이나 공정성 여부를 불문하고 이를 할 수 없다.

다만, 예외적으로 학자금, 주택자금 또는 의료비 등의 복리후생적 성격의 금전 대여 등은 허용되지만(상법 542조의9 2항), 상장회사가 이해관계인을 직접 상대방으로 하는 경우뿐만 아니라, 그 금전 등의 대여행위로 인한 경제적 이익이 실질적으로 이해관계인에게 귀속하는 경우와 같이 그 행위의 실질적인 상대방을 이해관계인으로 볼 수 있는 경우에는 신용거래에 포함된다(대법원 2013. 5. 9. 2011도15854).

또한 자산규모 2조원 이상의 상장회사가 해당 회사의 최대주주 및 특수관계인과 소정의 규모 이상의 거래를 하고자 하는 경우에 이사회의 승인을 얻어야 하며, 그 승인 결의 후 최초로 소집되는 정기주주총회에 당해 거래와 관련한 사항을 보고해야 한다(상법 542조의9 3항). 다만 당해 법인의 영위업종에 따른 일상적인 거래, 금융기관의 약관에 의한 거래, 이사회에서 거래 총액을 승인한 경우 등은 이사회의 승인을 얻지 아니하고 이를 할 수 있다(상법 542조의9 5항).

(2) 사외이사의 책임

사외이사는 회사와 위임관계에 있으므로 선량한 관리자의 주의의무에 위반한 경우에는 회사에 대하여 손해배상의 의무를 지게 되고, 또한 상법상 충실의무를 지고 있다. 특히 상법상 이사의 책임에 대하여 사외이사와 사내이사를 구분하지 않으므로, 일반적인 이사의 책임은 사외이사에도 적용된다.

이사의 책임은 회사에 대한 책임과 제3자에 대한 책임으로 구분할 수 있고, 이사는 회사에 대하여 수임인으로서 선관의무를 부담하므로 민법상의 일반원칙에 따라 채무불이행으로 인한 손해배상책임을 질 수도 있으며(민법 390조), 불법행위의 요건이 성립되면 불법행위로 인한 손해배상책임을 질 수도 있다(민법 750조).

이러한 민법상의 일반원칙에 대한 특칙으로 이사가 법령 또는 정관에 위반되는 행위를 하거나 그 임무를 해태한 때에는 그 이사는 회사에 대하여 연대하여 손해를 배상할 책임을 진다(상법 399조 1항)

가. 회사에 대한 책임

사외이사(이사)가 법령 또는 정관에 위반한 행위를 하거나 그 임무를 해태한 때에는 그 사외이사는 회사에 대하여 연대하여 손해를 배상할 책임이 있다(상법 399조 1항). 통설과 판례(대법원 1985. 6. 25. 84다카1954)는 이러한 책임은 사외이사(이사)가 수임인의 지위에서 위임계약을 불이행함으로써 부담하게 되는 채무불이행책임이라고 한다.

사외이사(이사)의 행위로 인하여 회사에 손해가 발생한 경우에는 이사와 회사 간의 위임관계에 기초하여 민법상의 일반원칙에 따라 (사외)이사는 위임계약의 불이행으로 인한 손해배상책임을 지거나 불법행위에 기한 손해배상책임을 지게 된다.

사외이사(이사)의 회사에 대한 손해배상책임의 발생원인으로는 ①법령 또는 정관에 위반한 경우, ②이사가 직무수행과 관련하여 선량한 관리자로서의 주의의무를 게을리 함으로써 회사에 손해를 가하거나 손해를 방지하지 못한 경우 등이다.

나. 제3자에 대한 책임

사외이사가 고의 또는 중대한 과실로 인하여 그 임무를 해태한 때에는, 그 사외이사는 제3자에 대하여 손해를 배상할 책임이 있으며, 사외이사의 행위가 이사회의 결의에 의한 것인 때에는 그 결의에 찬성한 사외이사도 책임을 지게 된다(상법 401조, 399조).

사외이사의 임무해태는 주로 조사의무를 해태하거나 업무를 제대로 파악하지 못하고 이사회의 결의에 참여하는 경우이므로, 이때 고의는 임무를 게을리하고 있음을 알고 있는 경우를 말하고, 중과실은 알 수 있었는데도 불구하고 현저한 부주의로 알지 못한 경우를 가리킨다. 고의·중과실의 입증책임은 이사의 책임을 추궁하는 제3자에게 있다.

이사의 제3자에 대한 책임(상법 401조 1항)은 이사의 회사에 대한 책임(상법 399조 1항)과 달리 책임원인으로 '법령 또는 정관에 위반한 행위'를 열거하고 있지 않지만, 선관주의의무의 이행은 법령과 정관을 준수하여 이행한다는 것을 전제로 하고 있어 '법령 또는 정관에 위반한 행위'는 그 자체가 '임무를 게을리 한 때'에 해당한다. 이러한 '임무를 게을리 한 경우'는 이사가 선관주의의무 및 충실의무를 위반하는 경우라고 할 수 있다.

다. 감사위원 책임

상법상 감사위원회의 책임은 감사의 책임에 관한 규정을 준용하고 있다(상법 415조의2 7항). 먼저 감사의 책임에는, 감사는 회사와 위임관계에 있고, 감사가 위임인으로서의 임무를 해태한 경우에는 그 감사는 연대하여 회사에 대하여 손해를 배상할 책임을 지고(상법 414조 1항), 또한 감사가 악의 또는 중대한 과실로 인하여 그 임무를 해태하여 제3자에게 손해를 입힌 경우 그 감사는 제3자에 대하여 연대하여 손해를 배상할 책임이 있다(상법 414조 2항). 이 경우에 이사도 책임이 있으면 감사와 연대하여 배상할 책임이 있다(상법 414조 3항).

그런데 책임에 있어 회의제 기관인 감사위원회는 독임기관인 감사에 대한 규정을 그대로 적용하기는 어려운 점이 있다.

감사위원회는 회의를 통해 결의를 하면 감사위원회 대표가 이를 집행하게 된다. 따라서 감사위원회의 집행행위에 문제가 있는 경우 그 업무를 집행한 대표위원 뿐 아니라 그 결의에 찬성한 위원에 대해서도 책임을 물어야 할 것이다.

상법상 감사위원회는 감사의 책임규정(상법 414조)을 준용하고 있고, 감사는 이사의 책임규정을 준용하고 있으므로(상법 415조의2 7항), 임무의 해태가 있는 경우 이사의 회사에 대한 책임(상법 399조 1항), 이사회 결의에 찬성한 이사의 책임(상법 399조 2항)과 의사록에 반대의 의사표시 기재가 없는 자의 책임(상법 399조 3항)의 책임을 유추하여 감사관련 사안에 대하여 찬성한 감사위원회 위원인 사외이사에게도 회사에 대한 책임 또는 제3자에 대한 연대책임(상법 414조의 1항)의 책임을 지는 것으로 해석하는 것이 타당하다.

이러한 사외이사인 감사위원은 이사(사외이사)로서의 책임 뿐 아니라 감사위원으로서의 책임도 동시에 지게 된다. 물론 이는 구체적으로 손해배상액의 산정시 고려해야 하겠지만, 예를 들어 이사로서 회사에 대한 감시의무와 감사위원으로서 회계감사 등에 따른 책임을 함께 부담하게 된다.

(3) 사외이사의 권한

사외이사는 해당 회사의 상무(常務)에 종사하지 않는 것(상법 382조)을 제외하고는 특정한 업무를 담당하는 다른 사내이사와 동일한 법적지위를 갖는다.

따라서 사내이사가 모두 사임하는 경우에도 사외이사는 상무에 종사하지 않아 대표이사가 될 수는 없다.

사외이사는 기본적으로 ①이사회의 출석권과 의결권, ②대표이사를 포함한 다른 이사와 경영진에 대한 감시권 및 이사회의 감독권 행사에 대한 참여권을 가지며, 이를 위해 ③이사회 소집권(상법 390조 1항), ④대표이사 등에 대한 정보제공 및 설명요구권(상법 393조 3항), ⑤회사의 자산상태 조사권, ⑥회사의 장부 등의 주요서류 열람권, ⑦주주총회 결의취소 소송 등 상법상의 각종 소제기권 등을 가진다.

가. 이사회 출석과 경영감독

사외이사는 다른 이사들과 마찬가지로, 업무집행에 관한 이사회의 의사결정에 참여하고, 또한 대표이사 기타의 다른 이사의 직무수행에 대한 감독기관으로서 이사회의 일원이 된다. 사외이사(이사)의 중요한 직무중 하나로서 의결권을 행사하여 업무집행에 관한 의사결정에 참여하게 되는데, 이는 이사회에 출석해야 가능하다(위임 등이 허용되지 않는다).

이사회는 결의뿐만 아니라 회사의 각종 현안에 대하여 토론도 하며, 보고도 받고 질문도 하는 과정에서 회사의 문제점을 파악할 수 있어 경영감시가 가능하다.

또한 상장회사는 사외이사, 기타비상무이사의 이사회 출석률, 이사회 의안에 대한 찬반 여부 등 활동내역과 보수에 관한 사항, 회사와의 거래 등은 주주총회 소집공고 또는 통지를 통해 공시된다(상법 542조의4 3항, 상법 시행령 31조 4항).

나. 이사회의 소집권

이사회는 대표이사의 업무집행 행위와 업무담당 이사를 감독하는데(상법 393조), 이러한 이사회의 감독권은 이사의 충실의무나 선량한 관리자의 주의의무뿐만 아니라 기타 법령위반 또는 불공정행위 등에 대한 감독과 함께 경영판단, 업무에 관한 타당성 여부 등에 대하여도 감독권이 미치는 것으로 볼 수 있다.

이사(사외이사)가 감독권을 행사하기 위해서는 이사회 결의가 필요하므로 이사회를 개최해야 한다. 원칙적으로 이사회는 각 이사가 소집할 수 있으나, 이사회의 결의로 이사회의 소집권자를 정할 수 있다(상법 390조 1항). 많은 회사들은 정관이나 이사회 규정에 이사회 의장이나 대표이사가 이사회를 소집할 수 있는 근거 규정을 두고 있다.

그러므로 사외이사가 이사회를 소집하고자 할 경우에는 언제든지 정관에 정해진 또는 이사회가 정한 소집권자에게 이사회 소집을 요구할 수 있으며, 그 소집권자가 정당한 이유없이 소집을 게을리 할 경우에는 사외이사는 스스로 이사회를 소집할 수 있다(상법 390조 2항).

다. 정보요구권과 정보접근권

사외이사는 이사회의 일원이므로 이사회의 업무결정기능 또는 이사회가 가진 이사에 대한 감독기능 등에 따라 사외이사에게도 정보접근권을 인정된다.

사외이사가 대표이사 기타의 다른 이사의 직무수행에 대한 감독과 적절한 의결권을 행사하기 위해 필요한 경우 회사의 업무에 관한 충분한 정보나 자료가 필요할 수 있다. 따라서 사외이사는 회사의 사업계획이나 경영현황에 대한 충분한 정보가 필요하고, 이는 이사회 회의자료나 보고하는 자료를 통해 알 수도 있지만 기타 다른 필요한 사항에 관해서는 대표이사와 이사 등 회사의 상무에 종사하는 임직원(피용자)의 업무에 관하여 이사회에 보고할 것을 요구할 수 있고(상법 393조 3항), 특정 사안에 관해 설명을 요구할 수 있다. 법상 (대표)이사는 3개월에 1회 이상 업무의 집행상황을 이사회에 보고해야 한다(상법 393조 4항).

이러한 사외이사의 보고요구권과 대표이사의 보고의무는 이사회나 이사회 내 위원회에 속한 각 이사가 이사회나 각 위원회의 감독활동을 실행하는데 필요한 정보를 입수할 수 있도록 보장하는 권한이다.

사외이사의 정보요구에 대해 대표이사나 사내이사 등은 회사의 기밀임을 이유로 정보제공을 거부하지 못한다. 사외이사는 그 정보나 자료를 자신의 판단과 직무수행에만 이용해야 하고 외부에 누설하여서는 안된다(비밀유지의무).

상법상 감사위원회에 대해서는 이사에 대한 보고요구권과 회사의 업무·재산상태 조사권(상법 412조 2항) 등의 권한을 명문으로 인정하고 있다. 따라서 사외이사인 감사위원은 법 규정(상법 412조 2항에 따른 이사에 대한 보고요구권과 회사의 업무·재산상태의 조사권)에 의해 정보접근권이 인정된다고 할 수 있다.

라. 주주총회결의 취소소송 등 각종 소 제기권

사외이사를 비롯한 모든 이사에게 주주총회 결의취소소송 등 각종 소송을 제기할 수 있는 권리능력을 부여하고 있다. 이사는 회사의 의사결정이나 조직구성에 위법, 부당한 점이 있을 경우 이를 바로잡을 의무를 지고, 그 수단으로서 소 제기권을 인정하고 있다.

이사가 갖는 소제기권을 몇 가지 열거해 보면, 주주총회결의에 위법·불공정한 점이 있을 때 이를 취소하거나 무효화하기 위해 결의일로부터 2월 내에 주주총회결의취소의 소를, 그 외에 주주총회 결의 무효 확인의 소를(상법 376조, 380조), 회사가 발행한 신주발행에 무효사유가 있을 때 신주 발행일로부터 6월내에 신주발행무효의 소를(상법 429조), 자본감소에 무효사유가 있을 때 감자의 변경등기일부터 6개월 내에 감자무효의 소를(상법 445조), 합병이나 회사분할에 무효사유가 있을 때에는 합병무효의 소 또는 분할무효의 소를 등기일로부터 6월내에 제기할 수 있다(상법 529조, 530조의11 1항).

마. 전문가의 조력권

상법은 감사위원회(감사)가 감사업무를 수행함에 있어 회사의 비용으로 전문가의 조력을 받을 수 있도록 하고 있다(상법 412조, 415조의2 5항). 따라서 감사위원회의 사외이사인 감사위원(법문은 감사위원회가 준용함에 따라 감사위원회의 결의에 의해 위원회 대표가 집행하게 될 것이다)은 감사업무를 수행함에 있어 전문가의 조력이 필요한 경우 회사의 비용으로 할 수 있다는 정관 등의 규정이나 취지가 없더라도 당연히 인정되므로 회사는 이러한 비용에 대한 지급을 거절하지 못한다.

제4장

이사 및 감사의 형사책임과 행정벌

제1절
형사책임

상법상 이사 등의 임직원에 대한 형벌 범죄에 관해 별도의 규정을 두고 있다(상법 622조 이하). 업무집행을 하는 이사와 함께 업무집행을 하지 않는 감사의 형사책임에 대한 규정도 두고 있다.

상법은 형법상의 업무상배임죄와 구별하여 특별배임죄를 별도로 규정하고 있다.

이사(업무집행지시자 등 사실상의 이사 포함)가 고의·과실로 법령·정관에 위반한 행위를 하거나 그 임무를 게을리한 경우에는 회사에 대하여(상법 399조 1항, 401조의2) 손해배상책임을 지고,

고의·중대한 과실로 그 임무를 게을리한 때에는 제3자에 대하여(상법 401조 1항, 401조의2) 손해배상책임을 부담한다.

또한 감사가 그 임무를 해태한 때에는 회사에 대하여 연대하여 또는 악의 또는 중대한 과실로 그 임무를 해태한 때에는 제3자에 대하여(상법 414조) 손해배상책임을 부담한다. 감사가 회사나 또는 제3자에 대하여 손해배상책임이 있는 경우에 이사도 그 책임이 있는 때에는 감사와 이사는 연대하여 배상할 책임이 있다.

또한 회사의 이사, 감사, 집행임원, 감사위원회 위원, 임시이사(상법 386조 2항), 지배인 기타 회사영업에 한 어느 종류 또는 특정한 사항의 위임을 받은 사용인

(이 외에도 발기인, 업무집행사원, 청산인, 이사·감사·청산인의 직무대행자, 회사 합병시 설립위원 포함한다)이 그 임무를 위배하는 행위로 재산상 이익을 취득하거나 제3자로 하여 이를 취득하게 하여 회사에 손해를 가한 경우에는 10년 이하의 징역 또는 3,000만원 이하의 벌금에 처하는 특별배임죄를 인정하고 있다(상법 622조). 이 경우 징역과 벌금을 병과할 수 있다(상법 632조).

이사나 대표이사, 집행임원 등이 이사회나 주주총회의 사전승인 받았더라도 거래의 내용상 회사에 재산상 손해가 발생하면 임무위배행위가 될 수 있고, 판례는 이사회 또는 주주총회의 결의가 있더라도 그 결의내용이 회사 채권자를 해하는 불법한 목적이 있는 경우에는 이에 맹종할 것이 아니라 신의성실의 원칙에 비추어 업무(사무)를 집행하도록 하고 있다(대법원 2005. 10. 28. 2005도4915 ; 대법원 1983. 12. 13. 83도2330).

이외에도 상법상의 형사책임도 부담하며, 주식회사 임직원이 사기, 횡령, 배임 등의 위법행위를 한 경우 형법에 의해 제재를 받기도 하지만, 업무와 관련하여 위법·부정행위를 한 경우에는 형법의 특례를 두어 엄격한 처벌(징역, 벌금 및 몰수)을 가하고 있다. 다만 임직원의 위법행위가 상대적으로 경미한 때에는 행정벌(상법 635조)로서 과태료의 제재를 가한다.

제2절
이사의 책임

1. 회사의 설립과 이사·감사 등의 연대책임

이사, 감사와 발기인이 연대책임(상법 323조)을 부담하는 경우란 주식회사의 설립과정에 대한 조사와 창립총회에서의 보고에 관한 임무(상법 313조 1항)를 해태하여 회사 또는 제3자에 대하여 손해를 배상할 책임을 지는 경우이다.

연대책임을 지는 이유는 이사 또는 감사가 발기인과 동일한 임무를 공동으로 해태하였기 때문이다. 예를 들어 발기인이 설립사무의 집행에 관한 임무를 해태하고 이사·감사가 고의 또는 과실로 이를 불문에 붙인 경우를 들 수 있다. 즉 이들의 귀책사유가 손해발생에 동시에 기여해야 한다.

이사·감사 및 발기인이 회사에 대하여 연대책임을 지는 것은 단지 공동으로 임무해태를 하여 그들의 책임이 병존하는 경우이지만, 제3자에 대하여 책임을 지기 위하여는 그 임무해태가 악의 또는 중대한 과실로 인한 경우이다(통설).

배임행위란 재산의 보호나 관리를 위임한 피해자의 신뢰를 배반하는 행위를 의미하며, 법률행위이건 사실행위이건, 대외적 대리권을 유월·남용한 경우이건, 대내적 신임관계 위반의 경우이건, 작위이건 부작위이건 가리지 않는다.

(1) 특수배임죄

가. 특별배임죄

형법상 배임죄는 타인의 사무를 처리하는 자가 그 임무를 위배하는 재산상 이익을 취하거나 제3자로 하여금 이를 취득하게 하여 그 타인에게 손해를 가한 경우에는 5년 이하의 징역 또는 1,500만원 이하의 벌금에 처하도록 하고 있고(형법 355조 2항), 이러한 임무위배행위는 권한남용, 법률상 의무위반 등을 불문하며, 법률행위나 사실행위, 작위나 부작위 등 모든 경우에 나타날 수 있다.

상법상 특별배임죄는 회사의 이사, 감사(감사위원 포함), 기타 임직원 등이 그 임무에 위배한 행위로서 재산상의 이익을 취득하거나 제3자로 하여금 이를 취득하게 하여 회사에 손해를 가한 때에는 10년 이하의 징역 또는 3천만원 이하의 벌금에 처하도록 한다(상법 622조 1항). 이 특별배임죄는 미수범도 처벌한다(상법 624조).

특별배임죄의 기수시기(시간적으로 범죄의 구성요건이 완전히 성립하는 시기)는 '재산상의 손해를 가한 때'이며, 판례는 '실해(實害) 발생의 우려'만으로도 손해발생 및 그로 인한 배임의 기수를 인정하므로(대법원 2000. 11. 24. 99도822.), 배임의 미수라는 개념은 실제로 존재하기 어려워, 실무상으로도 배임미수로 기소 및 처벌되는 경우는 드물다고 할 수 있다.

상법상 특별배임죄는 일반규정인 형법의 배임죄 규정(형법 355조 2항, 356조)에 대한 특별규정으로서 주식회사의 임직원이 회사와의 신임관계를 위배하여 회사에 재산상의 손해를 가한 행위에 관하여 형법보다 중하게 처벌하기 위한 규정이다.

배임행위는 신임관계에 기초하여 재산보호나 관리를 위임한 타인의 신뢰를 배반하는 행위이며, 업무상 배임죄는 그 이득액이 5억원 이상이면 '특정경제범죄 가중처벌 등에 관한 법률'(이하 '특경법')에 따라 처벌이 대폭 강화(이득액이 50억원

이상일 때: 무기 또는 5년 이상의 징역 등)되는 반면, 상법 경우에는 이득액이 많아도 가중처벌의 특칙은 없다(상법 622조).

우선 적법한 이사나 대표이사, 감사(감사위원)가 임무를 위배한 행위, 즉 배임행위가 있어야 한다.

배임행위란 재산의 보호나 관리를 위임한 피해자의 신뢰를 배반하는 행위를 의미하며, 판례는 특별배임죄는 물론 형법상 업무상 배임죄, 특경법위반(배임)죄 등 사건에서 '배임죄에 있어서 '임무에 위배하는 행위'라 함은, 처리하는 사무의 내용, 성질 등에 비추어 법령의 규정, 계약의 내용 또는 신의칙상 당연히 해야 할 것으로 기대되는 행위를 하지 않거나 당연히 하지 않아야 할 것으로 기대되는 행위를 함으로써 본인과의 신임관계를 저버리는 일체의 행위를 포함한다'고 판시하고 있다(대법원 2009. 2. 26. 2008도522 ; 대법원 2003. 1. 10. 2002도758).

특별배임죄, 업무상 배임죄, 특경법 위반(배임)죄 등에 있어서도 구성요건적 고의가 필요하다. 판례는 이때의 고의란 '업무상 타인의 사무를 처리하는 자가 본인에게 재산상의 손해를 가한다는 의사와 자기 또는 제3자의 재산상의 이득의 의사가 임무에 위배된다는 인식과 결합되어 성립되는 것'이라고 본다(대법원 2009. 2. 26. 2008도522; 대법원 2004. 7. 22. 2002도4229).

즉 ① 임무위배, ② 자기 또는 제3자의 이득, ③ 본인에 대한 손해라는 3가지 요건에 관한 인식 내지 의사가 모두 필요하다고 보는 것이다(다만, 이를 인정하는 사례와 부정하는 사례가 모두 있다).

경업금지의무 위반은 상법상의 특별배임죄(상법 622조 제1항)에 해당할 수 있다(서울고등법원 1982. 1. 13. 82노2105).

형법이 정하는 업무상 배임죄와 상법상의 배임죄를 비교하여 보면, 특별배임죄(상법 제622조)는 행위주체가 회사 내의 일정한 신분자이고 피해자가 회사라는 점만 제외하고는 나머지 범죄구성요건은 동일하며, 법정형은 징역과 벌금을 병과할 수 있다는 점(상법 632조)에서 미미한 차이가 있을 뿐 징역형과 벌금형 각각의 법정형은 업무상 배임죄와 똑같아(10년 이하의 징역, 3천만원 이하의 벌금) 실질적으로는 형법에 대한 특별규정의 의미가 거의 없다고 설명한다.

나. 부당신용공여죄(주요주주 등 이해관계자와의 거래 위반의 죄)

상장회사는 법에서 허용하는 경우(복리후생 등)를 제외하고 ①이사(상법 401조의2 1항에 해당하는 자 포함) 및 집행임원, ②주요주주 및 그의 특수관계인, ③감사를 상대방으로 하거나 그를 위하여 신용공여(금전 등 경제적 가치가 있는 재산의 대여, 채무이행의 보증, 자금 지원적 성격의 증권 매입, 그 밖에 거래상의 신용위험이 따르는 직접적·간접적 거래로서 담보제공 등의 거래)를 하는 것이 금지되며(상법 542조의9, 상법 시행령 35조), 이를 위반하여 신용공여를 한 자에 대하여는 5년 이하의 징역 또는 2억원 이하의 벌금에 처하거나 이를 병과할 수 있다(상법 624조의2, 632조).

법은 이러한 신용공여의 주체를 상장회사로 하고 있으며, 행위자를 처벌하기 위해 양벌규정(행위자 뿐만 아니라 회사에도 벌금형 부과)을 두었다고 할 수 있고, 따라서 상장회사에서 신용공여행위를 한 대표이사, 집행임원, 대리인, 사용인 및 그 종업원이 신용공여죄의 주체가 되고, 그 상장회사는 위반행위를 방지하기 위해 해당 업무에 대하여 상당한 주의와 감독을 게을리 할 경우에만 양벌규정에 따라 처벌될 수 있다(상법 634조의3).

일정한 경우에 허용되는 신용공여로는 이사, 감사, 상법상의 집행임원(비등기임원이 아니다)에게 학자금, 주택자금 또는 의료비 등 복리후생을 위하여 3억원 범위에서 회사에서 정하는 바에 따라 금전을 대여하는 경우와(상법 542조의9 2항, 상법 시행령 35조 2항), 다른 법령에서 허용하는 신용공여, 경영건전성을 해칠 우려가 없는 금전대여 등을 회사의 경영상 목적을 달성하기 위해 필요한 경우라고 할

[업무상 배임죄] 이사에게는 단순배임죄가 아닌 업무상 배임죄가 성립한다. 업무상배임죄는 업무상 타인의 사무를 처리하는 자가 임무에 위배하는 행위를 하고 그러한 임무위배행위로 인하여 재산상의 이익을 취득하거나 제3자로 하여금 이를 취득하게 하여 본인에게 재산상의 손해를 가한 때 성립한다(대법원 2017. 10. 12. 2017도6151).

[특별배임죄] 특별배임죄는 회사의 이사가 그 임무에 위배한 행위로써 재산상의 이득을 취득하거나 제3자로 하여금 이득을 취득하게 하여 회사에 손해를 가한 때에 성립한다(대법원 2000. 11. 24. 99도822).

수 있는 법인인 주요주주 등 일정한 요건을 갖춘 자를 상대로 하거나 그를 위하여 적법한 절차에 따라 이행하는 신용공여는 가능한다(상법 542조의9 2항, 상법 시행령 35조 3항).

최근 사업년도말 자산 총액이 2조원 이상인 상장회사는 최대주주, 그의 특수관계인 및 그 상장회사의 특수관계인으로서 대통령령으로 정하는 자(상법 시행령 34조 4항의 특수관계인)를 상대방으로 하거나 그를 위하여 일정규모 이상의 거래를 할 경우, 해당 상장회사는 이사회의 승인 결의 후 처음으로 소집되는 정기주주총회에 해당 거래의 목적, 상대방, 그 밖에 상법시행령으로 정하는 일정한 사항(거래의 내용, 날짜, 기간 및 조건, 해당 사업연도 중 거래상대방과의 거래유형별 총거래금액 및 거래잔액)을 보고해야 한다(상법 542조의9 3항·4항, 상법 시행령 35조).

(2) 회사재산을 위태롭게 하는 죄

상법은 회사재산의 기초를 위태롭게 할 염려가 있는 유형의 행위, 즉 ①주식이나 출자의 인수·납입, 현물출자의 이행, 변태설립사항에 관한 부실보고 또는 은폐하는 행위(상법 625조 1호), ②자기주식·지분취득 또는 질권목적으로 이를 받는 등 취득제한의 위반(상법 625조 2호), ③위법한 배당(상법 625조 3호), ④영업범위 외의 투기행위를 위한 회사재산의 처분(상법 625조 4호)을 한 때에는 형사처벌로서 5년 이하의 징역 또는 1,500만 원 이하의 벌금에 처하거나 징역형과 벌금형이 병과될 수 있다(상법 625조, 632조).

회사 재산을 위태롭게 한 죄(상법 625조)는 상법상의 특별배임죄(상법 622조)나 형법상 업무상 배임죄(형법 356조)의 보충규정으로 설명하기 때문에, 상법상의 특별배임죄나 형법상 업무상배임죄가 성립하는 경우에는 별도로 회사 재산을 위태롭게 한 죄는 성립하지 않는다(대법원 2007. 3. 15. 2004도5742).

처벌은 회사 그 자체가 아니라 실제로 회사를 대표하여 그러한 행위를 한 회사의 이사, 감사, 감사위원회 위원, 발기인, 업무집행사원, 집행임원, 직무대행이사(이사 결원시 선임된 일시이사(상법 386조 2항)와, 이사직을 다투는 소가 제기되어 선임된 직무대행자(상법 407조 1항), 직무대행 감사(감사 결원시 선임된 일시감사와 감사직을 다투는 소 제기로 선임된 직무대행자), 지배인, 부분적 포괄대리권을 가진 사용인, 검사인, 공증인, 감정인이 된다.

구체적으로는 ① 처벌되는 행위는 주식 또는 출자의 인수나 납입, 현물출자의 이행, 변태설립사항, 신주발행시 현물출자를 하는 자의 성명과 그 목적인 재산의 종류, 수량, 가격과 이에 대하여 부여할 주식의 종류와 수 등에 관하여 법원, 총회 또는 발기인에게 부실한 보고를 하거나 사실을 은폐한 행위를 형사처벌하는 것이다(상법 625조 1호).

이 경우에 '부실한 보고'란 보고의 목적에 따른 중요한 사항을 사실과 달리 보고하는 것이고, '사실을 은폐하는 행위'란 보고의 목적에 따라 밝혀야 할 중요한 사항에 관하여 소극적으로 그 전부나 일부를 밝히지 않는 경우를 말한다.

② 또한 상법상 주식회사, 유한회사, 유한책임회사는 자기주식 또는 지분의 취득을 제한하면서, 일정한 경우에만 그 취득을 허용하고 있다. 법은 누구의 명의이냐를 불문하고 회사의 계산으로 부정하게 그 주식 또는 지분을 취득하거나 질권의 목적으로 이를 받은 때(상법 625조 2호)에 대한 처벌규정을 두고 있다.

③ 상법상 이익의 배당은 엄격한 요건 하에서만 허용된다. 법령 또는 정관의 규정에 위반하여 이익배당을 한 때(상법 625조 3호)에 처벌규정을 두고 있다.

위법배당에 관한 민사적 구제수단(상법 462조 3항)과 함께 형사적 처벌규정을 둔 것이다. 이는 기말배당 뿐 아니라 중간배당, 분기배당에도 적용되고, 현금배당 뿐 아니라 현물배당에도 적용된다.

이러한 위법배당은 분식결산에 의한 배당과 배당가능이익(상법 462조)이 없음에도 매출의 과다계상, 매입의 과소계상, 비용의 과소계상 등의 회계조작으로 가공의 이익을 계상함으로써 주주 또는 사원에게 배당하는 경우에 해당될 수 있다.

이익배당을 하는 주체는 회사 그 자체이며, 처벌되는 것은 회사 그 자체가 아니라 실제로 그러한 행위를 한 이사, 집행임원, 발기인, 업무집행사원 등이다.

④ 회사의 영업범위 외에서 투기행위를 위하여 회사재산을 처분한 때(상법 625조 4호)에 처벌대상이 된다.

이사, 감사, 감사위원회 위원, 집행임원, 직무대행자, 발기인, 업무집행사원, 지배인, 부분적 포괄대리권을 가진 사용인 등이 영업범위 외에서 그 직권을 남용하여 개인의 이익을 위하여 회사자금으로 투기행위를 하는 경우에 이를 처벌하려는 것이다

회사의 영업범위 외의 (투기)행위가 처벌대상으로, 회사가 그 영업으로서 회사재산을 처분하는 것은 이에 해당하지 않는다.

영업범위가 무엇인지에 대하여, 통설은 회사의 목적에 의한 권리능력의 제한을 인정하지 않고, 판례 역시 회사의 목적을 벗어났다는 이유로는 좀처럼 권리능력을 부정하지 않는다(대법원 1987. 9. 8. 86다카1349; 대법원 2009.12. 10. 2009다63236).

영업범위 외의 '투기행위'란 일반적으로 거래시세의 변동에서 생기는 차액의 이득을 목적으로 하는 행위를 말한다.

판례에 따르면 "투기행위'라 함은 거래시세의 변동에서 생기는 차액의 이득을 목적으로 하는 거래행위 중에서 사회통념상 회사의 자금운용방법 또는 자산보유수단으로 용인될 수 없는 행위를 말하는 것'이라고 하며(대법원 2007. 3. 15. 2004도5742), 구체적으로 '회사 임원 등의 회사재산 처분이 투기행위를 하기 위한 것인지를 판단함에 있어서는 당해 회사의 목적과 주된 영업내용, 회사의 자산 규모, 당해 거래에 이르게 된 경위, 거래 목적물의 특성, 예상되는 시세변동의 폭, 거래의 방법·기간·규모와 횟수, 거래자금의 조성경위, 일반적인 거래관행 및 거래 당시의 경제상황 등 제반 사정을 종합적으로 고려해야 한다'고 판시하고 있다.

(3) 주식의 취득 등에 위반한 죄

상법은 자회사의 모회사 주식 취득금지 및 처분의무(상법 342조의2 1항 또는 2항)를 위반하거나(상법 625조의2 1호), 주식교환(삼각주식교환 또는 역삼각합병)을 위하여 취득한 모회사 주식의 처분의무(상법 360조의3 7항)를 위반할 경우(상법 625조의2 2호), 또는 삼각합병을 위하여 취득한 모회사주식의 처분의무(상법 523조의2 2항)의 위반(상법 625조의2 3호)과 분할합병을 위하여 취득한 모회사주식의 처분의무(상법 530조의6 5항)의 위반에 관한 처벌규정을 두고 있으며(상법 625조의2 4호), 이를 위반한 자는 2천만원 이하의 벌금에 처한다.

위반행위의 주체는 형식적으로는 자회사, 주식의 포괄적 교환으로 완전모회사가 되는 회사, 흡수합병의 존속회사, 분할합병의 분할승계회사이지만, 법상 원칙적으로 법인의 범죄능력을 인정하지 않고 있어 실제로 처벌대상이 되는 행위주체는 회사를 대표하거나 대리하여 위반행위를 한 이사·집행임원·지배인 등이다.

(4) 부실보고죄와 부실문서행사죄

가. 부실보고죄

상법상 조직변경은 주식회사가 유한회사로 변경하거나 유한회사가 주식회사

[대법원 1984. 10. 10. 82도2595] 대법원은 전원합의체 다수의견으로 '형법 제355조 제2항의 배임죄에 있어서 타인의 사무를 처리할 의무의 주체가 법인이 되는 경우라도 법인은 다만 사법상의 의무주체가 될 뿐 범죄능력이 없는 것이며 그 타인의 사무는 법인을 대표하는 자연인인 대표기관의 의사결정에 따른 대표행위에 의하여 실현될 수 밖에 없어 그 대표기관은 마땅히 법인이 타인에 대하여 부담하고 있는 의무내용 대로 사무를 처리할 임무가 있다 할 것이므로 법인이 처리할 의무를 지는 타인의 사무에 관하여는 법인이 배임죄의 주체가 될 수 없고 그 법인을 대표하여 사무를 처리하는 자연인인 대표기관이 바로 타인의 사무를 처리하는 자 즉 배임죄의 주체가 된다'고 판시하였다.

로 변경하는 것을 말하며(대법원 2012. 2. 9. 2010두6731), 조직변경시 발행하는 주식의 발행가액 총액(주식회사로 조직변경하는 경우)이나 유한회사의 자본금 총액(유한회사로 조직변경하는 경우)이 회사의 순재산액을 초과하지 않아야 한다(상법 607조 2항, 604조 2항).

하지만 그 순재산액이 자본금에 미치지 못하거나 조직변경으로 발행하는 주식의 발행가액에 부족할 경우에는 조직변경 결의 당시의 이사와 주주(유한회사로 조직변경) 또는 이사·감사 및 사원(주식회사로의 조직변경)은 연대하여 그 부족액을 회사에 지급할 책임이 있다(상법 605조 1항, 607조 4항).

또한 주식회사 및 유한회사의 이사, 집행임원, 감사위원회 위원, 감사, 이사결원의 경우에 법원이 선임한 임시이사(상법 386조 2항), 이사·감사선임의 효력을 다투는 소가 제기된 경우에 법원이 선임한 이사 직무대행자(주식회사는 407조 1항, 유한회사는 567조) 및 감사 직무대행자(상법 415조)가 순자산액에 관하여 법원 또는 총회에 부실한 신고를 하거나 사실을 은폐한 때에는 5년 이하의 징역 또는 1,500만원 이하의 벌금에 처하거나, 이를 병과할 수 있다(상법 626조, 632조).

이는 '부실한 보고'와 '사실의 은폐'가 의 구성요건적 행위이다(상법 626조). '부실한 보고'란 조직변경의 목적에 비추어 중요한 점에 있어서 사실과 달리 보고하는 것이고, '사실의 은폐'란 보고의 목적에 비추어 밝혀야 할 사항에 관하여 소극적으로 진실을 밝히지 않는 경우 등을 말한다.

나. 부실문서행사죄

회사가 다수의 일반투자자를 대상으로 주식·사채(社債)를 모집·매출하는 경우에 모집·매출에 관한 정보를 부실하게 공지한다면 이를 신뢰한 일반투자자는 큰 피해를 입게 된다(대법원 2003. 3. 25. 2000도5712). 이에 상법은 주식이나 사채의 모집(자본시장법상 50명 이상의 자에게 신규로 발행되는 증권의 취득 청약을 권유하는 행위) 또는 매출(자본시장법상 50명 이상의 자에게 이미 발행된 증권의 매도 청약이나 매수 청약을 권유하는 행위)에 관여하는 자가 모집·매출을 하면서 '중요한 사항'에 관하여 부실기재가 있는 주식청약서, 사채청약서, 사업계획서, 모집·매출 광고 등의 문서로 한 때에는 5년 이하의 징역 또는 1,500만 원 이하의 벌금에 처하거나 이를 병과할 수 있도록 규정하고 있다(상법 제627조, 제632조). 이를 부실문서행사죄라 한다.

이 때 '중요한 사항'이란 일반투자자의 투자판단에 중요한 영향을 미치는 사항을 의미하며, 즉 그 사실을 제대로 알았더라면 투자를 하지 않았을 것이라는 등의 관계가 인정되어야 할 것이다.

'부실한 기재'란 진실과 다른 사항을 기재한 경우는 물론 기재해야 할 중요한 사실을 기재하지 아니한 경우도 포함한다.

'행사'란 그 문서를 비치, 교부, 우송 등의 방법으로 상대방이 인식할 수 있는 상태에 두는 것을 의미한다.

모집의 경우 특별배임죄는 회사의 발기인, 업무집행사원, 이사, 집행임원, 감사위원회 위원, 감사, 직무대행이사(이사 결원시에 선임된 일시이사(상법 386조 2항)와 이사직을 다투는 소가 제기되어 선임된 직무대행자(상법 407조 1항), 직무대행감사(감사 결원시 선임된 일시감사와 감사직을 다투는 소가 제기되어 선임된 직무대행자), 지배인, 부분적 포괄대리권을 가진 사용인 등(상법 622조 1항에 규정된 자), 외국회사의 대표자, 주식 또는 사채의 모집위탁을 받은 자를 대상으로 한다(제627조 1항).

매출에서의 행위주체는 주식 또는 사채를 매출하는 자가 된다(상법 627조 2항).

이 외에도 '자본시장법'상 발행시장과 유통시장에서의 공시의무위반에 대하여 처벌규정을 두고 있으며, 공모시 증권신고서를 제출하지 아니하거나 허위의 기재를 한 경우에 5년 이하의 징역 또는 2억원 이하의 벌금에 처하고, 공모시 사업보고서를 제출하지 않은 경우에는 1년 이하의 징역 또는 3,000만원 이하의 벌금에 처한다(자본시장법 444조).

또한 상장회사의 사업보고서, 반기보고서, 분기보고서, 주요사항보고서의 미제출은 1년 이하의 징역 또는 3,000만원 이하의 벌금에 처한다(자본시장법 446조).

(5) 위장납입과 통모가장납입

가. 위장납입과 통모가장납입의 구분

가장납입의 의사를 가지고 공모하여 출자자로 하여금 타인으로부터 납입자금을 차용하여 실제로 주금을 납입은행에 납입하게 하고, 납입은행으로부터 납입금보관증명서를 발급받아 출자등기를 마친 후 즉시 그 납입금을 인출하여 출자자로 하여금 차용채무를 변제하게 하는 유형이다.

'납입 또는 현물출자의 이행을 가장하는 행위'는 진실한 주금(株金)납입 또는 현물출자를 이행하여 회사의 재산을 확보할 의사 없이 형식상 또는 일시적으로 주금을 납입하거나 현물출자를 이행한 것과 같은 외형을 갖추는 행위를 말한다.

이러한 유형으로는 일시차입에 의한 납입(위장납입, 見金이라고 하기도 한다)과 통모가장납입(통정가장납입. 預合이라고 하기도 한다)이 있다.

회사의 발기인, 업무집행사원, 이사, 감사, 지배인, 부분적 포괄대리권을 가진 사용인, 주식회사의 일시이사·집행임원·감사위원회 위원, 주식회사의 감사 직무대행자, 주식회사 또는 유한회사의 이사 직무대행자가 납입 또는 현물출자의 이행을 가장하는 행위를 한 때에는 5년 이하의 징역 또는 1,500만원 이하의 벌금에 처하도록 한다(상법 628조 1항, 632조). 납입가장죄는 '응하는 행위, 중개하는 행위'로 구분하여, 가장납입행위에 응하거나(상법 628조 2항) 이를 중개한 자(상법 628조 2항)도 같은 법정형으로 처벌하고 있다.

이는 은행 등으로부터 금전을 차입하고 이를 납입금으로 충당하면서 차입금의 변제가 있을 때까지 회사의 납입금을 인출하지 않는다는 취지의 약정을 은행 등과 체결함으로써 인수주식의 납입을 가장하는 폐해를 막기 위한 것이다.

주식회사의 회사설립 및 신주발행 시에는 회사의 자본충실을 위하여 출자의 이행과 공시에 관하여 규제하고 있으며, 주금(株金)의 납입 또는 현물출자의 이행이 완료되어야 신주 발행의 효력이 발생하고, 자본금의 증가는 주금납입 또는 현물출자이행을 증명하는 서면을 첨부하여 등기를 해야 한다.

유한책임회사와 유한회사도 출자의 납입 또는 현물출자의 이행이 완료되면 자본금 증가에 따른 변경등기를 해야 한다(상법 287조의5 4항, 591조).

통모가장납입(預合)은 납입금보관은행(상법 318조)과 주식 발행회사의 발기인·이사 등이 서로 공모(通謀)하여 납입을 가장하는 행위이다.

실제로 납입이 되지 않았는데도 서로 공모한(通謀) 납입금융기관의 임직원이 허위로 납입금보관증명을 발급해 설립등기·증자등기가 되도록 하는 경우가 이에 해당한다. 그 밖에 발기인·이사 등이 납입금융기관으로부터 자금을 대출받아 주식인수대금을 납입하되 그 대출금을 변제할 때까지는 그 납입금을 인출하지 않기로 약정하는 경우도 이에 해당할 수 있다.

(자본금 10억원 미만인 소규모회사의 발기설립은 납입금보관증명서를 금융기관의 잔고증명서로 대체 가능하다. 상법 318조 3항).

회사자금에 의한 가장납입이란 회사가 신주를 발행하면서 제3자에게 주금 상당액을 대여하고 제3자는 그 대여금으로 주금을 납입하는 유형이다. 이때 회사가 처음부터 제3자에 대하여 그 대여금 채권을 행사하지 않기로 약정하였거나 실질적으로 대여금을 회수할 의사가 없었고, 제3자도 그러한 회사의 의사를 전제로 주식인수 청약을 하였다면 납입가장죄가 성립한다(대법원 2003. 5. 16. 2001다44109).

주식회사 또는 유한회사 등 물적회사에서 자본금은 회사 채권자를 위한 유일한 책임재산이 되므로 출자로 구성되는 자금을 자본금이라고 하고 이를 유지하기 위하여 자본금충실 원칙 등 엄격한 법정자본금 제도를 두고 있다.
이에 따라 자본금을 구성하기 위한 출자는 금전이나 현물로 제한하고 신용이나 노무의 출자를 불허하며 전액납입주의(상법 287조의4. 295조, 548조)를 취하면서, 이를 위반하여 납입 또는 현물출자의 이행을 가장하는 행위(가장납입행위)를 규제하고 있다(상법 628조 1항).

나. 납입가장행위에 응하는 행위와 납입가장 중개행위

납입 또는 현물출자의 이행을 가장하는 행위와 관련하여 그 행위에 응하거나 이를 중개한 자도 처벌하고 있다(상법 628조 2항).

주금납입취급기관이 발기인·이사 등의 부탁을 받고 이른바 예합(預合, 통모가장납입) 행위에 대하여 '응하는 행위'와 이러한 허구적인 납입행위를 중간에서 '중개하는 행위'를 의미하며, 어느 쪽이든 납입가장행위가 된다.

납입가장행위에 '응하는 행위'의 자는 납입담당 금융기관의 임직원이다. 즉, 주금납입취급기관으로 지정된 금융기관의 임직원이 발기인이나 이사 등 회사측 행위자의 부탁을 받고 주금의 입출금 및 주금납입증명서 발급업무를 해주는 것을 의미하는 것이다(대법원 2004. 12. 10. 2003도3963).

구체적으로는 주금납입취급기관의 임직원이 ①회사 측 행위자의 부탁을 받고 실제 처음부터 주금(株金)이 입금된 사실조차 없음에도 허위로 납입증명서를 발급해 주거나 주금(株金)을 대출해주는 경우뿐만 아니라, ②제3자로부터 차용한 돈으로 주금을 납입하여 주금납입증명서를 발급받은 다음 즉시 인출하여 그 차용금의 변제에 사용하는 방식으로 납입을 가장한다는 사정을 알면서 그 주금의 입출금 및 주금납입증명서 발급업무를 해주기로 회사측 행위자와 통모한 경우에도 위반행위는 성립한다(상법 628조 2항 ; 대법원 2004. 12. 10. 2003도3963).

(6) 주식초과발행의 죄

상법은 주식회사의 신주발행 권한을 이사회에 부여함을 원칙으로 하면서(상법 416조), 그 신주발행은 정관에 기재한 '회사가 발행할 주식의 총수'(발행예정주식총수. 수권주식수라고도 한다) 범위 안에서만 발행할 수 있도록 하고 있다(상법 289조 1항 3호).

이는 강행규정이므로 회사의 설립시나 신주발행시 언제나 준수해야 하고, 발행예정주식총수를 초과하여 주식을 발행하기 위해서는 주주총회의 특별결의에 의한 정관변경절차를 거쳐야만 한다(상법 433조 1항, 434조). 이사회 등이 이러한 정관상의 권한범위를 일탈하고 발행예정주식총수를 초과하여 주식을 발행하는 위반행위를 방지하기 위하여 주식초과발행죄를 규정하고 있다.

즉 주식회사의 발기인, 이사, 집행임원, 일시이사(상법 386조 2항) 또는 이사 직무대행자(상법 407조 1항)가 회사가 정관상의 발행예정주식총수를 초과하여 주식을 발행한 경우에는 5년 이하의 징역 또는 1,500만 원 이하의 벌금에 처하고, 징역형과 벌금형을 병과할 수도 있다(상법 629조, 632조).

(7) 독직증재죄와 독직수재죄

이사나 감사, 감사위원회 위원 등 회사의 사무를 처리하는 자가 그 직무에 관하여 부정한 청탁을 받고 재산상의 이익을 수수, 요구 또는 약속한 때에는 5년 이하의 징역 또는 1,500만원 이하의 벌금형을 받게 된다(상법 630조 1항). 이를 위반해 수수한 이익은 몰수하며, 그 전부 또는 일부를 몰수할 수 없을 때에는 그 가액을 추징한다(상법 633조).

이는 구체적으로 회사의 이사, 감사, 감사위원회 위원, 발기인, 업무집행사원, 집행임원, 직무대행이사(이사 결원시 선임된 일시이사(상법 386조 2항)와, 이사직을 다투는 소가 제기되어 선임된 직무대행자(상법 407조 1항), 직무대행감사(감사 결원시 선임된 일시감사와 감사직을 다투는 소가 제기된 경우 선임된 직무대행자), 지배인, 부분적 포괄대리권을 가진 사용인과 청산인, 청산인 직무대행자(상법 542조 2항), 신설합병의 설립위원(상법 175조)등 일정한 자(상법 622조 2항)의 수재행위(수수, 요구, 약속)와 증재행위(약속, 공여, 공여의사표시)를 각각 처벌하는 것이다.

독직수재죄는 형법상 배임수재죄(형법 357조 1항), 독직증재죄는 형법상 배임증재죄(형법 357조 2항)의 가중처벌 규정이며, 회사의 손해 여부와는 관련이 없다.

①독직수재죄는 객관적 행위로서 그 직무에 관하여 '부정한 청탁을 받고, 재산상 이익'을 '수수, 요구 또는 약속'한 것이고, ②독직증재죄는 객관적인 행위로서 부정한 청탁을 하고 재산상 이익을 약속, 공여 또는 공여의사표시를 하는 것이다. 이 경우에 공여란 상대방으로 하여금 재산상의 이익을 현실적으로 취득하게 하는 것을 말한다.

'직무'는 행위주체들의 지위에 따라 그 권한으로서 담당하는 일체의 사무를 말한다.

'청탁'이란 그 직무에 관하여 장래 일정한 행위를 하거나 하지 않는 것을 의뢰하는 것이고, '부정'이란 법령을 위반한 경우뿐만 아니라 회사의 사무처리규칙 등 중요한 사항에 위반한 경우도 포함된다고 보고 있다.

재산상 이익이란 금전적 가치로 환산할 수 있는 이익으로서, 부동산, 유체동산, 금전 등은 물론, 채무면제, 지급유예(만기연장), 신용제공, 보증 또는 담보 제공, 유상서비스의 무상제공, 향응제공 등도 포함된다.

'수수'는 재산상 이익을 자기 소유로 하는 의사를 가지고 현실적으로 받는 것을, '요구'는 재산상 이익을 제공해달라는 의사표시를, '약속'은 장래에 재산상 이익을 수수하기로 쌍방이 합의하는 것을 의미한다.

또한 독직죄(상법 630조)는 부패재산몰수법의 '부패범죄'에 해당하므로(부패재산몰수법 2조 1호 별표 12), 몰수·추징요건에 해당하지 않으면 부패재산몰수법 규정에 따라 몰수·추징할 수 있고(부패재산몰수법 3조 1항), 그 밖에도 부패재산몰수법 규정에 따라 몰수·추징의 보전, 국제공조 및 부패재산의 환수 등이 가능하다.

(8) 권리행사방해 등에 관한 증수뢰죄

이해관계를 달리하는 수많은 주주들의 회의체인 주주총회에서 다른 주주의 발언이나 의결권 행사를 협박등 부당한 방법으로 방해하는 이른바 '총회꾼'이 있으며, 이들 총회꾼에게 청탁을 하고 그 대가로 금전을 수수하는 행위를 처벌하기 위하여 권리행사방해등에 관한 증수뢰죄를 두고 있다(상법 631조).

권리행사방해 증수뢰죄 중 권리행사방해 수뢰죄는

① 창립총회, 사원총회, 주주총회 또는 사채권자집회에서의 발언 또는 의결권의 행사를 할 수 있는 주주, 사원, 사채권자 또는 그 대리인,
② 상법 제3편(회사)에 정하는 소 제기권을 가진 주주, 이사, 감사,
③ 1% 이상의 소수주주권, 10% 이상의 사채권자의 권리, 자본금의 3% 이상의 사원권을 행사할 수 있는 주주, 사채권자, 사원,
④ 이사행위에 대한 유지청구권(상법 402조)을 행사할 수 있는 감사와 주주, 신주발행 유지청구권(상법 424조)을 행사할 수 있는 주주 등이 권리행사에 관하여 부정한 청탁을 받고 재산상 이익을 수수(收受), 요구 또는 약속한 자를 1년 이하의 징역 또는 300만 원 이하의 벌금에 처하거나 그 징역형과 벌금형을 병과할 수 있다(상법 631조 1항, 632조).

이러한 권리행사방해 증뢰죄는 그 이익을 약속·공여하거나 공여의 의사를 표시한 자도 같은 법정형으로 처벌하도록 규정하고 있다(상법 631조 2항, 632조).

(9) 주주권리 행사에 관한 이익공여죄

이익공여죄는 주식회사의 이사, 감사, 감사위원회 위원, 집행임원, 일시이사(상법 386조 2항), 이사·감사 직무대행자(상법 407조 1항, 415조), 지배인 또는 그 밖의 사용인이 주주의 권리행사와 관련하여 회사의 계산으로 재산상의 이익을 공여한 경우에는 1년 이하의 징역 또는 300만 원 이하의 벌금에 처한다(상법 634조의2 1항).

또한 그 이익을 수수(收受)하거나(이익수수죄라 한다), 제3자에게 공여하게 한 자도(제3자 이익공여죄라 한다) 같은 형벌로 처벌한다(상법 634조의2 2항).

사용인은 부분적 포괄대리권을 가진 사용인에 한정하지 않고 그 범위에 제한이 없는 점에서 특별배임죄와 다른 점이다.

이 죄는 권리행사방해수뢰죄(상법 631조 1항)나 독직죄(상법 630조 1항)와 달리 필요적 몰수·추징규정이 없다. 다만, 부패재산몰수법의 '부패범죄'에 해당하므로(동법 2조 1호 별표 12.), 그 범죄수익(부패범죄의 범죄행위에 의하여 생긴 재산 또는 그 범죄행위의 보수로서 얻은 재산), 범죄수익에서 유래한 재산(범죄수익의 과실로서 얻은 재산, 범죄수익의 대가로서 얻은 재산 및 이들 재산의 대가로서 얻은 재산, 그 밖에 범죄수익의 보유 또는 처분에 의하여 얻은 재산), 그리고 이들 부패재산과 다른 재산이 합하여진 혼합재산 중 부패재산 비율 상당 부분에 대하여 부패재산몰수법상(동법 4조)의 몰수요건을 갖춘 경우에는 몰수할 수 있고(동법 2조 2호, 3조), 이를 몰수할 수 없는 등의 경우에는 추징할 수 있다(동법 5조 1항).

Q 계열회사에 자금을 지원하는 결정은 배임죄에 해당하는지?

A 회사의 이사 등이 타인에게 회사자금을 대여할 때에 계열회사가 이미 채무변제능력을 상실하여 자금을 대여할 경우 회사에 손해가 발생하리라는 점을 충분히 알면서, 충분한 담보를 제공받는 등 상당하고도 합리적인 채권회수조치를 취하지 아니한 채 대여해 주었다면 회사에 대하여 배임행위가 되고, 회사의 이사는 단순히 그것이 경영상의 판단이라는 이유만으로 배임죄의 죄책을 면할 수는 없으며, 이는 자금지원 회사의 계열회사라 하여 달라지지 않는다 (대법원 1999. 6. 25. 99도1141 ; 대법원 2007. 9. 7. 2007도3373 등 참조).

즉, 계열회사에 대한 자금지원 행위의 경우에도, 각 회사가 독립된 별개의 인격체이므로 기업집단 전체의 손익개념을 인정하지 않고 자금지원을 한 개별 회사의 이익이나 손해를 중심으로 그 회사 이사 등 경영진의 배임행위 여부를 가려야 한다(대법원 2012. 7. 12. 2009도7435).

판례에 따르면 범죄구성요건의 증명책임은 검사가 부담하는 것이므로 배임행위의 증명책임도 검사가 부담한다. 그런데 회사임원 등이 회사자금을 회사를 위해 지출한 것처럼 위장하였지만 그 돈을 회사를 위해 사용한 대강의 지출내역조차 주장하지 못하고 있고, 회사의 재산상태나 경영실적에 비추어 그 자금지출을 감추어진 상여나 이익배당으로서 적정 규모라 할 수 없다면 배임행위를 인정할 수 있다(대법원 1989. 10. 10. 87도966).

제3절
행정벌

(1) 개요

상법은 규정을 위반한 경우 과태료에 처하는 행정벌에 관해서도 규정하고 있다(상법 635조). 다만 그 행위에 관하여 형을 과할 때에는 과태료에 처할 수 없다(상법 635조 1항). 과태료는 질서유지를 위해 법령위반자에게 금전지급의무를 부과하는 제재로 범죄에 대하여 부과하는 형벌이 아니며, 질서유지를 위해 법령위반자에게 금전지급의무를 부과하는 제재이다.

과태료는 형벌과 그 성질을 달리하는 것이므로, 과태료의 부과·납부가 있었다고 해도 해당사실에 대한 형사소추가 금지되지 않는다(대법원 1992. 2. 11. 91도2536).

과태료에 대하여는 형법의 총칙규정이 적용되지 않는바, 그 결과 상법 제635조 제1항 각호에 해당하는 위반행위가 둘 이상 있는 경우에는 형법의 경합범(형법 제37조)으로서 하나의 가중된 형으로 처벌되는 것이 아니라 각 행위별로 과태료를 부과하게 된다.

예를 들면 ①감사는 주주총회에 제출되는 의안에 관해서는 조사를 해야 하고 법령 또는 정관에 위반하거나 현저하게 부당한 사항이 있는지의 여부에 관하여 주주총회에서 진술해야 하는데(상법 413조) 이를 위반하거나, 또는 ②감사보고서에 기재해야 할 사항에 관해 상법 제447조의4 제2항에서 정하고 있는데 이를 위반하여 기재하지 않거나 부실한 기재를 한 경우에는 감사는 ①의 경우에는 상법 제635조 제1항 제5호에 의해, ②의 경우는 동조항 제9호에 의해 각각 500만원 이하의 과태료에 처해지게 된다.

상법상의 과태료를 각 항목별로 구분해 보면 대략적으로 다음과 같다.

(2) 이사 등의 임무해태 등

발기인, 업무집행사원, 업무집행자, 이사, 감사, 집행임원, 외국회사 대표자, 검사인, 공증인, 감정인, 지배인, 청산인, 명의개서대리인, 사채모집수탁자, 이사·감사 직무대행자 등이 상법 회사편에서 정한 등기의 해태, 상법상 공고·통지의 해태, 검사·조사 방해, 법률 또는 정관에서 정한 이사 또는 감사의 인원수를 궐(闕)한 경우에 그 선임절차를 게을리 한 경우, 각종 서류 부실기재, 채권자보호절차 위반, 주식소각절차 위반, 주주총회 소집절차 위반, 장부·서류 비치의무 위반, 준비금 적립의무 위반, 기타 각종

상법상 절차 및 의무규정 위반 등 상법 제635조 1항 1호~32호까지 열거된 사항의 경우 500만원 이하의 과태료를 부과한다.

회사의 이사, 감사, 집행임원 등(발기인, 업무집행사원, 업무집행자, 외국회사 대표자, 검사인, 공증인, 감정인, 지배인, 청산인, 명의개서대리인, 사채모집수탁자, 이사·감사 직무대행자 포함)이 주주총회 소집의 통지·공고를 게을리하거나 부정한 통지 또는 공고를 한 경우, 상장회사가 주주총회 소집절차 위반, 집중투표시 의안 별도상정 의무 위반, 감사선임 또는 감사보수결정시 별도 의안 상정해야 할 의무를 위반한 경우에 1천만원 이하의 과태료를 부과한다(상법 635조 4항 1호~2호).

(3) 주권의 인수로 인한 권리의 양도행위(권리주식의 양도)

회사의 발기인, 이사 또는 집행임원이 주권의 인수로 인한 권리를 양도한 경우 500만원 이하의 과태료를 부과한다(상법 635조 2항).

(4) 사외이사 등의 선임의무 불이행

회사의 이사, 감사, 집행임원 등(발기인, 업무집행사원, 업무집행자, 외국회사 대표자, 검사인, 공증인, 감정인, 지배인, 청산인, 명의개서대리인, 사채모집수탁자, 이사·감사 직무대행자 포함)이 사외이사 선임의무를 이행하지 아니한 경우, 법상 요구되는 후보추천위원회를 미설치 또는 구성하지 아니한 경우, 이사회 승인없이 주요주주 등 이해관계자와의 거래를 한 경우, 법상 요구되는 감사위원회를 미설치 또는 구성하지 아니한 경우, 감사위원의 선임절차를 준수하지 아니한 경우 등 경우에는 5천만원 이하의 과태료를 부과한다(상법 635조 3항 1호~8호).

(5) 등기 전의 회사명의로 영업 등

회사의 성립 전에 회사의 명의로 영업을 한 자는 회사설립의 등록세의 배액에 상당한 과태료를 부과한다. 또한 외국회사는 그 영업소의 소재지에서 제614조의 규정에 의한 등기를 하기 전에는 계속하여 거래를 하지 못하며, 등기 전에 회사의 명의로 영업을 한 자는 회사설립의 등록세의 배액에 상당한 과태료를 부과한다(상법 636조).

Q 회사의 대표이사가 개인적으로 지원하는 후보자에게 회사자금으로 정치자금을 기부하였다. 횡령죄가 성립하는가?

A 대표이사가 회사의 사업운영과 전혀 관계없는 공직선거 입후보자의 선거자금을, 회사자금으로 정치자금을 기부하였다면 그것이 합리적인 범위 내에서 회사의 이익을 위한 것이 아니라면 횡령죄가 성립할 수 있다.

회사의 자본이나 경영상태에 비추어 과도한 헌금이나 기부는 이사의 주의의무 또는 충실의무 위반으로 인한 손해배상책임의 원인이 될 수 있다. 정관에서 정한 목적에 의하여 회사의 권리능력이 제한된다는 제한설에 따르면 기업의 사회적 책임면에서 기부행위는 그 금액이 현저히 불합리한 것이 아닌 한 회사의 목적범위 내의 것으로 볼 수 있다.

판례는 회사의 이사가 보관 중인 회사 재산을 처분하여 그 대금을 공직선거에 입후보한 타인의 선거자금으로 지원한 경우 그것이 회사의 이익을 도모할 목적으로 합리적인 범위 내에서 이루어졌다면 그 이사에게 횡령죄에 있어서 요구되는 불법영득의 의사가 있다고 할 수 없을 것이나, 그것이 회사의 이익을 도모할 목적보다는 그 후보자 개인의 이익을 도모할 목적이나 기타 다른 목적으로 행하여졌다면 그 이사는 회사에 대하여 횡령죄의 죄책을 면하지 못한다고 판시하고 있다(대법원 1999. 6. 25. 99도1141).

판례는 기부행위가 배임죄에 해당하려면 실질적으로 주주권을 침해한 것이라고 인정되는 정도에 이를 것을 요한다는 입장이다(대법원 2010. 5. 13. 2010도568)

[대법원 2010. 5. 13. 2010도568] 주식회사가 그 재산을 대가 없이 타에 기부, 증여하는 것은 주주에 대한 배당의 감소를 가져 오게 되어 결과적으로 주주에게 어느 정도의 손해를 가하는 것이 되지만 그것이 배임행위가 되려면 그 회사의 설립목적, 기부금의 성격, 그 기부금이 사회에 끼치는 이익, 그로 인한 주주의 불이익 등을 합목적으로 판단하여, 그 기부행위가 실질적으로 주주권을 침해한 것이라고 인정되는 정도에 이를 것을 요한다(대법원 1985. 7. 23. 85도480 ; 대법원 2005. 6. 10. 2005도946).

Q 대표이사가 회사 소유의 재산을 제3자의 자금조달을 위한 담보로 제공하였다. 횡령죄가 성립하는가?

A 대표이사가 회사 소유의 재산을 제3자의 자금조달을 위해 담보로 제공하였다면 횡령죄가 성립한다.

판례에 따르면, 횡령죄에서 '재물의 보관'이란 재물에 대한 사실상 또는 법률상 지배력이 있는 상태를 의미하고 그 보관이 위탁관계에 기인해야 하는 것은 물론이나, 반드시 사용대차·임대차·위임 등의 계약에 의하여 설정될 것을 요하지 아니하고, 사무관리·관습·조리·신의칙 등에 의해서도 성립될 수 있다.

따라서, 주식회사는 주주와 독립된 별개의 권리주체로서 이해가 반드시 일치하는 것은 아니므로, 주주나 대표이사 또는 그에 준하여 회사 자금의 보관이나 운용에 관한 사실상의 사무를 처리하는 자가 회사 소유 재산을 제3자의 자금조달을 위하여 담보로 제공하는 등 사적인 용도로 임의 처분하였다면 그 처분에 관하여 주주총회나 이사회의 결의가 있었는지 여부와는 관계없이 횡령죄의 죄책을 면할 수는 없다고 판시하고 있다(대법원 2011. 3. 24. 2010도17396).

제5장

이사회

제1절
이사회

(1) 이사회의 구성원

주식회사는 업무집행에 관한 의사결정을 이사 전원으로 구성된 이사회에서 하며, 이사회의 일원인 이사는 주주총회에서 선임된 법률상의 이사만을 의미하므로, 사내이사 뿐만 아니라 사외이사, 그 밖에 상무에 종사하지 아니하는 이사(기타비상무이사)도 당연히 이사회의 구성원이 된다. 이사회는 주식회사의 기관으로서, 이사회의 권한은 법률상 크게 나누어 업무집행의 결정권한과 (대표)이사의 직무집행 감독권한으로 구분할 수 있다.

이사는 주주총회에서 이사로 선임되면 별도의 절차 없이 이사회의 구성원이 된다. 이사회에는 일부 이사를 배제시킬 수 없고, 이사가 아닌 자는 이사회의 구성원이 될 수 없다.

등기이사가 아닌 자는 이사회의 구성원으로 될 수 없으므로 주주총회에서 선임되지 않고 회사내부의 보직으로서 이사 등의 직책이나 직위(부사장, 전무, 상무 등)를 부여한 경우에 그 자는 이사회의 구성원이 아니다.

그런데, 자본금이 10억원 미만인 소규모주식회사가 1인 또는 2인의 이사만 두는 경우에는(상법 383조 1항), ①이사회의 권한사항(결정사항)을 주주총회의 권한

사항(결정사항)으로 하는 경우가 있고(상법 383조 4항), ②이사회에 관한 규정 중 적용이 배제되는 경우가 있으며(상법 383조 5항), ③이사회의 권한을 이사가 단독으로 하는 경우가 있다(상법 383조 6항).

합자회사, 합명회사 등의 사원(출자자 등)이 직접 업무를 집행하는 인적회사와 달리, 물적회사인 주식회사의 주주는 업무집행권이 없고, 업무집행에 관한 의사결정을 이사회가 하면 대표이사가 이를 집행한다. 이사회는 대표이사를 포함한 모든 이사의 직무집행을 감독한다(상법 393조 2항).

이사회의 대표이사의 업무집행을 감독, 시정할 수 있는 권한은 대표이사가 이사회의 결정에 따라 업무집행을 하지만, 반드시 (경영환경의 변화 등으로) 적정한 업무집행을 하는 것은 아니기 때문에 감독이 필요한 것이다.

(2) 이사회와 주주총회의 권한 분배

이사회는 업무집행에 관한 의사결정기관인데 반해, 주주총회는 이사와 감사의 선임과 해임, 정관의 변경, 중요재산의 처분, 합병, 해산 등과 같이 중요한 사항에 대한 결정을 할 수 있는 권한을 가진다는 의미에서 주식회사의 최고의사결정기관이다.

상법 또는 정관에서 주주총회의 권한으로 규정한 사항은 반드시 주주총회결의를 요하고, 정관의 규정 또는 주주총회결의로도 다른 기관(이사회, 대표이사 등)에 위임하지 못한다.

다만, 일부 이사회의 권한사항 중에는 정관으로 정하여 주주총회의 권한으로 할 수 있는 권한에는 대표이사의 선임(상법 389조 1항), 신주발행 사항의 결정(상법 416조), 준비금의 자본금 전입(상법 461조 1항), 전환사채의 발행(상법 513조 2항) 등이 있다.

(3) 이사회의 권한

가. 의사결정

회사의 업무집행에 관한 의사결정은 회의체인 이사회에서 이루어진다. 이사로서 중요한 역할 중에 하나가 이사회의 결의를 통해서 회사의 적법한 의사결정에 참여하는 것이다.

이사회의 결의사항은 회사의 중요사항이며, 그 결정이 회사의 경영을 좌우하게 된다. 이사는 주주총회에서 선임되어 회사경영에 대하여 주주로부터 위임받았지만, 이사회에서 그 통찰력(식견)과 경험, 개인적인 능력을 최대한 살려 의사결정해야 하는 것이 요구된다.

회의체인 이사회는 각 이사 간의 충분한 의견교환과 토의를 통하여 집단적 의사결정 방식인 결의로서 의사결정을 해야 한다. 따라서 토론의 대행이나 의결권 대리행사가 허용되지 않고, 토론 없이 개별적인인 동의로서 결정하는 방식인 서면결의·회람결의 또한 허용되지 않으며, 투표방법(결의방법)에 제한은 없지만 이사는 투표결과에 책임을 져야 하기 때문에 무기명 투표는 허용되지 않는다.

나. 업무집행

이사가 대표이사로 선임되면, 회사를 대표하는 동시에 대외적, 대내적인 업무집행을 한다. 그리고 대표이사 이외의 이사인 전무(이사), 상무(이사)등 업무담당이사 또는 업무집행이사로서 업무집행을 담당한다. 또한 상법상의 집행임원제도에 따라 이사가 집행임원(흔히 말하는 비등기임원이 아니다)을 겸하는 경우도 있다.

업무집행의 개념 내지 범위는 회사의 사업을 위한 활동으로 '대내적인 것인지, 대외적인 것인지를 묻지 않고 회사가 사업목적을 달성하기 위해 수행하는 일체의 사실행위' 또는 회사의 목적인 사업에 관한 사무를 처리하는 것으로 법률행위뿐만 아니라 사실행위도 포함되는 것으로 설명한다. 따라서 원료구입·제품

판매·자금의 차입·직원고용 등과 같은 행위뿐 아니라 장부작성·직원의 지휘·생산라인의 교체 등과 같은 사실행위를 모두 포함한다.

그러나 정관의 변경, 회사의 해산, 합병, 분할, 조직변경, 중요한 영업일부나 영업전체의 양도, 해산 등과 같은 기초적 사항은 업무집행에 포함되지 않는다. 이들 사항은 주주총회만이 결정할 수 있다. 다만, 이러한 기초적 사항을 의제나 의안으로 채택하여 주주총회에 부의하는 행위는 업무집행행위라고 할 수 있다(따라서 주주총회 상정의안의 결정 등 사실상의 내부적 결정은 이사회서 이뤄지는 것이 대부분이다).

다. 직무집행의 감시·감독

이사회는 회사의 업무집행을 결정하는 동시에 대표이사와 기타 이사의 직무집행을 감독한다(상법 393조 2항). 따라서 이사는 이사회의 일원으로서 이사회의 업무집행에 관한 의사결정에 참여하고, 대표이사 및 다른 이사의 업무집행을 감시·감독할 권한과 의무를 지게 된다.

이사회의 직무감독권한은 이사회가 결정한 업무집행사항을 이사가 성실하게 업무집행을 하였는지의 여부를 이사회가 감시·감독하는 것으로, 이는 적법성 감사는 물론 타당성 감사도 그 대상이 된다.

즉, 이사는 다른 이사가 위법행위나 회사에 손해를 입히는 행위를 하려고 하는 경우에는 이사회에서 이를 밝히고 시정하도록 해야 하는 것이다. 예를 들어, 대표이사가 회사에 회복하기 어려운 위법행위를 하려는 경우에, 이사의 감시·감독권으로서 법정의 요건에 따라 이사회를 소집·개최하고 이를 중지시킬 필요가 있는 것이다.

(4) 이사회 소집권자

가. 이사가 소집권자

이사회는 각 이사가 소집하는 것이 원칙이지만, 정관에 정하거나 또는 이사회 결의로 소집할 이사를 정한 때에는 그 소집권자가 이사회를 소집한다(상법 390조 1항). 소집권자인 이사의 소집권을 무시하고 소집권이 없는 다른 이사가 소집한 이사회는 적법하지 않으므로 그러한 이사회에서 이루어진 결의는 무효이다.

소집권자로 지정되지 않은 다른 이사는 회의의 목적을 기재한 서면을 '소집권자인 이사에게' 제출해 이사회 소집을 요구할 수 있다(통상 정관이나 이사회 규정으로 대표이사 등을 소집권자로 정하고 있다). 그런데도 소집권자인 이사가 정당한 이유 없이 이사회 소집을 거절하는 경우에는 다른 이사가 이사회를 소집할 수 있다(상법 390조 2항).

나. 감사가 소집권자

감사는 감사활동의 결과를 이사회에 진술할 필요가 있는 등 '필요하면' 회의의 목적사항과 소집이유를 기재한 서면을 이사(소집권자를 정하고 있는 경우에는 그 소집권자)에게 제출해 이사회의 소집을 청구할 수 있다(상법 412조의4 1항). 감사에게 이사회 소집이 '필요하면'은 감사가 이사회에 출석하여 의견을 진술하거나(상법 391조의2 1항), 이사회에 보고하기 위해(상법 391조의2 2항) 필요한 경우를 말한다. 이러한 감사의 이사회 소집청구에도 불구하고 이사가 지체 없이 이사회를 소집하지 않을 경우에 그 청구한 감사가 이사회를 소집할 수 있다(상법 412조의4 2항).

다. 집행임원의 소집청구권

주식회사는 상법상의 집행임원을 둘 수 있는데(상법 408조의2 1항), 선임시 반드시 등기해야 하는 점에서 종래의 비등기임원와 구분된다.

이러한 집행임원은 필요한 때(신주발행이나 주주총회 소집 등 이사회 개최가 필요한 경우)에 회의의 목적사항과 소집이유를 적은 서면을 이사(규정등에 소집권자가 지정되는 경우에는 그 소집권자)에게 제출하여 이사회의 소집을 청구할 수 있다(상법 408조의7 1항). 대표집행임원이 있어도 집행임원 각자가 이사회소집청구권을 가진다.

집행임원의 소집청구가 있은 후 지체 없이 이사회 소집의 절차를 밟지 아니한 때에는 소집을 청구한 집행임원은 법원의 허가를 받아 이사회를 소집할 수 있다. 이 경우 이사회의 의장은 법원이 이해관계자의 청구 또는 직권으로 선임할 수 있다(상법 408조의7 2항).

(5) 이사회 소집절차

이사회 소집에는 개최일을 정하고 그 1주 전(정관으로 정하여 기간을 단축할 수 있다)에 각 이사·감사에 대하여 통지를 발송해야 한다(상법 390조 3항). 정관에 달리 규정하지 않는 이상 통지일과 개최일 사이에 1주의 기간이 있어야 한다(달력 기준으로 이사회 개최일을 포함할 경우에는 8일차 이전에 통지해야 한다).

소집통지의 대상은 등기된 이사뿐만 아니라, 일시이사(법원에서 선임한 이사), 이사직무대행자 등도 포함되고, 또한 감사는 이사회에 출석하여 의견을 진술할 수 있으므로(상법 391조의2 1항), 감사에게도 통지해야 한다.

긴급한 경영현안 등이 있는 경우에 이사회는 이사·감사 전원이 동의하면 소집통지의 발송 없이 언제든지 회의를 개최할 수 있다(상법 390조 4항).

법상 이사회의 소집통지 방법에는 제한이 없기 때문에, 정관으로 그 통지방법

[부산고등법원 2004. 1. 16. 2003나12328] 이사회 절차상 감사에 대한 소집통지의 하자에 대하여 하급심 판례는 "감사는 이사회 결의시 의견을 진술할 권한이 있을 뿐 의결권은 없어 그에 대한 소집통지가 되지 않아 감사가 출석하지 않은 상황에서 주주총회 소집을 의결하는 이사회 결의가 되었다고 하더라도 그 이사회의 의사형성에 결정적인 영향을 미쳤다고 보기 어려워, 이사회 결의가 무효라고 볼 수 없고,..(생략)

을 정하지 않았다면 반드시 서면으로 통지해야만 하는 것은 아니며, 구두·전화·이메일·FAX 등의 방법으로 통지하여도 된다.

만약 이사회 소집통지를 할 때에는, 회사의 정관에서 회의의 목적사항을 함께 통지하도록 정하고 있거나 '회의의 목적사항을 함께 통지하지 아니하면 이사회에서의 심의·의결에 현저한 지장을 초래하는 등'의 특별한 사정이 없는 한 주주총회의 소집통지의 경우와 달리 회의의 목적사항을 함께 통지할 필요는 없다(대법원 2011. 6. 24. 2009다35033).

(6) 소집시기와 장소

이사회의 소집시기는 긴급한 상황이 아니라면, 가급적 많은 이사가 출석할 수 있는 시기에 소집해야 한다. 의안에 반대하는 이사가 출석할 수 없거나 출석이 곤란한 시기에 이사회를 소집하여 결의하는 경우 결의무효사유에 해당한다.

상법은 주주총회와 달리 이사회의 소집장소에 대한 규정을 두지 않지만, 소집시기와 마찬가지로 가급적 많은 이사들이 출석할 수 있는 장소와 시간에 소집해야 한다. 반드시 회사 내부의 장소일 필요는 없지만, 합리적인 이유가 있다면(예를 들어 의안에 반대하는 입장인 이사가 출석할 수 없거나 출석이 곤란하게 하기 위한 목적 등이 아니라면), 특정지역이나 외국에서 이사회를 소집하는 것도 가능하다.

이사회 소집통지없이 이사회를 개최하는 방법으로 이사와 감사의 전원이 출석한 이사회에서, 이사회 규칙으로 일정한 일자(매월 첫째 주 월요일 등)를 개최일로 정하여 두거나(정기이사회), 전원의 동의로 다음 이사회 일시를 정할 수 있다.

상법상 이사회의 소집통지 방법에는 제한이 없기 때문에 이사회를 개최할 필요성이 생긴 경우 전화, 문자, 이메일 등으로 긴급하게 소집하고 이사회를 여는 것에 대하여 동의를 얻으면 열 수 있다. 이사는 이사회의 일원으로 회의에 출석하는 것을 전제하고 있기 때문에 이사회의 소집은 주주총회의 소집만큼 엄격하지는 않아 특별한 경우가 아니라면 의안 등의 사전통보는 필요치 않다.

(7) 이사회 결의요건

이사회 결의는 이사 과반수의 출석(의사정족수·성립정족수)과 출석이사의 과반수(의결정족수)로 해야 한다(상법 391조 1항). '이사 과반수'는 현재 재적하고 있는 이사 전원의 과반수를 의미한다.

그러나 회사와 이사의 이익이 상충할 수 있는 사항은 가중된 결의요건이 적용되어 회사의 사업기회이용에 대한 승인(상법 397조의2 1항), 자기거래에 대한 승인(상법 398조), 비상장회사나 상장회사로서 상근감사 또는 특례감사위원회 의무설치 법인이 아닌 회사가 설치한 일반 감사위원회의 위원의 해임에 관한 결의는 이사 3분의 2 이상의 수로써 결의하며, 이사회의 결의요건은 정관으로 그 비율을 높게 정할 수 있다(상법 391조 1항).

이사회 결의의 요건을 정관에서 모든 의안이나 일부 특정 의안에 대하여 만장일치를 결의요건으로 정하는 것도 적법하다. 그러나 이사회결의의 요건으로서 대표이사 또는 의장의 동의를 추가로 요구하는 것은 1인 1의결권 원칙(頭數主義)상 허용되지 않는다.

결의요건 중 이사회의 의사정족수 요건(과반수 이사의 출석)은 개회시부터 토의·결의시(투표시)까지 전체 과정에 걸쳐서 요구된다. 이사회 결의는 이사들의 협의와 의견의 교환을 통하여 그들의 지식과 경험을 모아 일정한 결론을 내리게 되므로 개회시에 의사정족수가 충족되었다 하더라도 결의(투표)시까지 계속해서 의사정족수가 충족되어야 하기 때문이다.

(8) 결의방법 등

이사는 의결권을 직접 행사해야 하고 그 대리행사는 허용되지 않는다. 또한 이사는 이사회에 직접 출석해야 하고, 이에 더하여 의결권을 행사한 것에 대하여 회사에 대한 책임을 부담하므로(상법 399조 2항) 제3자(다른 이사 등)에게 의결권을 위임할 수 없는 것이다.

이사는 의결에 참여하려면 그 회합을 위해 일정한 장소에 직접 참석해야 하므로 서면결의는 인정되지 않는다(대법원 2000. 11. 10. 99다64285).

의견교환이 가능한 다자간 통신회의는 상법상 인정되며, 따라서 정관에서 달리 정하지 않으면 이사회는 이사의 전부 또는 일부가 직접 회의에 출석하지 아니하고 모든 이사가 동시에 음성을 송수신 할 수 있는 통신수단(컨퍼런스 콜 등)을 활용해 회의를 개최하는 것은 허용된다. 이 경우 당해 이사는 이사회에 직접 출석한 것으로 본다(상법 391조).

(9) 이사회 의장

일부 회사의 경우 사외이사를 이사회 의장으로 하는 경우도 있지만 일반적으로 정관(또는 이사회 규정)으로 정해 대표이사를 이사회 의장으로 하고 있다. 그러나 상법상의 집행임원제도를 채택한 회사는 대표이사가 없으므로, 이사회의 의장은 이사회에서 호선(互選)으로 정하기도 한다.

금융회사지배구조법을 적용받는 금융회사의 이사회는 매년 사외이사 중에서 이사회 의장을 선임하되, 이사회가 사외이사가 아닌 자를 이사회 의장으로 선임할 경우에는 그 사유를 공시하고, 사외이사를 대표하는 자(선임사외이사라 한다)를 별도로 선임해야 한다(금융회사지배구조법 13조).

(10) 이사회 결의와 특별이해관계자

이사회의 결의에 관하여 특별한 이해관계를 가지는 자의 의결권행사를 배제하고 있기 때문에(주주총회에서 특별이해관계인의 의결권 제한규정을 준용), 특정한 의안의 이사회결의에 특별이해관계가 있는 자는 의결권을 행사하지 못한다(상법 368조 3항).

따라서 해당 이해관계가 있는 특정 의안의 '의결정족수와 관련하여' 특별이해관계인인 이사의 수는 (총회에서 출석한 주주의 의결권의 수에 대응하는) '출석한 이사의 수'에 산입하지 않는다(상법 371조 2항).

대표이사 선임·해임의 경우 대표이사 후보인 이사는 특별이해관계인에 해당하지 않고 따라서 의결권이 제한되지 않는다(개인법설). 반면 경업, 사업기회이용, 자기거래 등에 대한 이사회의 승인에 있어서 해당 이사는 당연히 특별이해관계인이다.

다만, 특별이해관계가 있는 이사가 의결권을 행사한 경우 이사회 결의가 무효로 되기 때문에 이사회의 승인을 받지 않은 경우와 동일하게 된다는 견해가 있지만, 판례는 특별이해관계 있는 이사가 참석한 결의하였다 하더라도 그 의결권을 제외하고 의사정족수를 충족하면 그 결의는 적법한 것으로 보고 있다(대법원 1992. 4. 14. 90다카22698).

(11) 이사회 내 위원회와 위임 범위

이사회는 정관이 정한 바에 따라 위원회를 설치할 수 있으며(상법 393조의2 1항), 위원회는 2인 이상의 이사(감사위원회는 3인 이상)로 구성하고, 위원회 위원의 선임·해임은 이사회에서 결정한다. 이사회 내 위원회의 소집, 결의방법 등은 이사회에 관한 규정이 준용된다.

회사는 내부적으로 업무를 분화시켜 다수의 기능별 위원회를 설치하고 이사회의 권한 등의 일부를 위임할 수 있다. 예를 들어 감사위원회를 비롯한 집행위원회나 경영위원회, 보상위원회, ESG위원회 등을 설치할 수 있다.

위원회는 이사회의 권한을 위임받았기 때문에, 그 위임사항에 대한 결의는 이사회 결의와 같은 효력이 있어 이사회가 위원회의 결의를 변경하는 결의를 하지 않는 한, 위원회의 결의는 별도의 승인절차를 요하지 않고 바로 이사회의 결의로서 효력이 발생한다.

위원회는 결의를 한 경우에 각 이사(회사의 모든 이사)에게 통지해야 하고, 위원회 결의가 부당한 경우에 통지받은 다른 이사는 이사회를 개최하여 그 결의사항은 번복하여 결의할 수 있다(상법 393조의2 4항). 이러한 번복결의는 감사위원회의 결의사항에 대해서는 할 수 없다(상법 415조의2 6항)

이사회는 위원회에 폭넓게 위임할 수 있지만 ①주주총회의 승인을 요하는 사항의 제안, ②대표이사의 선임·해임, ③위원회의 설치와 그 위원의 선임·해임, ④정관에서 정하는 사항 등은 위원회에 위임할 수 없다(상법 393조의2 2항). 그 밖의 사항에 대하여는 정관에서 위원회에 대한 위임을 금지한 사항이 아닌 한 위임이 가능하다.

또한 해석상 주주총회 소집권이나 이사에 대한 이사회의 감독권 등은 위원회에 위임할 수 없는 것으로 분류하기도 한다.

법문상 '정관이 정하는 바'로 규정하고 있어 실무에서는 정관상 회사에서 두고자 하는 구체적인 위원회 명칭정도를 규정하고, 위원회 운영과 그 권한 등은 이사회 규정에 두거나 별도의 위원회 규정을 두어 운영한다.

(12) 이사회와 이사의 수

주식회사에서 수많은 주주가 항상 모여 회사의 업무집행에 관련되는 의사결정을 내릴 수가 없다. 따라서 주주총회에서 이사를 선임하고, 그 선임된 이사들로 이사회를 구성해 일상적 업무를 결정할 수 있도록 위임하고 있다.

회의체인 이사회는 최소한 3인 이상의 이사가 필요한데, 정관으로 정하여 법률의 규정보다 이사의 수(數)를 더 늘릴 수도 있다. 이사의 인원수의 최대 상한(上

限)에 대한 법률의 규정은 없기 때문에 법률상의 정원은 없지만 많은 회사는 정관에서 이사 수의 최대 상한을 정하고 있다(예, 이 회사의 이사는 3명 이상 7명 이내로 하고, 사외이사는 이사총수의 4분의 1 이상으로 한다).

(13) 특별이회관계자인 이사와 주주의 의결권

상법상 주주총회 및 이사회의 특정한 결의에 대하여 특별한 이해관계가 있는 자(총회의 주주 또는 이사회의 이사)는 의결권을 행사할 수 없다(상법 368조 3항, 391조 3항). 이러한 특별이해관계가 있는 주주(이사)는 결의에 관하여 의결권을 스스로 행사할 수 없을 뿐만 아니라 대리의 방식으로 행사할 수도 없다.

특별이해관계는 특정한 주주가 주주의 입장을 떠나서 개인적으로 이해관계를 가지는 때라는 견해(個人法說)가 통설이고, 판례도 개인법설을 따른다(대법원 2007. 9. 6. 2007다40000 ; 부산고등법원 2004.01.16. 2003나12328).

특별이해관계에는 ①이사책임면제를 위한 결의에서 해당 이사인 주주, ②회사와의 영업양수도, 경영위임 등의 결의(상법 374조)시 거래상대방인 주주, ③경업에 대한 승인(상법 397조), ④사업기회유용의 승인(상법 397조의2), ⑤자기거래(상법 398조)의 이사회 승인시의 이사도 포함되지만, 총회 결의에서 이사 및 감사 선·해임시 당사자인 주주, 합병·분할·분할합병 등 조직재편시 계약당사자인 주주 등은 특별이해관계자가 아니므로 의결권을 행사할 수 있다.

이사의 보수 승인시 이사인 주주의 특별이해관계 해당 여부에 대하여 학설상 다툼이 있으나, 실무는 개별 이사의 보수 승인시에만 인정(실무상 전체 이사에 대한 보수한도 승인시에는 제한되지 않는 것으로 처리)하고 있다.

이사회 결의에도 특별한 이해관계가 있는 이사는 이사회 결의시 의결권을 행사할 수 없는 것으로 규정을 준용하고 있다(상법 391조 3항, 368조 3항).

판례는 이사회 결의시 정족수 산입여부에 관하여 '특별이해관계인인 이사는 이사회의 성립을 위한 정족수(의사정족수)의 계산에는 포함되나, 출석한 이사의 의결권의 수(의결정족수)에는 산입되지 않는다'고 판시하고 있다(대법원 1992. 4. 14. 90다카22698).

Q 정관상 이사회 소집권자인 대표이사가 대표권 박탈을 위한 이사회 개최를 거부할 경우, 이사회 개최방법은?

A 법상 이사회는 각 이사가 소집하지만 이사회의 결의로 소집할 이사를 정한 때에는 그 이사가 소집하며(상법 390조 1항), 대부분의 회사는 정관이나 이사회 규정으로 대표이사 또는 사외이사 등을 이사회 소집권자와 이사회 의장으로 정하고 있으며, 회사는 이에 따른다.

소집권자가 아닌 이사는 '소집권자인 이사에게' 그 소집을 요구할 수 있고, 소집요구에 소집권자인 이사가 정당한 이유 없이 이사회 소집을 거절하는 경우에는 다른 이사가 이사회를 소집할 수 있다(상법 390조 2항).

만약 정관상 대표이사에게 이사회를 소집하도록 한 회사에서 대표이사가 다른 이사의 정당한 이사회 소집요구가 있음에도 정당한 사유없이 이를 거절할 경우에, 그 이사회의 소집을 요구한 이사가 이사회를 소집할 수 있다.

판례도 대표이사의 선임이나 해임이 이사회의 결의사항으로 되어있고 대표이사가 이사회 소집권을 가지고 있는 회사에서 대표이사가 자신의 해임을 목적으로 하는 이사회의 소집을 불응하는 경우에는 정당한 이유없이 이사회 소집을 거절하는 경우에 해당하여 다른 이사가 이사회를 소집할 수 있는 것으로 보고 있다(대법원 1975. 2. 13. 74마595).

따라서 다른 이사가 회의의 목적을 기재한 서면을 '소집권자인 대표이사에게' 제출해 이사회 소집을 요구했음에도 소집권자인 대표이사가 정당한 이유 없이 이사회 소집을 거절하는 경우에는 다른 이사가 이사회를 소집한 후 대표권 박탈에 대한 의안을 결의할 수 있다(상법 390조 2항).

Q 이사가 특정한 이사회 결의사항에 개인적으로 특별히 이해관계가 있는 경우와 특별이해관계가 없는 경우란?

A 이사회 결의사항에 대하여 '특별한 이해관계가 있는 이사'는 그 의결권을 행사할 수 없고(상법 368조 3항), 의결정족수와 관련하여 특별이해관계인인 이사의 수는 출석한 이사의 수에 산입하지 않는다(상법 371조 2항). 어떠한 경우에 특별한 이해관계를 가지는 이사에 해당하는가는 사안별로 판단해야 한다.

이는 이사가 개인적으로 갖는 경제적 이해관계를 특별이해관계로 보는 개인법설이 통설이고, 판례도 같은 입장이다. 개인적 이해가 있으면 그 이사는 회사를 위한 객관적인 판단을 하지 못하고 회사의 이익이 해할 우려가 있기 때문이다.

예를 들어 이사회 결의에서 '경업에 대한 승인(상법 397조), 사업기회유용의 승인(상법 397조의2), 자기거래(상법 398조)'의 승인시 거래상대방인 이사는 특별이해관계가 있는 이사로서 의결권을 행사할 수 없고, 대표이사에 대한 대표권 부여의 선임·해임 결의에서 해당 후보자인 이사는 특별이해관계인에 해당하지 않아서 의결권이 제한되지 않는다.

Q 이사는 이사회의 결의에 있어 어떻게 권한을 행사해야 하는가?

A 이사는 이사회에서 의결권을 직접 행사해야 하고 위임에 의한 대리행사나, 회의를 개최하지 않고 서면으로 결의하는 것은 허용되지 않는다. 다만, 이사회는 이사의 전부 또는 일부가 직접 회의에 출석하지 아니하고 모든 이사가 음성을 동시에 송수신하는 원격통신수단(컨퍼런스콜 등)에 의하여 결의에 참가하는 것을 허용된다.

이사는 이사회 개최시 대리인을 세우거나 권한을 위임할 수 없으므로 반드시 회의에는 이사 본인이 직접 출석해 권한을 행사해야 한다. 이사회는 실질적인 논의를 해야 하는 회의체로서, 이사 개인의 능력과 판단력 등을 기대하고 이사로 선임하였기 때문에 타인에게 대리로 이사회에 참석하도록 할 수는 없다.

또한 회사와 이사는 위임관계에 있어 대리인에게 위임하여 의결권을 행사할 수 없다. 위임은 원래 수임자 본인의 적성이나 능력 등을 고려하여 의뢰받는 것이므로 임의로 제3자를 대리인으로 할 수 없다.

이사회는 이사들 간의 상호의견교환을 통한 집단적 의사결정방식에 의하여 결의하므로 토론의 대행이나 서면결의도 인정되지 않는다.

이사회의 결의는 이사의 과반수가 출석하고 출석한 이사의 과반수로 결의해야 하는데, 이사회의 정족수는 토의·의결의 전체 과정을 통해서 유지되어야 한다. 일시적이라도 이사의 정족수가 부족한 경우는 결의가 무효로 될 수도 있다.

이사회의 의사의 진행상 의장이 필요하지만 의장이라고 해도 이사 중의 1인이므로 적극적으로 발언하고 토론에 참가할 권리와 의무가 있다. 일반적으로 실무에서 의장은 대표이사가 되며, 상법상으로는 이사회의 의사진행에 관해서는 아무런 규정이 없다. 따라서 정관이나 이사회규정 등에서 의사의 진행방법을 규정하고 이에 따르면 된다.

Q 이사회에는 참여할 수 있는 자에 제한이 있는가? 외부전문가도 참여할 수 있는지?

A 원칙적으로 이사회에 참석해야 하는 것은 이사와 감사뿐이다. 이사는 이사회에서 의결권과 발언권을 행사할 수 있고, 감사는 필요한 경우 의견을 진술할 수 있다. 이사회에 감사가 참여하는 것은 감사가 '이사회에서 결정하는 업무가 적법, 적정하게 이루어지고 있는지'를 판단할 수 있도록 하기 위한 것이다.

이에 반해 이사 및 감사가 아닌 직원 등은 이사회의 운영을 위한 의사록 작성이나 경영판단을 위해 실무 관련 설명을 위해 필요한 때 등 이사가 아닌 임직원

(비등기이사 등)이나 외부전문가(고문변호사, 회계사, 실무담당 임직원 등)가 배석할 수 있다. 담당업무의 보충설명 등을 위해 참여한 임직원은 의장의 허락하에 발언을 할 수 있다.

Q 이사회를 긴급하게 개최해야 하는데, 정관상 소집통지 기간에 관한 규정이 있음에도 이사회 소집절차를 생략하는 것이 가능한가?

A 이사회의 소집은, 주주총회의 소집만큼 엄격하게 규제하지 않는다. 법상 이사회의 소집은 서면에 의할 필요도 없고, 의제를 미리 정할 필요도 없다.

다만, 정관으로 소집통시시 그 목적사항을 통지하도록 정하고 있거나 목적사항을 미리 통지하지 않을 경우 이사회의 심의·의결에 현저한 지장을 초래하는 특별한 사정이 있을 경우에는 그 목적사항을 미리 통지해야 한다(대법원 2011.6.24, 2009다35033).

이사회를 개최하려면, 이사회를 소집하는 권한이 있는 자가, 이사회의 날의 1주일전(또는 정관으로 정한 날이나 시간)까지 각 이사와 감사에게 통지해야 한다(상법 390조). 다만, 1주일간보다 짧은 기간을 정관으로 정해 놓은 경우에는, 해당 규정에 따라 그 기간전까지 소집통지를 하면 된다. 이러한 필요한 절차를 지키지 않고 개최한 이사회는 원칙적으로 무효이다.

그런데, 소집통지의 기간과 관련하여 이사회는 이사와 감사 전원의 동의가 있을 때는, 소집절차를 생략하고 개최할 수 있다. 따라서 이사와 감사가 긴급하게 이사회를 개최하는 것에 동의를 하면, 정관상의 소집절차를 생략하고 긴급이사회(임시이사회)를 개최할 수 있다.

만약 회사가 이사회 규정에 정기 이사회의 소집일시를 정해 놓거나, 이사회의 전원동의로 미리 소집일시를 정해 놓는 경우에도 소집통지 없이도 개최할 수 있다.

이사회의 소집통지 방법은 정관으로 정하면 그 방법으로, 정하지 않은 경우에는 그 통지방법에 제한이 없기 때문에 반드시 서면으로 통지하지 않아도 되며, 긴급한 경우는 구두·전화·이메일·FAX 등의 방법으로 통지하여도 된다.

Q 비협조적인 이사가 해외출장 중인데, 국내에 있는 이사들로 이사회를 개최할 수 있는가?

A 회사 경영상 이사회의 전속적 권한사항(결의사항)에 관한 결정이 필요한 경우, 이사회를 개최해야 한다. 또한 대표이사는 3개월에 1회 이상 업무의 집행상황을 이사회에 보고해야 하기 때문에(상법 393조 4항), 적어도 3개월에 1회는 이사회가 개최한다. 일부 회사에서는 이사회규칙에 정기 이사회 개최 일시를 정해 두기도 하지만, 실제로는 이사회가 열리는 횟수나 시기 등은 회사에 따라 다르다.

이사회는 긴급한 상황이 아닌 한 가급적 많은 이사가 출석할 수 있는 시기와 장소에 소집해야 한다. 의안에 반대하는 입장인 이사가 출석할 수 없거나 출석이 곤란한 시기에 이사회를 소집하여 결의하는 경우 결의무효사유에 해당한다.

판례도 의안에 대해 반대의견을 가진 이사들이 해외출장 중인 틈을 타서 소집하여 가결시킨다거나 대표이사가 출장 중에 대표이사의 해임결의 하는 것 등은 긴급한 사정이 없는 한 무효로 보고 있다(대법원 1988.3.22. 85누884).

Q 이사회는 누가 소집할 수 있는가?

A 정관이나 이사회 규정 등에서 이사회의 소집권자(대표이사 또는 이사회 의장 등)를 정하지 않았다면 이사회는 각 이사가 소집한다(상법 390조 1항). 소집권자로 지정되지 않은 다른 이사는 '소집권자인 이사에게' 이사회 소집을 요구할 수 있고, 소집권자인 이사가 정당한 이유 없이 이사회 소집을 거절하는 경우에는

이사회를 직접 소집할 수 있다(상법 390조 2항).

특히 다른 이사의 행위가 법령이나 정관에 위반하거나 위반할 우려가 있는 경우, 또는 회사의 목적에 반하는 경우 등에는 이사나 감사에게 이사회의 소집을 청구할 권리가 인정되고, 일정한 경우에는 감사가 스스로 이사회를 소집할 수도 있다.

감사도 이사처럼 이사회의 목적사항과 소집이유를 기재한 서면을 이사(소집권자)에게 제출하여 이사회의 소집을 청구할 수 있다(상법 412조의4 1항). 이러한 청구에도 불구하고 소집권자인 이사가 지체 없이 이사회를 소집하지 아니한 경우에는 그 청구를 한 감사가 이사회를 소집할 수 있다(상법 412조의4 2항).

비상근의 이사(기타비상무이사, 사외이사)라도 대표이사의 직무집행을 감독해야 할 권한과 의무가 있다. 소집권자(대표이사 등)가 이사회의 소집을 게을리하는 경우에는 비상근의 이사는 감독의무를 다하기 위해서 이사회의 소집을 청구해야 한다. 이사회의 개최는 이사의 감독의무를 수행하는 하나의 과정이라고 할 수 있다.

Q 이사회의 소집통지에는 의제 또는 의안을 명시해야 하는가?

A 주주총회와 달리 법률상 이사회의 소집통지는 서면에 의할 필요도 없고, 의제 등 회의 목적사항(의안)을 미리 정할 필요도 없다. 정관 등에서 의제나 의안을 통지하도록 규정하지 않는 이상, 회의의 목적사항을 함께 통지하지 아니하면 이사회의 심의·의결에 현저한 지장을 초래하는 등의 특별한 사정이 없는 한 원칙적으로 이사회의 소집통지에는 의제나 의안인 목적사항을 기재할 필요는 없다(대법원 2011. 6. 24. 2009다35033).

본래 이사회는 회사의 업무·운영에 관한 거의 대부분의 사항을 그 의제와 의안으로 할 수 있고, 이사는 일상적인 업무수행을 위해 이사회에 참석을 의무를 가진다. 또한 이사는 회사의 경영에 대한 것이라면 의제나 의안을 제출하고 이사회에 부의할 것을 요구할 수 있다. 예외적으로 소집권한이 없는 이사가 이사회의 소집을 청구하는 경우에는 회의의 목적을 기재한 서면으로 청구하면 된다.

Q 이사회 회의 도중에 회사 경영상 긴급하게 결정해야 할 사안이 발생한 경우에, 급히 새로운 안건을 상정할 수 있는가?

A 이사회는 경영현안에 대하여 긴급하게 논의하고 결정해야 할 경우가 있다. 이사회는 미리 통지된 의제와 의안 뿐만 아니라 회사의 경영에 관해서는 무엇이건 추가해서 논의할 수 있다. 회사에 따라서는 이사회 규정 등에서 어떠한 사항을 안건으로 부의할 것인지 미리 자세하게 정해 놓기도 하지만, 정관이나 법에서 정한 '주주총회에서 결정하도록 한 사항'을 제외하고는 이사회가 회사의 경영에 관한 의사결정을 하게 된다.

따라서 이사회에서는 회사의 여러 현안에 걸쳐 다루거나 결정해야 할 사항은 많다고 할 수 있다. 특정 의안을 논의하는 과정에서 추가로 의안으로 상정하여 결정해야 할 수도 있고, 일정한 회사업무에 관하여 신속하게 대응해 결정해야 할 사항도 있을 수 있기 때문에 이사회는 어떠한 긴급사항이라도 그것이 회사의 경영에 관한 것이라면, 이사회의 의제나 의안을 목적사항으로 제출해 이사회에 부의하는 것이 인정되고 있다.

이는 주주총회가 원칙적으로 미리 소집통지된 의안(목적사항)만을 결의할 수 있는 것(의안의 동일성이 인정되는 일부 내용을 변경하는 수정동의는 가능)과 다른 점이라고 할 수 있다(대법원 1979. 3. 27. 79다19).

Q 이사회의 소집통지가 일부의 이사와 감사에게 전달되지 않았다면 이사회의 결의의 효력에 영향을 미치는가?

A 이사회의 개최시에 일부 이사나 감사에게 통지가 누락되어 하지 못하고 소집되어 한 결의는 무효가 된다. 통지를 받지 못한 이사가 출석하여 반대를 하였더라도 결의의 결과에 영향이 없었을 것이라는 가정이 성립하더라도 역시 무효가 된다(대법원 1992. 7. 24. 92다749). 따라서 해당 이사가 이사회에 참석하여 반대투표를 해도 결의에 영향을 미치지 않을 것이 확실한 경우라 하더라도 이사회 결의는 무효로 된다.

해당 이사나 감사가 이사회에 출석하여 심의과정에서 하는 발언이나 의견은 다른 이사에게 영향을 미칠 가능성이 있고, 이에 따라 다른 결론이 나올 수도 있기 때문이다(이사의 찬성과 반대에 대한 판단이 바뀔 수도 있다).

이사회는 원칙적으로 이사가 모여 결의하는 것이 필요하므로, 이사회 개최의 소집통지는 모든 이사와 감사에게 해야 한다. 이사회에서 이사 전원이 상호의 의견교환과 논의를 할 필요가 있기 때문이다. 그러므로 확실히 소집통지를 함으로써 이사회에 참석할 기회를 보장해야 할 필요가 있다. 다만, 감사에 대한 이사회 소집통지의 흠결은 이사회의 결의의 효력에 영향을 미치지는 않는다.

회사는 소집통지를 하는 이상, 통지가 누락되지 않도록 주의가 필요하다. 그런데 매번 일정한 날을 정하여 개최하는 정기 이사회의 경우에는 이미 모든 이사나 감사는 이사회 개최의 일시, 장소를 알고 있기 때문에 다시 소집 통지할 필요는 없다.

[유고의 의미] 정관상 대표이사 유고시 직무대행자 규정을 적용할 수 있는 지에 대하여 논란이 있는데, 정관의 '유고' 규정은 단순한 직무수행 거부가 아니라 사망·질병·장기해외체류 등으로 본인의 의사에 불구하고 사실상 직무수행이 불가능한 경우에만 제한적으로 적용된다는 것이 일반적인 해석이다.

Q 감사에게 이사회 소집통지를 못했다. 이 경우 이사회 결의내용의 효력에 영향을 미치는지?

A 상법상 감사는 이사회에 출석하여 의견을 진술할 수 있으므로(상법 391조의2 1항), 이사회 소집통지는 감사에게도 해야 한다.

판례는 이사회의 결의에 있어 감사의 출석이나 기명날인이 이사회의 효력발행을 위한 유효요건으로 보지 않아, 감사에 대한 소집통지의 흠결이나 감사의 불출석은 이사회결의의 하자로 되지 않는다고 본다. 감사의 이사회출석권은 감사권을 수행하기 위한 것이고 이사회 결의의 적법성을 위한 것이 아니기 때문이며(대법원 1992. 4. 14. 90다카22698), 또한 절차상 하자의 치유를 인정한다(부산고등법원 2004.1.16. 2003나12328). 따라서 감사에 대한 이사회 소집통지의 흠결은 이사회의 결의의 효력에 영향을 미치지 않는다.

하지만 감사에게 이사회 소집통지가 결여된 경우에, 해당 이사회 결의의 효력에 대해 학설은 나누어져 있고, 감사에게 이사회 출석권 및 의견진술권을 부여한 취지와 감사에 대한 통지의 결여는 직무집행의 감사기회를 빼앗게 되므로, 감사에 대한 소집통지가 절차적으로 중요함을 감안하여 소집통지가 결여되지 않도록 주의해야 한다.

[의제와 의안 구분]
실무적으로 회의의 목적사항에 대하여 제목은 '의제'라 하고 구체적인 내용을 '의안(의안의 요령)'이라 할 수 있다.
예를 들어 재무제표의 승인, 정관변경, 이익배당, 이사의 선임 등은 의제에 해당하고, 정관변경에서의 각각다른 내용의 조문 규정, 구체적인 이익배당액, 선임될 이사후보자 등의 구체적인 내용이 의안이 된다.
실무는 주주제안권 관련 규정에 따라 구분할 실익은 있다(상법 363조의2 2항 및 542조의6 2항).

제2절
이사회 결의사항과 보고사항

(1) 이사회 결의사항

회사의 업무집행에 관한 의사결정은 이사회가 하게 되는데, 법령 또는 정관에 의해 주주총회의 권한으로 되어 있는 사항을 제외하고는 회사의 모든 업무집행에 관한 의사결정을 할 권한과 이사의 직무집행을 감독할 권한을 이사회가 가진다.

상법은 명문의 규정으로 중요한 자산의 처분 및 양도, 대규모 재산의 차입, 지배인의 선임 또는 해임, 지점의 설치·이전 또는 폐지 등 회사의 업무집행은 이사회 결의로 한다(상법 393조 1항).

여기서 말하는 중요한 자산의 처분에 해당하는지 여부는 당해 재산의 가액, 총자산에서 차지하는 비율, 회사의 규모, 회사의 영업 또는 재산의 상황, 경영상태, 자산의 보유목적, 회사의 일상적 업무와 관련성, 당해 회사에서의 종래의 취급 등에 비추어 대표이사의 결정에 맡기는 것이 상당한지 여부에 따라 판단해야 한다.

중요한 자산의 처분에 해당하는 경우에는 이사회가 그것을 직접 결의하지 아니한 채 대표이사에게 그 처분을 일임할 수 없으므로 이사회 규정상 이사회 부의사항으로 정해져 있지 아니하더라도 반드시 이사회결의를 거쳐야 한다.

　이외에도 주주총회의 소집(상법 362조), 전자적 방법에 의한 의결권의 행사 허용(상법 368조의4), 영업보고서의 승인(상법 447조의2 1항), 재무제표의 승인(상법 449조의2 1항 단서의 요건을 충족하여 이사회 결의만으로 재무제표 승인이 가능한 경우;상법 447조·449조의2)와

　현금·현물배당 결정(정관에 따라 상법 449조의2 1항 단서의 조건을 충족하면 이사회 결의만으로 재무제표 승인이 가능한 경우 ; 상법 462조, 462조의2, 462조의4), 주식매수선택권의 부여(이사회가 부여시 주주총회 승인 필요), 법정준비금의 감액(상법 461조의2), 기타 주주총회에 부의할 의안 등 주주총회와 관련된 사항과

　회사경영의 기본방침의 결정·변경, 신규사업 또는 신제품의 개발, 자금계획 및 예산운용, 지점·공장·사무소·사업장의 설치·이전 또는 폐지(상법 393조 1항), 대표이사의 선임·해임(주총으로 위임하지 않은 경우), 공동대표의 결정(상법 389조 2항), 이사회 내 위원회의 설치·운영 및 폐지, 이사회 내 위원회 위원의 선임·해임(상법 393조의2), 이사회 내 위원회의 결의사항에 대한 재결의(감사위원회 결의는 제외;상법 393조의2, 415조의2 6항), 이사의 전문가 조력의 결정, 지배인의 선임·해임(상법 393조 1항), 급여체계, 상여·후생제도, 기본조직의 제정 및 개폐, 중요한 사규·사칙의 규정 및 개폐등의 경영에 관련된 사항과

　중요한 계약의 체결, 중요한 재산의 취득·처분, 결손의 처분, 신주의 발행(상법 416조), 사채의 발행 또는 대표이사에게 사채발행의 위임(상법 469조), 준비금의 자본전입(상법 461조 1항), 전환사채의 발행(상법 513조 2항), 신주인수권부사채의 발행(상법 516조의2 2항) 등의 투자에 관련된 사항과 함께 자기주식의 소각(상법 343조 1항), 중요한 소송의 제기, 주식매수선택권 부여의 취소(상법 340조의3 1항 5호, 상법 시행령 30조 6항) 등이 있다.

　상법상 주주총회의 권한에 속하지 않으면서 일상 업무에 속하지 않는 중요한 업무집행에 관한 사항은 법률이나 정관에서 이사회 결의사항으로 규정하지 않

은 것이라도 이사회의 결의사항으로 할 수 있다.

(2) 이사회 보고사항

이사회 보고사항으로는 이사회 내 위원회에 위임한 사항에 대한 결의결과의 통지(상법 393조의2 4항), 이사가 법령 또는 정관에 위반한 행위를 하거나 그 행위를 할 염려가 있다고 감사(감사위원회)가 인정한 사항(상법 391조의2 2항), 내부회계관리제도의 운영실태(외부감사법 8조) 등 기타 경영상 중요한 업무집행에 관한 사항이 있다.

(3) 이사회 의결권의 위임 허용 여부

이사회는 이사 개개인의 능력과 판단력, 고도의 신뢰관계에 기초해 구체적인 업무집행을 결정하는 기관이므로 이사는 이사회에서 의결권을 직접 행사해야 하고 그 대리행사(위임)는 허용되지 않는다. 이사들 간의 상호의견교환을 통해 의사결정을 해야 하므로, 다른 사람이 토론을 대신하거나 의결권을 위임하여 대리행사하는 것이 허용되지 않는다. 이사회 결의에 대하여는 이사가 책임을 져야 하므로(상법 399조 2항), 직접 이사회에 출석해 발언하고 결의해야 한다.

또한 이사는 선관주의의무 등에 따라서도 직접 이사회에 출석해야 하고, 의결권 행사의 결과에 대해 회사에 대한 책임을 부담하므로(상법 399조 2항) 제3자에게 의결권을 위임할 수 없다.

판례도 '이사회는 주주총회의 경우와는 달리 원칙적으로 이사 자신이 이사회에 출석하여 결의에 참가해야 하며 대리인에 의한 출석은 인정되지 않고, 따라서 이사 개인이 타인에게 출석과 의결권을 위임할 수도 없으므로, 이에 위배된 이사회의 결의는 무효'인 것으로 판시하고 있다(대법원 1982. 7. 13. 80다2441).

(4) 이사회 결의의 가부동수

이사회에서 각 이사의 의결권은 의해 각 이사에게 한 표의 의결권이 주어지는 것이(이른바 두수(頭數)주의), 주주총회가 원칙적으로 지분주의에 따라 1주당 1개씩의 의결권이 주어지는 점과 다르다.

만약 정관으로 이사의 의결권을 차등적으로 규정하더라는 이는 무효이다.

흔히 정관에 가부동수(可否同數)인 경우에는 의장이 결정한다는 규정을 두기도 하는데, 이는 이사회의 의결권의 배분원칙에 어긋나 인정되지 않는다. 또한 다수결의 원칙에도 반하는 것이다.

부의된 의안의 찬반이 가부동수인데 의장이 결정한다고 함은 의장이 2개의 의결권을 가짐을 의미하기 때문에 허용되지 않는 것이며, 가부동수인 경우에는 부결된 것이다.

판례도 '정관에 이사회의 결의는 이사 전원의 과반수로 하되 가부동수인 경우에는 이사회 회장의 결정에 의하도록 규정되어 있어, 이사회 결의에서 가부동수인 경우에 이사회 의장이 결정한 이사회 결의는 효력이 없다'고 판시하였다(대법원 1995. 4. 11. 94다33903).

(5) 이사회의 서면결의·회람결의·무기명 투표

이사회의 결의를 서면결의·회람결의로 하는 것은 구체적인 회의와 토론 없이 개별적인 동의하에 이루어지는 결의이기 때문에 회의체인 이사회의 본질에 반해서 허용되지 않는다.

이사회에서의 투표방법에는 제한이 없지만, 이사는 결의결과에 책임을 져야 하므로 무기명 투표는 허용되지 않는다.

(6) 음성전화회의

상법상 이사회의 의결에는 이사가 직접 '출석'해 의견을 상호 교환하여 최적의 결론을 내야 하므로 구체적인 회합이 필요하다. 그러나 상황이나 여건, 회사에 따라서는 일시에 한 장소에 모이기 어려운 경우도 있다. 이에 상법상 회의방법으로 정관에서 달리 정하는 경우를 제외하고 이사회는 이사의 전부 또는 일부가 직접 회의에 출석하지 아니하고 모든 이사가 음성을 동시에 송·수신하는 원격통신수단(소위 컨퍼런스콜 등)에 의하여 결의에 참가하는 것을 허용할 수 있다. 이는 해당 이사가 이사회에 직접 출석한 것으로 된다(상법 391조 2항).

전화회의(conference call)가 '음성을 동시에 송·수신하는 원격통신수단'의 전형적인 방법이라 할 수 있다. 이는 '모든 이사'가 동시에 음성으로 송·수신이 가능해야 하므로 '일부 이사'의 음성만 송·수신하거나 단순히 이사의 발언을 전달하는 방식, 1:1 통화하는 방식, '음성'을 동시에 송·수신하는 방법이 아닌 e-mail 등의 문자회의(chatting)는 회의체의 특성상 모든 이사에게 동시에 음성(화상)이 송수신이 되지 않는 것이므로 허용되지 않는다.

Q 회사의 긴급사항에 대해 이사회 의사록만을 작성해 '회람'하는 방식으로 서면결의를 해도 되는지?

A 원칙적으로 이사회의 결의는 실제로 이사들이 서로 얼굴을 직접 맞대고 논의한 후 결의해야 한다. 따라서 이사는 그 의결권을 위임도 할 수 없으므로 이사회에 직접 출석해, 회사 경영에 관한 다양한 문제를 이사회를 통해 토의·검토하여 최적의 결론을 내도록 해야 한다.

그러나 현실적으로 이사회를 개최하는 것은 시간이 걸리고, 물리적으로 개최하기 어려운 점이 있더라도 이른바 '서면결의'와 '회람결의'와 같은 방식으로 하는 의사결정은 이사회라는 회의체의 특성상 인정되지 않는다.

Q 동영상·화상회의 시스템이나 전화회의 시스템을 활용하여 이사회를 열어도 되는가?

A 이사회는 이사가 직접 개최되는 장소에 참석하여 서로 의견을 교환해야 하고, 회의체의 특성상 서면 등에 의한 결의가 인정되지 않는 것이 원칙이다.

다만, 법상 예외적으로 음성을 동시에 송·수신하는 원격통신수단을 활용한 전화회의(conference call)는 허용된다.

따라서 일부의 이사가 이사회에 참가할 수 없거나, 일부 이사가 해외나 원격지에 있거나, 긴급하게 이사회를 개최해야 하는 경우 등 실제로 한 장소에 모이는 것이 어려운 경우에는, 음성을 동시에 송·수신하는 전화회의시스템을 활용해 토론과 회의를 개최하는 것은 이사회의 회의방법으로 인정된다.

그런데 만약에 회사 정관상 동영상시스템이나 화상회의 시스템을 활용하여 회의를 개최할 수 있다고 규정한 회사의 경우에는 음성만을 동시에 송수신하는 시스템을 활용하여 이사회를 개최하는 것은 허용되지 않는다고 보아야 할 것이다.

Q 이사회에서 의안 결의시 그 결과가 가부동수일 때에는 의장의 권한으로 결정할 수 있는가?

A 이사회 의장은 회의의 진행자로서 공정하게 회의를 진행할 권한을 가진다. 그러나 회의진행자라고 해도 이사로서 이사회의 일원이기 때문에 찬반 의견을 개진하고 토론에 참가할 권리와 의무는 있다.

회사 실무에서 찬반이 동일하게 되어 이사회가 교착상태를 빠지는 것을 방지하기 위해 이사회의 구성시 그 수를 3인 또는 5인 등의 홀수(奇數)로 정하는 경우도 있다. 그러나 이사 수가 홀수라도 출석하지 않는 이사 및 특별이해관계 있는 이사의 수에 따라서는 결의시 가부동수(可否同數)가 발생하기도 한다.

일부 회사에 따라서는 정관이나 이사회 규정으로 이사회 결의시 가부동수일 경우에 의장이 결정하도록 규정하고 있다. 정관에 가부동수인 경우에는 의장이 결정한다는 규정이 있더라도 이는 이사회의 의결권의 배분원칙에 어긋나므로 인정되지 않는다. 이것은 특정인에게 복수의 의결권을 주는 결과가 되므로 각 이사에게 한 표의 의결권이 주어지는 원칙(頭數主義)상 이러한 정관규정은 무효라고 할 수 있다.

Q 감사는 이사회에 출석할 권리·의무가 있는지? 출석하지 않아도 되는지?

A 감사는 언제라도 이사에 대해서 사업의 보고를 요구하고(상법 412조 2항), 회사의 업무와 재산의 상황을 조사할 수 있다. 또한 감사는 직무를 위해서 필요한 경우, 원칙적으로 자회사에 대해서도 조사권이 있다. 따라서 감사는 이사회에 출석하지 않아도 일정한 감사기능은 확보할 수 있다. 그러나 그것만으로는 반드시 충분하지는 않기 때문에 감사는 이사회에 출석할 필요가 있다.

이러한 업무감사권을 가진 감사는 이사회 결정이, 업무가 적법하고 적정한지를 확인하기 위해(위법성이 있는지 없는지 확인) 이사회에 출석하고 의견을 말할 수 있다. 이에 따라 감사에게도 이사회의 소집통지를 해야 하는 것이다. 다만 감사의 불출석이나 소집통지의 흠결 등은 이사회의 효력과는 관계가 없다. 감사의 이사회출석권은 감사권의 수행을 위한 것이고 이사회 결의의 적법성을 위한 것이 아니기 때문이다(대법원 1992. 4. 14. 90다카22698).

Q 이사회 도중에 일부의 이사가 회의장을 떠났을 때의 나머지 이사들이 한 결의는 유효한가?

A 회사에서 이사회는 중요한 의사결정기관이다. 이사회의 결의요건 중 의사정족수 요건(이사의 과반수 출석)은 개회시부터 토의·결의시(투표시)까지 전과정에 걸쳐서 유지되어야 한다. 이사회 결의가 공정하고 유효하게 성립하기 위해서는 출석이사 전원이 회의의 모든 과정을 통해서 토의하고 의결할 수 있는 기회가 주어져야 하기 때문이다.

이사의 일부가 이사회의 운영을 방해하려고 중간에 회의장을 떠나 퇴장했을 경우, 남은 이사로 결의요건(과반수 출석에 과반수 찬성)을 충족하여 결의하는 것은 허용된다. 그러나 일부의 반대파의 이사가 중간에 자리를 떴을 때를 노리고 하는 결의는 불공정하다고 하여 그 결의가 무효로 될 가능성이 있다.

경우에 따라서는 일부 이사가 회의 개회 후 회의장을 떠남으로써 의사정족수를 부족하게 만들어 특정의안의 결의를 저지하는 수단으로 이용하기도 한다. 또한 여러 개의 의안을 다루는 이사회에서 일부 의안에 대한 결의 후에 이사가 회의장소를 벗어남으로써 의사정족수에 미달하는 경우, 퇴장 이후에는 결의를 할 수 없지만 이미 퇴장 전에 성립한 결의는 유효하다.

Q 이사회에 참석할 수 없는 이사는 대리인을 참석시키거나 다른 이사에게 의결권을 위임할 수 있는지?

A 주주총회에서 주주는 본인의 직접출석 외에도 전자적 방법이나 대리인에게 위임하여 의결권을 행사할 수 있다. 주주에게 주주총회 참석은 권리이지 의무는 아니기 때문이다.

이에 반해 이사는 이사회에 출석하는 것은 의무라고도 할 수 있다. 이사는 다양한 회사의 경영현안에 대하여 경영의 책임자로서 각각의 의안에 대하여 충분히 이해하고 판단을 내려야 한다.

이사회는 그 결의를 하고자 하는 경우에 이사들이 의안에 대하여 협의와 의견교환을 통하여 그들의 경영지식과 경험으로 최적의 결론을 내리는 집단적 의사결정의 방식으로 운영해야 한다.

따라서 이사회는 실질적인 논의와 협의가 필요하고, 이는 이사 개인의 자질이나 판단력, 그 능력을 바탕으로 하기 때문에 타인에게 대신하거나 타인에게 위임할 수 없는 것이다.

다만 법은 이사가 회의장소에 직접 참석하는 것이 어려운 경우, 예외적으로 음성을 동시에 송·수신하는 원격통신수단을 활용한 전화회의(conference call 등)를 통해 참석하는 것을 허용하고 있다.

Q 실무적으로 이사회 의안에 대하여 찬성이 많은 이유가 있는지?

A 상법상 이사회 소집에는 그 회의일을 정하고 1주간 전에 각 이사 및 감사에 대하여 통지를 발송해야 하나, 이 기간은 정관으로 단축할 수 있다(상법 390조 3항). 이에 따라 많은 회사는 이 이사회의 통지기간을 단축하여 정관에 정해두기도 한다.

실무상 회사는 먼저 이사회를 개최하기 전에 정관이 정하는 기간을 준수하여 각 이사와 감사에게 소집통지를 하며, 논의될 의안(해당 의안에 대한 자세한 내용을 정리해서)을 미리 모든 이사와 감사에게 통지한다.

회사에 따라서는 해당 내용에 대하여 사외이사나 감사에게 사전에 미리 설명을 하기도 한다.

해당 의안에 대한 회사 관계자의 의견을 듣거나 (사외)이사 본인의 판단에 부당하거나 미흡한 경우 문제점을 지적하면, 회사는 해당 의안에 대한 보충자료를 준비하거나 지적된 문제점을 수정, 보완하기 위해 해당 의안에 대한 결정을 차기 이사회로 미루기도 한다.

이러한 방식으로 해당 의안이 수정, 보완되거나 전문가의 검토를 거쳐서, 차기 이사회 결정사항으로 할 경우 이사회에 상정되는 의안의 찬성율이 높을 수밖에 없다.

만약 이사회에서 어떤 의안이 부결되었다고 할 경우에는, 그 의안에 관련된 회사의 실무는 내부에서 엄청난 혼란과 사업일정 등의 차질을 감수해야 할 것이다.

따라서 이사회의 찬성과 반대 비율만 가지고 사외이사나 이사의 역할이 적정한 것인지 여부를 판단하는 것은 무리가 있다.

Q 이사가 이사회에서 특정한 의안에 반대하는 경우에 어떻게 해야 하는지?

A 이사는 이사회에 불참하거나 또는 이사회에 참석하여 특정한 의안에 대하여 찬성뿐만 아니라 반대의 의사표시를 할 수 있다. 이사가 참석한 이사회에서 결의에 반대한 경우에, 해당 의안에 반대한 이유와 성명, 이의를 제기한 기재가 의사록에 없을 경우 찬성한 것으로 추정되므로, 이사 본인이 의사록의 내용이 사실과 다르게 기재되지 않았는지를 확인한 후 기명날인을 해야 한다.

법상 이사회의 개최 후에는 의사록을 작성해야 하고, 의사록에는 이사회에 출석한 이사 및 감사가 기명날인 또는 서명하도록 강제하고 있다(상법 391조의3 1항, 2항). 이러한 의사록에는 의사의 안건, 경과요령, 그 결과, 반대하는 자와 그 반대 이유를 기재해야 한다(상법 391조의3 2항). 즉, 녹취록처럼 발언자의 내용을 모두 기재하는 것은 아니다.

이사의 법령위반 또는 임무해태한 행위가 이사회의 결의에 의한 것인 때에는 그 결의에 찬성한 이사도 책임이 있고(상법 399조 2항), 이사회 의사록에는 결의에 참가한 이사가 이의를 제기한 기재가 의사록에 없는 경우, 해당 의안에 찬성한 것으로 추정한다(상법 399조 3항). 만일 이사회 의사록이 사실과 다르게 기재되었거나 불비한 사항이 있다면 먼저 의사록에 대한 정정이나 보완요청을 해야 할 것이다.

이사회 결의에 반대한 이사가 그 반대하였음을 이유로 의사록에 기명날인 하는 것을 거부할 경우 등은, 이사회에 출석한 이사가 기명날인 또는 서명하도록 한 상법상 규정(강행규정으로 해석)을 위반하게 된다.

이사회에 출석한 이사가 정당한 이유 없이 의사록에 기명날인 또는 서명을 하지 않은 경우에는 법령 위반으로 회사에 대하여 손해배상책임을 부담할 수 있다(상법 399조).

Q 이사가 이사회 의사록에 서명하지 않으면 결의된 해당 의안에 대하여 책임을 지지 않게 될 수 있는가?

A 이사회에서 이사는 자신이 반대의견이나 소수의견의 편에서 의견을 개진한 때에는, 이를 의사록에도 기재해야 한다. 법상 의안에 반대한 자와 반대하는 이유를 기재하도록 규정하고 있기 때문에(상법 391조의3 2항), 이사회의 결의에 참가한 이사는 이사회의사록에 이의의 기재가 없는 경우에 그 결의에 찬성한 것으로 추정한다(상법 401조 2항, 399조 3항).

만일 이사회 의사록에 사실과 다르게 기재되었거나 찬반의 의사표시 등에 불비한 사항이 있다면 먼저 의사록에 대한 정정이나 보완요청을 해야, 추후 책임 추궁을 면할 수 있을 것이다.

이사회 의사록은 이사회 결의에 참석하여 찬반의사를 표명한 것에 대한 증거자료로서 의미를 가지기 때문에 출석한 이사와 감사 본인은 의사록의 내용이 사실과 달리 기재되지 않았음을 확인하고 의사록에 서명 또는 기명날인을 해야 한다.

따라서 이사회 결의에 참여한 이사가 그 의사록에 기명날인을 거부하는 것은 이사회에 출석한 이사가 기명날인 또는 서명하도록 한 상법상 규정을 위반한 것이 된다.

만약 외국에 체재하고 있거나 장기간 출장(컨퍼런스 콜 등을 이용한 이사회 개최를 포함하여)으로 곧바로 기명날인 또는 서명이 어려운 경우에는 우편을 이용하거나 국내 복귀 후 기명날인 또는 서명을 하면 된다.

Q 주주가 이사회의사록을 보여 달라고 요구하고 있다. 보여주기 싫은데 꼭 보여주어야 하나?

A 일반적으로 주주가 주주총회의사록이나 정관, 주주명부 등의 문서는 영업시간 내에 열람을 요구할 경우에, 사실상 이를 막을 수 있는 방법은 많지 않다 (상법 396조 2항).

이에 반해, 이사회의사록은 주주나 채권자가 언제라도 자유롭게 열람할 수 있는 것은 아니다. 주주의 이사회의사록 열람·등사청구에 대해 회사는 그 청구가

[의사록] 이사회의사록에서 이사회에 출석한 이사, 감사가 기명날인 또는 서명해야 하는데 반해, 주주총회의사록은 참석한 의장과 이사가 기명날인 또는 서명을 해야 함에 따라 주주총회의사록에는 감사가 기명날인 또는 서명하지 않는 점에서 차이가 있다.

부당하다는 이유를 붙여 거절할 수 있다(상법 391조의3 4항). 즉 이사회의사록 열람·등사청구에 대해 회사가 청구의 부당함을 증명함으로써 거절할 수 있다고 해석한다(대법원 2014. 7. 21. 2013마657).

주주는 영업시간 내에 이사회의사록에 대한 열람·등사를 청구할 수 있기 때문에(상법 391조의3 3항), 경영진의 부실경영에 대한 책임을 묻기 위해서나 또는 대표소송을 통한 책임추궁(대표소송), 유지청구, 해임청구를 위해 이사회의사록 열람·등사청구를 하는 것도 인정된다.

이러한 이사회의사록은 이사회의 회의자료로서 의사록에 첨부(별첨, 별지 등의 용어를 포함하여)된 자료도 의사록의 일부로 보기 때문에 열람·등사청구의 대상이 된다(대법원 2014. 7. 21. 2013마657).

그 청구가 부당한지 여부에 대하여 회사업무의 운영 또는 주주 공동의 이익을 해치거나 주주가 회사의 경쟁자로서 그 취득한 정보를 경업에 이용할 우려가 있거나, 또는 회사에 지나치게 불리한 시기를 택하여 행사하는 경우 등에는 정당한 목적을 결하여 부당한 것으로 본다(대법원 2004. 12. 24. 2003마1575).

이에 반해 회사의 이사에게 대표소송을 통한 책임추궁이나 유지청구(留止請求), 해임청구를 하는 등 주주로서의 권리행사를 위해 이사회의사록의 열람·등사가 필요하다고 인정되고, 이는 그 청구의 목적이 단순한 압박이 아니라 회사의 경영을 감독하여 회사와 주주의 이익을 보호하기 위한 것이라면 허용된다(대법원 2014. 7. 21. 2013마657).

[의사록 열람·등사청구권] 주주의 이사회의사록 열람·등사청구에 대하여는 회사는 주주의 청구가 부당하다는 이유를 붙여 거절할 수 있지만(상법 391조 4항;대법원 2014. 7. 21. 2013마657), 주주총회의사록은 이사회의사록(상법 391조의3 4항) 및 회계장부(상법 466조 2항)와 달리 회사가 주주의 열람·등사 청구를 거절할 수 있다는 명문의 규정이 없다. 다만, 그 청구에는 '정당한 목적'이 있어야 한다는 견해가 있다.
회사채권자는 주주총회의사록에 대한 열람·등사를 청구할 수 있지만(상법 396조 2항), 이사회의사록에 대하여는 열람·등사청구권이 없다.

Q 이사회에 보고할 경우, 그 보고내용을 기업비밀인 미묘한 문제까지 보고해야 하는가?

A 이사회에서 특별히 보고방법으로 정해진 것은 없다. 따라서 구두로 설명해도 되지만 회의자료를 문서로 만들어서 상세히 보고하는 경우도 있고, 경우에 따라서는 문서로 나눠준 후 비밀누설의 우려가 있기 때문에 자료는 일일이 회수하는 경우도 있다.

그런데 경영상 특히 미묘한 문제에 대하여 비밀임을 이유로 보고조차도 하지 않을 경우 문제가 될 수 있다.

이사는 회사정보로서 필요한 사항을 대표이사와 회사의 임직원에게 정보제공을 요구하고 특정 사안에 관해 설명을 요구할 수 있다. 이러한 정보요구에 대하여 회사의 기밀임을 이유로 정보제공을 거부하지 못한다. 그 대신 이사는 비밀유지의무(守祕義務)에 따라 정보를 자신의 판단과 직무수행에만 이용해야 하고 외부에 누설해서는 안되는 것이다.

이러한 이사의 비밀유지의무(守祕義務)와 함께 그 정보를 이용해서도 안 되는데, 영업상의 비밀을 개인적 이익을 위하여 이용하지 않아야 하는 비밀이용금지의무도 함께 부담한다고 해석한다(상법 382조의4. 자본시장법상의 미공개정보이용행위 금지 등).

따라서 회사 경영에 관한 중요한 사항은 이사회에 보고하고, 각 이사가 회사 전체의 경영상황을 올바르게 인식할 수 있도록 해야 할 것이다.